U0448699

中华人民共和国
监察法
条文解读与法律适用

ZHONGHUA RENMIN GONGHEGUO
JIANCHAFA TIAOWEN JIEDU YU FALÜ SHIYONG

喻少如 ◎主编
宁立成　林孝文 ◎副主编

中国法治出版社
CHINA LEGAL PUBLISHING HOUSE

撰 稿 人

(以姓氏笔画为序排列)

王锐有	王海琴	毛德玉	叶玉莎	宁立成
刘文凯	刘伟琦	闫召华	池 通	许 柯
李金洋	李 晓	吴 靖	何军兵	宋怡菲
陈 伟	陈 辉	林孝文	袁 浦	徐 翔
唐成余	喻少如	雷 刚	鲜翰林	熊永明

前　言

一、《监察法》的修改背景

《监察法》作为对国家监察工作起统领性和基础性作用的法律，是党和国家监督体系的重要组成部分，是深化国家监察体制改革的重大制度成果。2018年《监察法》的制定和实施，对加强党对监察工作的集中统一领导，构建集中统一、权威高效的中国特色国家监察体制，实现对公职人员的监察全覆盖发挥了重要作用，为新形势下反腐败斗争提供了坚强的法治保障。随着党对持续深化国家监察体制改革作出新的重要部署，反腐败斗争面临新的形势和任务，全面建设社会主义现代化国家对纪检监察工作高质量发展提出新的要求，迫切需要与时俱进修改监察法。2024年1月，习近平总书记在二十届中央纪委三次全会上发表重要讲话强调，"持续推进反腐败国家立法，与时俱进修改监察法"。[①] 2024年7月，党的二十届三中全会通过的《中共中央关于进一步全面深化改革　推进中国式现代化的决定》再次明确提出，"推进反腐败国家立法，修改监察法"。

国家监委于2023年启动监察法修改工作，包括深入学习领会习近平总书记重要论述，深入调查研究修法重点难点问题，广泛征求中央和国家机关有关部门、省级监察机关和部分市、县监察机关等单位的意见。2024年9月10日，《中华人民共和国监察法（修正

[①] 《习近平在二十届中央纪委三次全会上发表重要讲话强调　深入推进党的自我革命　坚决打赢反腐败斗争攻坚战持久战》，载《人民日报》2024年1月9日，第1版。

草案）》（以下简称《监察法（修正草案）》）首次提请十四届全国人大常委会第十一次会议审议。会后，全国人大常委会法制工作委员会将《监察法（修正草案）》印发中央有关部门、各省（自治区、直辖市）和部分设区的市人大常委会、部分基层立法联系点、高等院校、研究机构征求意见，并在中国人大网全文公布《监察法（修正草案）》，征求社会公众意见。宪法和法律委员会分别于2024年11月25日、12月16日召开会议，对《监察法（修正草案）》进行审议，并提出修改意见。2024年12月25日，十四届全国人大常委会第十三次会议审议通过《关于修改〈中华人民共和国监察法〉的决定》，修改后的《监察法》将于2025年6月1日起正式施行。

本次修改是监察法实施以来的首次修改，主要把握以下四项原则：一是坚持正确政治方向。坚决贯彻落实党中央决策部署，使党的主张通过法定程序转化为国家意志，自觉在党中央的领导下开展修法工作。二是坚持问题导向。聚焦实践反映的突出问题，对法律制度堵点实施"定点爆破"，力争以小切口解决大问题。三是坚持系统观念。与近年来新制定或者修改的纪检党内法规和监察法律法规相衔接，保证制度之间协调联动。四是坚持科学修法。保持监察法总体稳定，根据党中央部署和形势发展要求作必要修改，保持基本监察制度顶层设计的连续性。最终，《全国人民代表大会常务委员会关于修改〈中华人民共和国监察法〉的决定》共提出24项修改内容，其中17项内容涉及原条文的修改，7项内容系新增条文，《监察法》条文总数由原来的69条增加到78条。

二、《监察法》的修改亮点

总的来看，《监察法》此次修改具有如下亮点：

第一，完善监察派驻制度的规定。派驻监督在党和国家监督制度中具有探头作用，派出监督是派驻监督向基层延伸的重要形式。

二十届中央纪委二次全会提出,"完善派驻监督体系机制,推进派驻机构、派出机构全面运用监察权"。①据中央纪委国家监委法规室负责人解答,修改前的监察法规定了监察派驻、派出制度,各级监委依法向党的机关、国家机关、国有企事业单位等派驻、派出监察机构、监察专员,有力推进了监察全覆盖。②但是,对于垂管系统而言,国家监委只能向其中央一级单位派驻监察机构。实践中,垂管系统公职人员队伍规模大,单位层级多,国家监委派驻机构的监察监督可能难以有效覆盖全系统。本次修改监察法新增监察"再派出"制度,规定经国家监委批准,国家监委派驻垂管系统中央一级单位的监察机构可以向其驻在单位的下一级单位再派出,有利于实现监察权向下延伸,增强监察监督全覆盖的有效性。

第二,授予监察机关必要的监察强制措施。监察强制措施,是指监察机关在查办一些严重职务违法或职务犯罪案件时,为了保证调查能顺利进行,对被调查人采取的一些限制或剥夺人身自由的措施。根据2018年《监察法》的规定,监察强制措施主要是指留置措施。此次监察法修改授予监察机关强制到案、责令候查、管护等新的强制措施,与原有的留置措施一起,形成轻重结合、配套衔接、环环相扣的监察强制措施体系。

第三,完善监察程序。习近平总书记在二十届中央纪委二次全会上指出,纪检监察机关要增强法治意识、程序意识、证据意识,不断提高纪检监察工作规范化、法治化、正规化水平。③程序意识是

---

① 《中国共产党第二十届中央纪律检查委员会第二次全体会议公报》,载中国政府网,https://www.gov.cn/xinwen/2023-01/10/content_5736150.htm,最后访问日期:2025年2月18日。
② 《有关负责人就监察法修改答记者问 推进新时代监察工作高质量发展》,载中国纪检监察网站,https://www.ccdi.gov.cn/toutiao/202412/t20241226_396508.html,最后访问日期:2025年3月22日。
③ 《习近平在二十届中央纪委二次全会上发表重要讲话》,载中国政府网,https://www.gov.cn/xinwen/2023-01/09/content_5735913.htm,最后访问日期:2025年2月27日。

监察机关及其工作人员必备的工作意识之一，监察程序法治化是监察工作法治化的重要组成部分。此次修法对监察工作程序作出了细化规定，加强了对监察权的程序控制，具体包括：一是补充、细化留置期限的计算与延长规则；二是明确公安机关负责省级以下监察机关留置场所的看护勤务，对留置看护队伍的管理作出原则规定；三是配套完善新增三项监察强制措施的时限、审批程序和工作要求，赋予有关人员申请变更监察强制措施的权利；四是规定审理程序和审理工作要求。

第四，深化反腐败国际合作。腐败问题是一个全球性的挑战，它不分国界，不受地域限制。在全球化的今天，国际反腐败和廉政建设已成为推动全球治理改革的重要力量。二十届中央纪委二次全会提出，深化反腐败国际合作，持续开展"天网行动"，一体构建追逃防逃追赃机制。修改后的《监察法》充实了反腐败国际合作的相关规定，与《国际刑事司法协助法》等法律相衔接，完善了国家监委反腐败国际合作职责，进一步丰富了追逃追赃法律手段，有力打击跨国腐败犯罪。

第五，强化监察机关自身建设。习近平总书记在二十届中央纪委二次全会上指出，要完善内控机制，自觉接受各方面监督，对纪检监察干部从严管理，对系统内的腐败分子从严惩治，坚决防治"灯下黑"。① 二十届中央纪委四次全会公报提出，要加强廉洁建设，敬畏纪律、敬畏法律，以严管强约束，以严惩强震慑，以厚爱暖人心，加强日常管理监督，坚决清除害群之马，以更高标准、更严要求，打造忠诚干净担当、敢于善于斗争的纪检监察铁军。监察法既是一部授权法，也是一部控权法，此次修法加强了对监察权的监督

---

① 《习近平在二十届中央纪委二次全会上发表重要讲话》，载中国政府网，https://www.gov.cn/xinwen/2023-01/09/content_5735913.htm，最后访问日期：2025年2月27日。

和约束，将近年来特约监察员工作的实践成果上升为法律规定，加强对监察机关及其工作人员的外部监督。增加规定禁闭措施，体现对监察人员从严监督和约束。完善对监察机关及其工作人员违法办案的申诉制度和责任追究规定，促进严格依法行使监察权。

三、本书的写作体例与撰稿分工

本书的篇章安排与《监察法》的体例相同，即本书的每一章对应该法的每一章，并以每一条法条为单位进行理解阐释。法条的条文解读内容主要由"法条主旨""修改提示""法条解读""关联规范"四个部分组成。"法条主旨"，用于对单一条文进行总结归纳，指明该条的主要规范目的；"修改提示"，用于《监察法》修改前后的比较对照，便于读者快速获知本次《监察法》修改的相关内容；"法条解读"，从理解与适用两个层面对相关条文的制度内涵、制度变迁、内在逻辑、规范适用等进行深入解析；"关联规范"，用于查找与所解析条文相关的其他规范。

本书的撰稿分工如下：

徐翔（西北政法大学纪检监察学院）：第1—4条

袁浦（西南政法大学纪检监察学院）：第5—8条

池通（南京审计大学纪检监察学院），吴靖（西南政法大学纪检监察学院）：第9—13条

林孝文（西南政法大学纪检监察学院）：第14—17条

陈辉（河南工业大学法学院）：第18—22条

闫召华（西南政法大学法学院）：第23—25条

熊永明（南昌大学法学院）：第26—29条

王海琴（西南政法大学纪检监察学院），许柯（西南政法大学纪检监察学院）：第30—33条

何军兵（南昌大学法学院），王锐有（西南政法大学纪检监察

学院）：第 34—37 条

刘文凯（南京审计大学纪检监察学院）：第 38—41 条

鲜翰林（西南政法大学纪检监察学院）：第 42—45 条

刘伟琦（贵州民族大学法学院），宋怡菲（西南政法大学纪检监察学院）：第 46—48 条

唐成余（西南政法大学纪检监察学院）：第 49—51 条

喻少如（西南政法大学纪检监察学院）：第 52—56 条

叶玉莎（成都市武侯区纪委监委），毛德玉（西南政法大学纪检监察学院）：第 57—61 条

宁立成（南昌大学法学院）：第 62—65 条

雷刚（贵州大学法学院）：第 66—70 条

陈伟（西南政法大学法学院）：第 71—74 条

李晓（西南政法大学纪检监察学院），李金洋（西南政法大学纪检监察学院）：第 75—78 条

需要特别说明的是，撰写团队虽然尽心尽力，但由于从撰写到交稿、出版的时间有限，本书可能有不足之处，敬请实务界、理论界同人和广大师生批评指正！

本书能够顺利出版，得益于西南政法大学纪检监察学院与兄弟学校纪检监察学科同人的通力合作，也得益于中国法治出版社及编辑老师的鼓励和帮助，在此一并表示谢意！

编者

2025 年 1 月 25 日

凡　例

1. 本书中简称加书名号。法律、法规名称中的"中华人民共和国"省略，其余一般不省略。例如，《中华人民共和国监察法》简称《监察法》，《中华人民共和国监察法实施条例》简称《监察法实施条例》，《中华人民共和国监察法（修正草案）》简称《监察法（修正草案）》。

2. 本次新修改的《监察法》简称修改后的《监察法》，或直接用本法。2018年制定的《监察法》简称2018年《监察法》。

3. 《中华人民共和国各级人民代表大会常务委员会监督法》，简称《监督法》。

4. 最高人民法院《关于适用〈中华人民共和国刑事诉讼法〉的解释》（法释〔2021〕1号），简称2021年《刑诉解释》。

5. 《国家监察委员会特约监察员工作办法》，简称《特约监察员工作办法》。

目 录
Contents

第一章 总 则 ··· 001
 第 一 条　【立法目的与依据】 ·· 001
 第 二 条　【党的领导原则、监察工作指导思想】 ······················ 005
 第 三 条　【监察委员会性质和职能】 ······································ 008
 第 四 条　【监察机关独立行使职权、相互配合制约机制】 ········ 012
 第 五 条　【工作原则】 ·· 017
 第 六 条　【工作方针】 ·· 021

第二章 监察机关及其职责 ··· 026
 第 七 条　【各级监察机构设置】 ·· 026
 第 八 条　【国家监察委员会】 ·· 028
 第 九 条　【地方各级监察委员会】 ··· 030
 第 十 条　【监察机关上下级领导关系】 ···································· 034
 第十一条　【监察委员会的职责】 ·· 037
 第十二条　【监察派驻、派出制度】 ··· 042
 第十三条　【派驻或派出监察机构、监察专员职责】 ·················· 046
 第十四条　【监察官制度】 ·· 049

第三章 监察范围和管辖 ··· 055
 第十五条　【监察对象范围】 ·· 055
 第十六条　【一般管辖原则、提级管辖、管辖争议解决】 ········· 062
 第十七条　【指定管辖、报请提级管辖】 ·································· 065

第四章 监察权限 ··· 069
 第十八条　【监察机关收集证据原则】 ······································ 069
 第十九条　【谈话、函询】 ·· 073

第二十条	【谈话、讯问】	078
第二十一条	【强制到案措施】	081
第二十二条	【询问措施】	085
第二十三条	【责令候查措施】	088
第二十四条	【留置措施】	094
第二十五条	【管护措施】	099
第二十六条	【查询、冻结措施】	102
第二十七条	【搜查措施】	107
第二十八条	【调取、查封、扣押措施】	111
第二十九条	【勘验检查措施】	116
第三十条	【鉴定措施】	120
第三十一条	【技术调查措施】	125
第三十二条	【通缉措施】	129
第三十三条	【限制出境措施】	131
第三十四条	【对被调查人提出从宽处罚建议】	133
第三十五条	【对涉案人员提出从宽处罚建议】	138
第三十六条	【监察证据规则】	141
第三十七条	【问题线索移送和监察为主管辖原则】	146

第五章　监察程序 ……………………………………………………… 150

第三十八条	【对报案、举报的处理】	150
第三十九条	【监察机关内控机制】	152
第四十条	【问题线索处置】	156
第四十一条	【初步核实】	158
第四十二条	【监察立案】	161
第四十三条	【调查取证】	163
第四十四条	【调查措施的程序性规定】	166
第四十五条	【严格执行调查方案】	169
第四十六条	【强制到案、责令候查、管护措施的审批和期限】	171
第四十七条	【留置措施的决定、批准、备案】	174
第四十八条	【留置措施的期限、变更、解除】	176

第四十九条　【监察强制措施的执行与配合】 ……………… 181

第 五 十 条　【被管护人员、被留置人员的权利保障】 …… 185

第五十一条　【案件审理程序】 ……………………………… 188

第五十二条　【监察处置方式】 ……………………………… 191

第五十三条　【涉案财物处置】 ……………………………… 195

第五十四条　【检察机关对移送案件的处理】 ……………… 197

第五十五条　【继续调查与违法所得没收程序】 …………… 202

第五十六条　【复审、复核】 ………………………………… 206

第六章　反腐败国际合作 ……………………………………… 210

第五十七条　【统筹协调反腐败国际合作】 ………………… 210

第五十八条　【反腐败国际执法司法合作和司法协助】 …… 213

第五十九条　【国际追逃追赃和防逃】 ……………………… 216

第七章　对监察机关和监察人员的监督 ……………………… 219

第 六 十 条　【人大监督】 …………………………………… 219

第六十一条　【监察工作信息公开与外部监督】 …………… 222

第六十二条　【特约监察员制度】 …………………………… 224

第六十三条　【内部专门机构监督及监察队伍建设】 ……… 229

第六十四条　【监察人员禁闭措施】 ………………………… 233

第六十五条　【监察人员守法义务和业务能力要求】 ……… 239

第六十六条　【办理监察事项及时报告与登记备案】 ……… 243

第六十七条　【回避情形】 …………………………………… 246

第六十八条　【监察人员脱密管理和从业限制】 …………… 249

第六十九条　【申诉制度】 …………………………………… 253

第 七 十 条　【案件处置严重违法责任追究的"一案双查"】 …… 257

第八章　法律责任 ……………………………………………… 262

第七十一条　【拒不执行或无正当理由拒不采纳监察建议的

　　　　　　　法律责任】 ………………………………………… 262

第七十二条　【违法阻碍、干扰监察工作的法律责任】 …… 265

第七十三条　【报复陷害和诬告陷害的法律责任】 ………… 270

第七十四条　【违法行使监察职权的法律责任】 …………… 274

第七十五条 【刑事责任】 …… 281

第七十六条 【国家赔偿】 …… 285

第九章 附 则 …… 288

第七十七条 【军事监察立法规定】 …… 288

第七十八条 【施行日期】 …… 289

附 录

全国人民代表大会常务委员会关于修改《中华人民共和国监察法》的决定 …… 292

（2024 年 12 月 25 日）

中华人民共和国监察法 …… 298

（2024 年 12 月 25 日）

关于《中华人民共和国监察法（修正草案）》的说明 …… 314

（2024 年 9 月 10 日）

第一章　总　则

第一条　【立法目的与依据】 为了深入开展廉政建设和反腐败工作，加强对所有行使公权力的公职人员的监督，实现国家监察全面覆盖，持续深化国家监察体制改革，推进国家治理体系和治理能力现代化，根据宪法，制定本法。

【法条主旨】

本条是关于《监察法》立法目的和立法依据的规定。

【修改提示】

本条内容在2018年《监察法》第一条的基础上，进行了如下修改：一是将"开展廉政建设"作为立法目的写入《监察法》；二是将"开展反腐败工作"提前，与开展廉政建设并列，作为《监察法》的首要立法目的；三是明确要"持续深化国家监察体制改革"。

【法条解读】

党的十八大报告明确指出，反对腐败、建设廉洁政治，是党一贯坚持的鲜明政治立场，也是人民关注的重大政治问题。党的十九大报告提出深化国家监察体制改革，将试点工作在全国推开，组建国家、省、市、县监察委员会，同党的纪律检查机关合署办公，对实现所有行使公权力的公职人员的全面监察。随着全面深化改革不断向纵深发展，2018年宪法修正案在"国家机构"一章中增加了监察委员会一节,明确其作为监察机关依法独立行使监察权,以根本法的形式把国家监察机关的设立、体制、职权、制度确认下来。①2018年3月20日,第十三届全国人民代表大会第一次会议正式通过《中华人民共和国监察法》。该法作为对国家监察工作起统领性和基础性作用的反腐败国家立法,是深化国家监察体制改革的重大制度成果。党的二十大报告明确提出深化标本兼治,推进反腐败国家立法。二十届中央纪委三次全会提出,持续推进反腐败国家立法,与时俱进修改监察法。党的二十届三中全会通过的《中共中央关于进一步全面深化改革 推进中国式现代化的决定》(以下简称党的二十届三中全会决定)提出深入推进党风廉政建设和反腐败斗争。此次《监察法》修改对立法目的进行调整,及时把在党中央领导下持续深化国家监察体制改革积累的宝贵经验制度化,将监察实践成果上升为法律规定,为持续深化国家监察体制改革提供长久法治动力,有利于形成立法保障改革、改革推动制度创新的良性循环。②

本条规定的主要目的是明确制定、实施监察法所要实现的价值和所要达到的目标,以及监察法的立法依据。立法目的决定着条文的内容、控制着整个法的价值指向和结构安排。③ 监察法的立法目的主要有以下四个方面:

一、深入开展廉政建设和反腐败工作

"反对腐败、建设廉洁政治,保持党的肌体健康,始终是我们党一贯坚持的鲜明政治立场。党风廉政建设,是广大干部群众始终关注的重大政治问题。"④ 党的十八大明确党风廉政建设和反腐败斗争是党的建设的重大任务。党的十九大提出深入推进反腐败斗争。党的二十大报告提出了"反腐败是最彻底的自我革命"这一重大命题,部署了"坚决打赢反腐败斗争攻坚战持久战"的目标任务。党的二十届三中全会对"深入推进党风廉政建设和反腐败斗争"作出深入系统部署。2018年《监察法》的制定和实施,是深化国家监察体制改革的重大制度成果,对加强党对反腐败工作的集中统一领导,构建

---

① 《十九大以来重要文献选编(上)》,中央文献出版社2019年版,第243页。
② 《关于〈中华人民共和国监察法(修正草案)〉的说明——2024年9月10日在第十四届全国人民代表大会常务委员会第十一次会议上》,载中国人大网,http://www.npc.gov.cn/c2/c30834/202412/t20241225_ 442031.html,最后访问日期:2025年1月19日。
③ 黄学贤、雷娟:《〈政府信息公开条例〉立法目的之检讨》,载《浙江学刊》2012年第1期。
④ 《十八大以来重要文献汇编(上)》,中央文献出版社2014年版,第81页。

集中统一、权威高效的中国特色国家监察体制，实现对公职人员的监察全覆盖发挥了重要作用。与此同时，以习近平同志为核心的党中央从推进党的自我革命、健全党和国家监督体系的高度，对持续深化国家监察体制改革作出重要部署。及时修改《监察法》，是深入贯彻党的二十大和二十届三中全会决策部署的必然要求。坚持和完善党中央集中统一领导下的反腐败工作体制机制，完善监察机关派驻制度，深化反腐败国际合作，增强监察全覆盖的有效性，有利于健全党和国家监督体系，增强治理腐败效能，提升党的自我净化、自我完善、自我革新、自我提高能力，更好实现新时代新征程党的使命任务。

二、加强对所有行使公权力的公职人员的监督，实现国家监察的全面覆盖

党的十八大以来，以习近平同志为核心的党中央高度重视对权力运行的制约和监督。党的十九大报告明确了实现对所有行使公权力的公职人员监察全覆盖的战略目标。党的十九届四中全会对坚持和完善中国特色社会主义制度、推进国家治理体系和治理能力现代化作出专门部署，明确提出健全党统一领导、全面覆盖、权威高效的监督体系。加强对所有行使公权力的公职人员的监督，实现监察全覆盖是深化国家监察体制改革的重要内容，其目的在于消除权力监督的盲区，健全党和国家监督体系。《监察法》的制定和修改，坚持党内监督和国家监察有机统一的中国特色监察道路，监察对象由监督"狭义政府"公职人员扩大到监督"广义政府"公职人员，从而实现对所有行使公权力的公职人员监察全覆盖，对于坚决打赢反腐败斗争攻坚战持久战总体战具有重大意义，必将推动全面从严治党向纵深发展。

三、持续深化国家监察体制改革

国家监察体制改革是以习近平同志为核心的党中央作出的重大决策部署，是事关全局的重大政治体制改革，是推进国家治理体系和治理能力现代化的重大举措。[①] 2016年12月25日，第十二届全国人大常委会第二十五次会议通过《关于在北京市、山西省、浙江省开展国家监察体制改革试点工作的决定》。党的十九大明确提出，要深化国家监察体制改革，将试点工作在全国推

---

① 陈光中、邵俊：《我国监察体制改革若干问题思考》，载《中国法学》2017年第4期。

开，组建国家、省、市、县监察委员会，同党的纪律检查机关合署办公。纪检和监察合署机制的建构，使党内监督与国家监察之间贯通，形成党内监督和国家机关监督之间的合力。① 2017 年 11 月 4 日，第十二届全国人民代表大会常务委员会第三十次会议通过《关于在全国各地推开国家监察体制改革试点工作的决定》。2018 年《监察法》的通过意味着国家监察体制改革成果进一步固化为法律制度，为我国反腐败工作提供了重要法律依据。以持续深化国家监察体制改革为契机，2021 年 9 月 20 日国家监察委员会颁布了《中华人民共和国监察法实施条例》。党的二十大对健全党统一领导、全面覆盖、权威高效的监督体系作出部署，二十大党章将推动完善党和国家监督体系纳入各级纪律检查委员会的主要任务。二十届中央纪委二次全会公报强调要一体深化推进党的纪律检查体制改革、国家监察体制改革、纪检监察机构改革，健全统筹推进"三项改革"的领导体制和工作机制。习近平总书记在二十届中央纪委四次全会上强调，要深化纪检监察体制改革，坚持授权和控权相结合，把权力关进制度的"笼子"。② 当前，反腐败斗争取得压倒性胜利并全面巩固，但形势依然严峻复杂，铲除腐败滋生土壤和条件的任务仍然艰巨。2024 年修改后的《监察法》将"持续深化国家监察体制改革"作为立法目的予以确立，是对监察体制改革成果的高度肯定，也是进一步深化国家监察体制改革的重要举措。

四、推进国家治理体系和治理能力现代化

党的十八届三中全会提出"推进国家治理体系和治理能力现代化"的重大命题，并把"完善和发展中国特色社会主义制度 推进国家治理体系和治理能力现代化"确定为全面深化改革的总目标。党的十九大将本世纪中叶实现国家治理体系和治理能力现代化作为制度建设和治理能力建设的目标。党的十九届四中全会通过了《关于坚持和完善中国特色社会主义制度 推进国家治理体系和治理能力现代化若干重大问题的决定》，形成了推进国家治理体系和治理能力现代化的政治宣言和行动纲领。党的二十大将"基本实现国家治理体系和治理能力现代化"纳入 2035 年基本实现社会主义现代化目标之中。党的二十届三中全会决定明确指出，进一步全面深化改革的总目标是继续完

---

① 朱福惠：《国家监察法对公职人员纪律处分体制的重构》，载《行政法学研究》2018 年第 4 期。
② 《习近平在二十届中央纪委四次全会上发表重要讲话强调 坚持用改革精神和严的标准管党治党 坚决打好反腐败斗争攻坚战持久战总体战》，载《人民日报》2025 年 1 月 7 日，第 1 版。

善和发展中国特色社会主义制度，推进国家治理体系和治理能力现代化。推进国家治理体系和治理能力现代化既是我国全面深化改革的总目标，也是全面建成社会主义现代化强国的重要目标之一。因此，《监察法》将"推进国家治理体系和治理能力现代化"作为立法目的，以法律形式确定开展监察工作的总目标，促使国家监察体制更好融入国家治理体系，发挥监察制度优势和治理效能，推进党和国家监督体系、反腐败体制机制更加成熟定型，为实现中国式现代化提供法治保障。

【关联规范】

《宪法》第1条、第123条至第127条；《监察法实施条例》第2条、第3条、第5条；《中国共产党党内监督条例》第37条。

第二条 【党的领导原则、监察工作指导思想】 坚持中国共产党对国家监察工作的领导，以马克思列宁主义、毛泽东思想、邓小平理论、"三个代表"重要思想、科学发展观、习近平新时代中国特色社会主义思想为指导，构建集中统一、权威高效的中国特色国家监察体制。

【法条主旨】

本条是关于坚持党对监察工作的领导和监察工作指导思想的规定。

【修改提示】

本条内容未作修改。

【法条解读】

本条明确监察工作坚持党的领导原则以及明确监察工作指导思想，主要包括以下三个方面的内容：

一、坚持中国共产党对国家监察工作的领导

中国共产党的领导是中国人民经过长期历史选择的结果。党的十九大指出，中国特色社会主义最本质的特征是中国共产党领导，中国特色社会主义制度的最大优势是中国共产党领导。党的二十届三中全会决定强调，坚持党的全面领导，坚定维护党中央权威和集中统一领导，发挥党总揽全局、协调各方的领导核心作用，把党的领导贯穿改革各方面全过程，确保改革始终沿着正确政治方向前进。习近平总书记在《关于〈中共中央关于进一步全面深化改革、推进中国式现代化的决定〉的说明》中指出，注重加强党对改革的领导。党的领导是进一步全面深化改革、推进中国式现代化的根本保证。[①] 中国式现代化的本质要求是坚持中国共产党领导，因此，必须坚持党对国家监察工作的领导。制定监察法的根本目的是坚持和加强党对反腐败工作集中统一领导，使党的主张通过法定程序上升为国家意志，以法治思维和法治方式惩治腐败。我国《宪法》第一百二十五条和第一百二十六条规定我国监察机关实行双重领导原则，以及各级监察机关与党的纪律检查机关合署办公，都是对党的领导原则的集中体现。《监察法》将坚持中国共产党对国家监察工作的领导写入总则，将其作为监察工作的指导思想，具有特殊的政治意义。本法规定本条的主要目的是旗帜鲜明地宣示党的领导，体现了"四个意识"，彰显了"四个自信"，有利于党中央和地方各级党委更加理直气壮、名正言顺地依法领导监察委员会开展反腐败等工作，扛起全面从严治党和依法治国理政的政治责任。

[①] 习近平：《关于〈中共中央关于进一步全面深化改革、推进中国式现代化的决定〉的说明》，载《人民日报》2024年7月22日，第1版。

二、以马克思列宁主义、毛泽东思想、邓小平理论、"三个代表"重要思想、科学发展观、习近平新时代中国特色社会主义思想为指导

党的十九大通过的《中国共产党章程（修正案）》把习近平新时代中国特色社会主义思想确立为我们党的行动指南，实现了党的指导思想的又一次与时俱进。十三届全国人大一次会议通过的《宪法修正案》，明确将习近平新时代中国特色社会主义思想载入宪法。监察法是继宪法之后，又一部将习近平新时代中国特色社会主义思想作为指导思想写入法律条文的法律。习近平总书记关于监察体制改革的一系列思想和论述，是习近平新时代中国特色社会主义思想的重要组成部分，是监察法的魂和纲，是我们做好国家监察工作的思想武器和行动指南。[①] 监察法把习近平新时代中国特色社会主义思想作为国家监察工作的指导思想，有其特殊的政治意义。

三、构建集中统一、权威高效的中国特色国家监察体制

我国《宪法》第一百二十三条规定："中华人民共和国各级监察委员会是国家的监察机关。"《监察法》第三条也规定："各级监察委员会是行使国家监察职能的专责机关，依照本法对所有行使公权力的公职人员（以下称公职人员）进行监察，调查职务违法和职务犯罪，开展廉政建设和反腐败工作，维护宪法和法律的尊严。"因此，监察委员会就是反腐败工作机构，《监察法》就是反腐败国家立法，深化国家监察体制改革的一个重要目的，就是加强党对反腐败工作的统一领导。制定《监察法》，推进国家监察体制改革，旨在实现党的监督和国家监察的有机统一、协调匹配。通过建立监察委员会，健全国家监察组织架构，强化反腐败斗争的统一领导，使党内监督和国家监察机构结合，保证监督力量能延伸和覆盖到所有公职人员，促进监督体制机制的制度化、规范化。[②] 我国监察体制改革的目标是要整合反腐败资源和力量，加强党对反腐败工作的集中统一领导，建立集中统一、权威高效的国家监察体制。监察制度改革的重要任务之一就是要设立各级监察委员会。通过整合行政监察、预防腐败和检察机关查处贪污贿赂、失职渎职及预防职务犯罪等工作力量，组建国家、省、市、县监察委员会，同党的纪律检查机关合署办公，

---

① 中共中央纪律检查委员会 中华人民共和国国家监察委员会法规室编写：《〈中华人民共和国监察法〉释义》，中国方正出版社2018年版，第56页。

② 马怀德主编：《中华人民共和国监察法理解与适用》，中国法制出版社2018年版，第2页。

有利于健全党领导反腐败工作的体制机制。各级监察委员会独立行使监察权，不受行政机关、司法机关和社会团体的干涉。

【关联规范】

《宪法》第1条、第125条、第126条；《监察法实施条例》第10条；《中国共产党纪律检查委员会工作条例》第2条、第3条、第5条。

第三条　【监察委员会性质和职能】 各级监察委员会是行使国家监察职能的专责机关，依照本法对所有行使公权力的公职人员（以下称公职人员）进行监察，调查职务违法和职务犯罪，开展廉政建设和反腐败工作，维护宪法和法律的尊严。

【法条主旨】

本条是关于监察委员会性质和职能的规定。

【修改提示】

本条内容未作修改。

【法条解读】

为了贯彻和体现国家监察体制改革的精神，为监察委员会的成立提供根本法依据，十三届全国人大一次会议通过的《宪法修正案》，就国家监察委员会和地方各级监察委员会的产生、性质、地位、人员组成、任期任届、领导体制等内容进行了规定。① 《宪法》第三章第七节是对于国家监察机关的专章规定，其中第一百二十三条规定，"中华人民共和国各级监察委员会是国家的监察机关"，表明各级监察委员会的宪法地位区别于作为权力机关的各级人民代表大会以及由其产生的人民政府、人民法院和人民检察院，监察委员会由人民代表大会产生，对其负责、受其监督，由人民代表大会赋权代表人民统一集中行使监察权力，属于国家机构序列中的新型机关，即国家监察机关。《监察法》对监察机关的设置、运行作出更详细的规定，保障监察机关履行好监察职能，全面有效反腐、深入广泛倡廉。

一、各级监察委员会是行使国家监察职能的专责机关

通过制定《监察法》，明确监察委员会的性质，为国家、省、市、县四级监察委员会的组织和运作提供法律依据，是国家监察制度改革和国家监察立法的主要初衷之一。《监察法》第三条规定，"各级监察委员会是行使国家监察职能的专责机关"，进一步明确了各级监察委员会作为国家监察机关，专责行使国家监察职能的地位。对于《监察法》第三条所采用的"专责机关"这一概念，需要从以下三个方面进行理解。

第一，将各级监察委员会定位为行使国家监察职能的"专责机关"，是实现党内法规与国家法律相统一，促进纪法衔接，保障党内监督与国家监督相协调的客观要求。《中国共产党纪律检查委员会工作条例》第七条规定："党的中央纪律检查委员会与国家监察委员会合署办公，党的地方各级纪律检查委员会与地方各级监察委员会合署办公，实行一套工作机构、两个机关名称，履行党的纪律检查和国家监察两项职责，实现纪委监委领导体制和工作机制的统一融合，集中决策、一体运行，坚持纪严于法，执纪执法贯通。"纪检部门与监察部门合署办公是我国反腐工作中形成的宝贵制度经验，坚持纪律检查与国家监察相结合，以实现对行使公权力人员的监察全覆盖。在以往的监督体制中，纪委与行政监察机关合署办公时，二者的级别和规格不匹配，难以充分协调开展工作。国家监察体制改革后，监察委员会与同级纪委级别相当，在工作机制上统一接受党的领导并合署办公，能够促进整合反腐力量，

---

① 王晨：《关于〈中华人民共和国宪法修正案（草案）〉的说明（摘要）》，载《人民日报》2018年3月7日，第6版。

实现执纪与执法的融会贯通，有效提高反腐效能。根据《监察法》第四条的规定，监察机关享有监督、调查、处置职责，与党章关于纪委监督、执纪、问责的规定相一致，确保了监委职责与纪委职责相匹配。另外，将各级监察委员会定位为行使国家监察职能的专责机关，能够与各级纪委作为党内监督专责机关的定位保持一致，实现党纪和国法的衔接，促进党内监督与外部监督的结合，提升监督效能。

第二，将各级监察委员会定位为行使国家监察职能的"专责机关"，意味着监察委员会整合了以往分散在行政监察部门、预防腐败部门、反贪污部门、反渎职部门、预防职务犯罪部门等机构和部门中的监督权，监察委员会行使的监督权，不是行政监察、反腐反渎、预防腐败职能的简单叠加，而是在党的领导下，代表党和国家统一对所有行使公权力的公职人员进行监督，集中统一行使国家监督权力，提升监察职能行使质效。

第三，《监察法》采用了"专责机关"的表述对监察委员会进行定位，而非我国立法中更为常用的"专门机关"或"专职机关"，表明了监察机关行使职能时权力与责任的一致性。同时，纪委是党内监督的专责机关，将监委定位为行使国家监察职能的"专责机关"，与纪委的专责机关定位相匹配。"专责机关"不仅强调监察机关的专业化特征、专门性职责，更加突出强调了监察机关的责任，行使监察权不仅是监察机关的职权，更重要的是监察机关的使命和担当。[①]《监察法》着重强调各级监察委员会所承担的反腐败职能不仅是一项职能，同时也是一项责任，与《监察法》第五条规定的"权责对等，严格监督"的国家监察工作基本原则相一致。

二、监察委员会的主要职能

根据本条规定，各级监察委员会主要承担三项职能。

第一，依照《监察法》对所有行使公权力的公职人员进行监督。构建集中统一、权威高效的中国特色国家监察体制，是国家监察体制改革的重要目标，这一体制要求在监察职能上全面覆盖所有行使公权力的公职人员，无论身份上是公务员还是参公管理人员，无论权力来源是法律授权还是国家机关

[①] 王伟：《为什么将监委定位为行使国家监察职能的"专责机关"——不仅强调职权更突出责任》，载《中国纪检监察》2018年第6期。

委托，无论公办单位从事管理工作的人员还是基层群众组织中依法履行公职的人员，都要纳入监察对象。同时，对于党内监督覆盖不到或者不适用于执行党纪的公职人员，也必须依法实施国家监察，以保证所有行使公权力的公职人员都被纳入监督范围中，扫除监督死角和盲区。《监察法》第十五条详细列举了监察机关的监督范围，从"狭义政府"扩展到"广义政府"，把执纪与执法贯通起来，保证了党内监督和国家监察有效衔接、同向发力、形成合力，有力打击公权力范围内的腐败行为。

第二，调查职务违法和职务犯罪。《监察法》第十一条对监察委员会的职能进行了详细展开，其中规定："对涉嫌贪污贿赂、滥用职权、玩忽职守、权力寻租、利益输送、徇私舞弊以及浪费国家资财等职务违法和职务犯罪进行调查。"监察委员会所行使的调查职能分为两大类，分别为职务违法调查和职务犯罪调查。监察委员会依照《监察法》、《监察法实施条例》和有关法律规定履行监督、调查、处置职责，其中调查职责包括了对涉嫌贪污贿赂、滥用职权、玩忽职守、权力寻租、利益输送、徇私舞弊以及浪费国家资财等职务违法和职务犯罪进行调查。同时，《监察法》对于职务违法行为和职务犯罪行为设定了不同的调查程序和处置方式，监察委员会对于违法的公职人员依法作出政务处分决定；对履行职责不力、失职失责的领导人员进行问责；对涉嫌职务犯罪的，将调查结果移送人民检察院依法审查、提起公诉；向监察对象所在单位提出监察建议。明确监察委员会的职能范围与处置方式，针对不同性质的腐败行为作出相应的处罚决定并实现与相关部门的有效衔接。

第三，开展廉政建设和反腐败工作，维护宪法和法律的尊严。廉政建设与反腐败是监察委员会的基本职责之一。新修改的《监察法》第一条，就专门规定"为了深入开展廉政建设和反腐败工作"，同时第十一条第一项也专门规定，"对公职人员开展廉政教育，对其依法履职、秉公用权、廉洁从政从业以及道德操守情况进行监督检查"。在实践中，各级监察委员会可以创新体制机制，在法律规定的范围内开展形式多样的廉政建设和反腐败工作，加强开展廉政建设以增强公权力行使主体的理想信念，将其作为预防腐败的有力举措，实现监督关口前移，促进公职人员的不敢腐、不能腐、不想腐一体推进。监察机关作为我国国家机构的重要组成，承担着人民赋予的监察监督的基本职能，对于保障国家机器的有效运转、维护人民群众的基本权益等起基础保障作用。对于国家监察机关而言，清醒认识自己肩负的神圣职责，切实履行宪法和法律赋予的职责，努力提高执法水平和办案质量，推进依法切实履行监察职责，维护人民权益，是维护宪法和法律尊严的重要方式。

需要注意的是，监察机关行使的是调查权，不同于侦查权。监察调查对象是行使公权力的公职人员，而不是普通的刑事犯罪嫌疑人。调查的内容是职务违法和职务犯罪，而不是一般刑事犯罪行为。[①]

【关联规范】

《宪法》序言、第5条、第123条；《监察法》第5条、第11条、第15条；《中国共产党纪律检查委员会工作条例》第7条。

第四条 **【监察机关独立行使职权、相互配合制约机制】** 监察委员会依照法律规定独立行使监察权，不受行政机关、社会团体和个人的干涉。

监察机关办理职务违法和职务犯罪案件，应当与审判机关、检察机关、执法部门互相配合，互相制约。

监察机关在工作中需要协助的，有关机关和单位应当根据监察机关的要求依法予以协助。

【法条主旨】

本条是关于监察委员会依法独立行使监察权以及与其他国家机关之间的关系和工作协助机制的规定。

[①] 中共中央纪律检查委员会 中华人民共和国国家监察委员会法规室编写：《〈中华人民共和国监察法〉释义》，中国方正出版社2018年版，第63页。

第四条 【监察机关独立行使职权、相互配合制约机制】 013

【修改提示】

本条内容未作修改。

【法条解读】

一、监察委员会依法独立行使监察权

《宪法》第一百二十七条第一款规定："监察委员会依照法律规定独立行使监察权，不受行政机关、社会团体和个人的干涉。"这意味着监察机关独立行使监察权是《宪法》所明文规定的一项基本原则，是国家机构间权力配置、行使的重要依据。国家监察体制改革的目标是建立集中统一、权威高效的中国特色国家监察体制。监察委员会依照法律规定独立行使监察权，具体包括以下三个方面内涵：

第一，监察权由监察委员会集中统一行使。《宪法》第一百二十三条规定："中华人民共和国各级监察委员会是国家的监察机关。"《监察法》第三条规定："各级监察委员会是行使国家监察职能的专责机关……"监察权是国家权力的重要组成部分，与行政权、司法权并列，由监察委员会集中独立行使。国家监察体制改革后，将以往分散在多个机关之间的反腐败资源和力量集中到监察委员会，形成集中统一、权威高效的反腐败体制，有利于形成严密的法治监督体系，实现全面推进依法治国的目标。[①]《监察法实施条例》第二十一条规定："监察机关开展监察监督，应当与纪律监督、派驻监督、巡视监督统筹衔接，与人大监督、民主监督、行政监督、司法监督、审计监督、财会监督、统计监督、群众监督和舆论监督等贯通协调，健全信息、资源、成果共享等机制，形成监督合力。"由此可见，除党内监督与监察监督外，其他国家机关以及社会也享有一部分监督职能，但这些监督职能并不包含对公职人员职务违法和职务犯罪的监督权、调查权和处置权，与监察委员会所行

---

① 马怀德：《国家监察体制改革的重要意义和主要任务》，载《国家行政学院学报》2016年第6期。

使的监察权存在本质区别，但共同构成我国的监督体系，保证公权力的良好运转。

第二，监察委员会必须依照法律规定独立行使监察权。"依照法律规定"是各级监察委员会独立行使监察权的前提，这要求各级监察委员会在独立行使监察权的过程中，必须严格依照法律规定行使监督职权、开展监察工作，而不能独立于法律之外。各级监察委员会履行国家监察职责，无论是在程序方面，还是在实体方面，都必须严格遵守法律规定。

第三，任何行政机关、社会团体和个人不得干涉监察委员会依法独立行使监察权。这里的"干涉"一般是指行政机关、社会团体和个人利用其职权、地位、影响力等因素或者采取其他不正当手段对监察工作的独立开展和监察人员独立履行职责进行干扰的行为，如相关组织或个人利用职权或地位，阻挠办案人员开展调查，威胁、引诱办案人员放弃调查，或指使他人干扰办案等。

需要注意的是，强调监察机关依法独行使监察权，并不意味着监察机关不受任何外部监督和制约。首先，《监察法》第二条与《监察法实施条例》第二条都强调了必须坚持党对监察工作的全面领导，各级监察委员会的工作需要在党的领导下开展。其次，《宪法》第三条第三款规定："国家行政机关、监察机关、审判机关、检察机关都由人民代表大会产生，对它负责，受它监督。"《监察法》第六十条第一款规定："各级监察委员会应当接受本级人民代表大会及其常务委员会的监督。"这意味着监察机关要接受本级人民代表大会及其常委会的监督。此外，按照《监察法》第六十一条的规定，监察机关还应当依法公开监察工作信息，接受民主监督、社会监督、舆论监督。

二、监察委员会与其他国家机关的关系

本条第二款规定了监察机关办理职务违法和职务犯罪案件过程中与其他国家机关的关系，《宪法》第一百二十七条第二款规定："监察机关办理职务违法和职务犯罪案件，应当与审判机关、检察机关、执法部门互相配合，互相制约。""互相配合，互相制约"是我国司法工作中长期坚持的重要原则，对规范各个国家机关的职权行使和保障公民权利有着重要作用。通过《宪法》和《监察法》对这一原则进行明确规定，有助于明晰各个监察机关与其他国家机关间的关系，既突出了监察机关的独立地位，也为其在开展监察工作中如何有效联系其他国家机关提供了基本原则，促进监察权的规范化、制度化、法治化运行。

本款中的"审判机关"是指各级人民法院，"检察机关"是指各级人民检察院，"执法部门"是指与案件办理相关的组织人事、公安、国家安全、审计、统计、市场监督、金融监管、财政、税务、自然资源、银行、证券、保险等有关部门、单位。在办理具体案件过程中，监察机关与上述机关之间既相互配合，又相互制约，能够保证准确有效地执行法律、提高办案质效，共同促进公平正义的实现。

"互相配合"是指监察机关与审判机关、检察机关、执法部门应当按照法律规定，在工作程序上实现有效衔接，在工作内容上实现互助互补。2021年国家监委与最高人民法院、最高人民检察院、公安部联合印发实施《关于加强和完善监察执法与刑事司法衔接机制的意见（试行）》，该意见进一步完善促进监察机关与司法机关、执法部门在办理职务犯罪案件中的互相配合、互相制约，推动健全权威高效、衔接顺畅的工作机制。监察机关与审判机关、检察机关、执法部门同属于由一级权力机关所产生的国家机关，承担不同的职责，彼此之间不存在相互隶属、领导的关系。然而，各个国家机关都具有保障法律正确、有效实施的共同工作目标，在职权行使过程中不可避免的会产生范围上的交叉，因此只有各个国家机关共同协调配合，不推诿扯皮，不相互刁难，才能保障国家机器的有效运转，保障各自的职权有效实现。

在办理职务违法和职务犯罪案件的过程中，监察机关与公安机关，检察机关等都可能形成互相配合的关系。例如，《监察法》第三十七条第一款规定，人民法院、人民检察院、公安机关、审计机关等国家机关在工作中发现公职人员涉嫌贪污贿赂、失职渎职等职务违法或者职务犯罪的问题线索，应当移送监察机关，由监察机关依法调查处置。第四十九条规定，监察机关采取强制到案、责令候查、管护、留置措施，可以根据工作需要提请公安机关配合。第五十二条规定，对涉嫌职务犯罪的，监察机关经调查认为犯罪事实清楚，证据确实、充分的，制作起诉意见书，连同案卷材料、证据一并移送人民检察院依法审查、提起公诉。第五十四条规定，对监察机关移送的案件，人民检察院依照《刑事诉讼法》对被调查人采取强制措施。

"互相制约"是指监察机关与审判机关、检察机关、执法部门之间应当在法律规定的范围内相对独立地履行职责，通过程序上的制约，防治和及时纠正错误，以保证案件质量，正确适用法律惩罚违法犯罪。[①] 要求监察机关与其他国家机关之间相互制约，旨在通过国家机关间的职权分工形成有效的监督制约机制，规范权力的行使过程，保障各个机关都能在各自的职权范围内依法履行职权时与其他权力有效衔接、互相监督，促进公平正义的实现。这种制约关系是双向的，即每一个机关都对其他机关形成制约，同时也受到其他机关的制约。例如，按照《监察法》第五十四条的规定，对监察机关移送的案件，检察机关经审查后认为需要补充核实的，应当退回监察机关补充调查，必要时可以自行补充侦查。对于有《刑事诉讼法》规定的不起诉的情形的，经上一级人民检察院批准，依法作出不起诉的决定。监察机关认为不起诉的决定有错误的，可以向上一级人民检察院提请复议。《监察法》的这一条文就重点体现了监察机关与检察机关之间的相互制约关系，集中体现在调查程序与审查起诉程序的衔接上。各级人民检察院在接到监察委员会移送的案件后，应当严格依照法律规定对案件进行审查，确保案件事实认定和法律适用正确，在这一审查过程中，检察机关在客观上实现了对案件本身办理情况的监督和对监察机关权力的制约。同样，对于监察机关而言，其认为检察机关不起诉的决定有错误的，可向上一级人民检察院提请复议，也构成了监察机关对检察机关权力的监督和制约。

三、工作协助机制

本条第三款规定："监察机关在工作中需要协助的，有关机关和单位应当根据监察机关的要求依法予以协助。"这一规定是对本条第二款监察机关与其他国家机关之间"互相配合"关系的具体阐释和落实。《宪法》为各个国家机关设定了不同的职权分工，监察机关在具体履行监督、调查、处置职责时，有可能会遇到超出自身职权范围，或自身不具备相关专业能力、专业素养的事项，需要其他国家机关提供协助，同时，其他国家机关的协助配合可以进一步提升监察权行使的效能。例如，《监察法》第三十二条规定："依法应当留置的被调查人如果在逃，监察机关可以决定在本行政区域内通缉，由公安

[①] 中共中央纪律检查委员会 中华人民共和国国家监察委员会法规室编写：《〈中华人民共和国监察法〉释义》，中国方正出版社 2018 年版，第 66 页。

机关发布通缉令，追捕归案。通缉范围超出本行政区域的，应当报请有权决定的上级监察机关决定。"第三十七条规定："人民法院、人民检察院、公安机关、审计机关等国家机关在工作中发现公职人员涉嫌贪污贿赂、失职渎职等职务违法或者职务犯罪的问题线索，应当移送监察机关，由监察机关依法调查处置。被调查人既涉嫌严重职务违法或者职务犯罪，又涉嫌其他违法犯罪的，一般应当由监察机关为主调查，其他机关予以协助。"第四十九条第一款规定："监察机关采取强制到案、责令候查、管护、留置措施，可以根据工作需要提请公安机关配合。公安机关应当依法予以协助。"监察机关在行使监察权时，其他国家机关在其职权行使过程中与监察权行使职能交叉范围内，应当依照法律规定主动向监察机关提供协助配合。这种工作协作机制不仅是对法律规定的贯彻，而且对于构建有序运转的国家权力体系、保障各国家机关职责的高效履行具有重大的现实意义基础。

【关联规范】

《宪法》第 127 条；《监察法》第 3 条、第 32 条、第 37 条、第 49 条、第 52 条、第 54 条、第 60 条、第 61 条；《监察法实施条例》第 2 条、第 21 条。

第五条　【工作原则】 国家监察工作严格遵照宪法和法律，以事实为根据，以法律为准绳；权责对等，严格监督；遵守法定程序，公正履行职责；尊重和保障人权，在适用法律上一律平等，保障监察对象及相关人员的合法权益；惩戒与教育相结合，宽严相济。

【法条主旨】

本条是关于国家监察工作基本原则的规定。

【修改提示】

本条内容在 2018 年《监察法》第五条的基础上，进行了如下修改：一是增加了"权责对等，严格监督"内容；二是增加了"遵守法定程序，公正履行职责"内容；三是增加了"尊重和保障人权"内容；四是将原条文的"保障当事人的合法权益"修改为"保障监察对象及相关人员的合法权益"。

【法条解读】

《监察法》集组织法、程序法、实体法于一体，明确《监察法》的基本原则对监察法和监察体系具有规范指引作用，在缺乏具体规则时，适用《监察法》基本原则能够有效提升监察工作的法治化水平。具体而言，理解和适用本条包括以下几个方面：

一、严格遵照宪法和法律，以事实为根据，以法律为准绳原则

本项子原则包含两个层次的内容，第一是国家监察工作严格遵照宪法和法律。第二是以事实为根据，以法律为准绳。前者即依宪依法监察原则。《宪法》第五条第四款、第五款明确规定："一切国家机关和武装力量、各政党和各社会团体、各企业事业组织都必须遵守宪法和法律。一切违反宪法和法律的行为，必须予以追究。任何组织或者个人都不得有超越宪法和法律的特权。"因此，监察机关和监察机关工作人员的所有活动，也必须以宪法为根本的活动准则。无论是制定包括监察法规在内的监察规范，还是实施具体的监察行为，都必须严格遵守宪法和法律。以事实为依据，要求监察机关办理监察案件时，以客观事实为基础，最大限度还原案件的客观真相。以法律为准绳，要求监察机关在准确认定案件客观事实的基础上，按照法律规定的实体规定和程序规定对当事人的行为予以准确定性和处理。[①] 同时，这里的法律应作广义的理解，既包括全国人大及其常委会制定的法律，也包括行政法规、地方性法规、监察法规等。

[①] 马怀德主编：《中华人民共和国监察法理解与适用》，中国法制出版社 2018 年版，第 20 页。

二、权责对等，严格监督原则

权责对等原则要求公权力的行使要做到"有权必有责、有责要担当、失责必追究"。就监察工作来说，权责对等，严格监督原则一般有两层含义。一方面主要针对的是监察对象，指的是监察机关实施监督、处置或问责时，要根据监察对象的岗位、职责和权力等方面的不同，进行综合考虑，并采取相应不同的措施，做到"权责对等"。同时，监察机关必须严格行使监察权，信任不能代替监督，监督必须从严，做到"严格监督"。另一方面权责对等、严格监督也适用监察机关自身。掌握多大的权力，就要承担多大的责任。国家通过《监察法》赋予监察机关相应监察权的同时，也明确规定监察机关行使监察权时必须负担相应的义务，承担相应的责任，即"有权必有责、有责要担当"。如果监察机关及其工作人员滥用监察权力，侵犯监察对象及相关人员的合法权益时，必须承担相应责任。另外，监察机关行使的监察权本身也是公权力的一种，当然也需要受到有效的监督和制约。《监察法实施条例》第八条明确了监察机关办理职务犯罪案件，应当与人民法院、人民检察院互相配合、互相制约，这也是监察权受到监督和制约的一种体现。

三、遵守法定程序，公正履行职责原则

本项原则是修改后的《监察法》新增加的内容，丰富和完善了监察工作基本原则体系。《监察法》本身具有复合属性，既有组织法的内容，又有行为法的内容；既有实体法的规定，也有程序法的规定。法定程序是监察机关履职行权的基本遵循，公正履职则是监察工作的内在要求。"法定程序"，包括了监察法和监察法规等规定的程序，指的是监察机关在履行监察职责、办理监察案件时必须遵循的法定时限、时序及法定的方式、方法和手续。修改后的《监察法》不仅在总则部分增加了遵守法定程序的监察工作基本原则，在分则中也针对监察工作程序中的关键点和风险点，构建完善更加规范、严密的监察工作程序。例如，优化留置期限制度、强调审理的审核把关和监督制约作用、明确承担留置场所看护勤务的机关等。[①] 公正履职则要求监察机关及其工作人员在履职时，要基于监察工作目的，做到不偏不倚，依法行使监察

[①] 中央纪委国家监委法规室：《推进反腐败国家立法 为坚决打赢反腐败斗争攻坚战持久战提供法制保障》，载《中国纪检监察报》2025年1月5日，第2版。

职能。例如，修改后的《监察法》第四十三条第三款明确规定，监察机关及其工作人员在履行职责过程中应当依法保护企业产权和自主经营权。这就要求监察机关一方面在依法对相关企业进行调查，保证查清案件事实，另一方面也要求在履职过程中要基于法治营商环境的考量，不得非法干预企业的正常经营。这就是监察机关公正履职的具体表现。通过对这些在监察权运行重要环节的制度修改，充分彰显严格公正依法履职行权的法治要求。

四、尊重和保障人权，在适用法律上一律平等，保障监察对象及相关人员的合法权益原则

本次修改《监察法》，"将加强对监察权的监督制约，保障公民权利作为一个重点"①。修改后的《监察法》在总则部分将"尊重和保障人权"新增为监察工作原则，充分体现了监察法所确立的两大立法目的，即惩治腐败和保障人权相辅相成、相互协调、有机统一、共同推进的内在逻辑。在"尊重和保障人权"的总则条款的统领下，修改后的《监察法》在调查取证、措施适用、救济机制等部分新增了很多具体规定，涵盖监察对象及相关人员的人身权、知情权、财产权、申辩权、申诉权以及申请复审复核权等各项合法权益，充分体现惩治腐败与保障人权有机统一的法治精神。②

五、惩戒与教育相结合，宽严相济原则

惩戒（处罚）和教育相结合是我国党纪国法中明确的制裁实施和适用原则。《监察法实施条例》第四条规定，坚持惩前毖后、治病救人，坚持惩戒与教育相结合，实现政治效果、法律效果和社会效果相统一。《中国共产党纪律处分条例》第四条第五项规定，"惩前毖后、治病救人。处理违犯党纪的党组织和党员，应当实行惩戒与教育相结合，做到宽严相济"。在监察实践中，惩戒和教育相结合包含两个方面的含义，一是对被惩戒人而言，对违纪违法犯罪公职人员的惩戒不是最终目的，为了惩戒而惩戒可能会导致治标不治本。因此，监察工作必须结合教育使被惩戒人认识到自己行为的社会危害性并真诚悔过，以有效防止腐败行为的再次发生。二是对社会而言，通过对违纪违

---

① 《监察法完成修改 推进监察工作规范化法治化正规化》，载中国人大网，http://www.npc.gov.cn/npc/c2/c30834/202412/t20241225_442049.html，最后访问日期：2025年1月10日。

② 中央纪委国家监委法规室：《推进反腐败国家立法 为坚决打赢反腐败斗争攻坚战持久战提供法制保障》，载《中国纪检监察报》2025年1月5日，第2版。

法犯罪公职人员惩戒并予以公开，能够对其他公职人员和社会公众起到警示教育的作用，从而在全社会营造风清气正的社会氛围。宽严相济是具有中国特色的司法政策，在预防和打击腐败中有着重要作用，指的是对公职人员的惩戒，要全面考虑其行为的性质、目的动机、手段、对社会的危害等诸多情节。对违法犯罪情节严重、社会危害性大、主观恶意大、社会影响强烈的行为从严处理。对情节较轻、主观恶意小、社会危害性较小，或者具有法定、酌定从宽处罚情节的行为从宽处理。《监察法实施条例》第三条规定的促进执纪执法贯通，实现依纪监督和依法监察、适用纪律和适用法律有机融合；《中国共产党党内监督条例》第七条规定的监督执纪"四种形态"，就是宽严相济的具体表现，通过纪律处分、监察处置并与司法衔接，从而促进纪检监察机关执纪执法，保障行为人的违纪违法行为处置结果能够实现政治效果、法律效果和社会效果的统一。

【关联规范】

《宪法》第5条；《监察法实施条例》第3条、第4条、第7条；《中国共产党纪律处分条例》第4条；《中国共产党党内监督条例》第7条。

第六条　【工作方针】 国家监察工作坚持标本兼治、综合治理，强化监督问责，严厉惩治腐败；深化改革、健全法治，有效制约和监督权力；加强法治教育和道德教育，弘扬中华优秀传统文化，构建不敢腐、不能腐、不想腐的长效机制。

【法条主旨】

本条是关于国家监察工作基本方针的规定。

【修改提示】

本条内容未作修改。

【法条解读】

本条从国家监察工作的治理、法治、德治以及"三不腐"机制一体推进的角度，明确了国家监察工作的基本方针，旨在为监察工作实践提供规范指引。理解和适用本条包括以下三个方面：

一、坚持标本兼治、综合治理，强化监督问责，严厉惩治腐败

这条主要强调的是如何解决不敢腐的问题，党的十八大以来，我国在反腐败斗争中取得的压倒性胜利并全面巩固，靠的就是以严厉惩治腐败的方式展现反腐高压的震慑力，从而实现不敢腐的目标。党的二十大报告指出，"深化标本兼治，推进反腐败国家立法，加强新时代廉洁文化建设，教育引导广大党员、干部增强不想腐的自觉，清清白白做人、干干净净做事，使严厉惩治、规范权力、教育引导紧密结合、协调联动，不断取得更多制度性成果和更大治理效能"。坚持标本兼治、综合治理的监察工作基本方针，要求各级监察机关要运用系统性和全局性思维，不仅要坚决惩治腐败案件，更要通过以案促改、以案促治等方式，从根本上和源头上解决腐败问题。在反腐败领域，"标"主要是指是已经形成的腐败现象，即腐败的外在表现或表面症状。例如，对腐败案件的查处、腐败分子的惩治等都属于"标"的范畴。这些措施主要是事后补救，通过严惩腐败行为来遏制腐败现象的蔓延，所以"治标"主要是指查办案件、惩处腐败分子，强化反腐的威慑力。"本"则是指腐败现象产生的根本原因，即腐败的内在本质和根源，主要包括思想问题、制度漏洞、权力监督不足等。所以"治本"是通过改革体制机制、加强思想教育、完善法治建设等措施，从根本上铲除滋生腐败的土壤，预防腐败的发生。对"治标"和"治本"来说，尤其需要认识和处理好两者的关系。首先，治标与治本不是割裂或对立的，治标为治本赢得时间、创造条件，治本为治标巩固成果、根除病源，二者相互依存、缺一不可。其次，治标与治本不是先后

关系，不是先设置一定治标目标，待目标完成后再转入根本性治理，而是长期性与阶段目标性的有机结合，出重拳治标、出长拳治本，在治标的过程中有治本，在治本的过程中也有治标，整个反腐败斗争过程中都要贯穿标本兼治要求。① 另外，治标与治本的关系既是发展变化的，又是辩证统一的。不论是治标还是治本，在不同的时期有不同的重点，必须审时度势，随着形势的变化而变化。

二、深化改革、健全法治，有效制约和监督权力

该条主要强调的是如何解决不能腐的问题。党的二十大报告指出，"全面依法治国是国家治理的一场深刻革命，关系党执政兴国，关系人民幸福安康，关系党和国家长治久安。必须更好发挥法治固根本、稳预期、利长远的保障作用，在法治轨道上全面建设社会主义现代化国家"。法治是人类文明进步的重要标志，是治国理政的基本方式。发挥好法治固根本、稳预期、利长远的保障作用，是全面建设社会主义现代化国家的必然要求，对国家监察工作来说也不例外。党的十八大以来，国家全面推进深化改革和依法治国，反腐败制度建设和法治化水平得到极大加强和提高，为我国反腐败斗争取得压倒性胜利并全面巩固奠定了坚实的制度基础。具体而言，国家通过修改《宪法》确立了监察委员会的宪法地位，出台《监察法》并陆续制定了与之配套的《公职人员政务处分法》《监察官法》《监察法实施条例》等法律法规，并相应修改了《刑法》《刑事诉讼法》《监察法》，以全面推进反腐败工作在法治轨道上行稳致远。《监察法》本质上就是一部反腐败法，习近平总书记指出，始终保持反腐败高压态势，对重点问题、重点领域、重点对象着重抓、着力查，深化受贿行贿一起查，坚决清除系统性腐败风险隐患。② 所以，国家监察机关开展反腐败工作，必须以法治思维和法治方式建立反腐败法治体系，通过严密的制度规范，从而有效制约和监督权力。最后，需要注意的是，有效制约和监督权力也包括对监察机关行使监察权的监督和制约。"执纪者必先守纪，律人者必先律己。" 监察权如果得不到有效的监督和制约也会被滥用，监察机关工作人员也会蜕变为腐败分子。因此，《监察法》中专章规定了对监察

---

① 冉红音：《标本兼治理念的内涵与发展》，载《中国纪检监察》2023 年第 18 期。
② 《习近平在二十届中央纪委四次全会上发表重要讲话强调 坚持用改革精神和严的标准管党治党 坚决打好反腐败斗争攻坚战持久战总体战》，载《人民日报》2025 年 1 月 7 日，第 1 版。

机关和监察人员的监督，为监察权设置了人大监督、社会监督、自我监督等主体多元、种类丰富的监督制度，真正实现了对所有公权力的有效监督和制约，从而解决不能腐的问题。

三、加强法治教育和道德教育，弘扬中华优秀传统文化，构建不敢腐、不能腐、不想腐的长效机制

这条强调的是如何解决不能腐的问题。党的十八大以来，习近平总书记深刻洞察马克思主义和中华优秀传统文化的内在关系，鲜明提出"把马克思主义基本原理同中华优秀传统文化相结合"的重大命题。① 中华文化源远流长，集中了中华民族的智慧和创造力，具备穿越时空、直指人心的力量。在反腐败领域，中国古代的监察制度代有兴革，所提供的历史经验不仅具有理论意义，也具有现实借鉴意义。中国古代的统治者不仅注意治民，也注意治官，高度重视道德建设尤其是为政者的道德建设，留下了大量的思想遗产。例如，"政者，正也。子帅以正，孰敢不正""富贵不能淫，贫贱不能移，威武不能屈""克勤于邦，克俭于家""公生明，廉生威"等。正像习近平总书记在二十届中央纪委四次全会上发表的重要讲话所提到的，"加强党的纪律建设是一项经常性工作，要引导党员、干部把他律转化为自律，内化为日用而不觉的言行准则"。② 依靠强高压、长震慑实现的"不敢腐"是"压服"，依靠法治思维、制度建设实现的"不能腐"是"制服"，但这两种方式都是外在性的、他律性的，无法深入人心，也无法解决反腐败治本的问题。只有通过充分吸收和借鉴包括中华优秀传统文化在内的精神文化，树立起理想信念这个共产党人的魂，补足精神之钙，筑牢精神之魂，才能将外在的"压服""制服"转换为内在的"信服"，引导公职人员自觉主动建立拒腐防变的思想防线，实现他律和自律的统一。党的二十大报告指出，"只要存在腐败问题产生的土壤和条件，反腐败斗争就一刻不能停，必须永远吹冲锋号"。立足于"反腐败斗争永远在路上"的战略判断，"不敢腐、不能腐、不想腐"的长效机制在反腐败斗争中必须同时发力、同向发力、综合发力，以不同的功能和价值在国家监察工作和反腐败斗争中发挥不同的作用。"不敢腐"是"不能

---

① 习近平：《在庆祝中国共产党成立 100 周年大会上的讲话》，载《求是》2021 年第 14 期。
② 《习近平在二十届中央纪委四次全会上发表重要讲话强调 坚持用改革精神和严的标准管党治党 坚决打好反腐败斗争攻坚战持久战总体战》，载《人民日报》2025 年 1 月 7 日，第 1 版。

腐"和"不想腐"的前提和基础,"不能腐"是"不敢腐"和"不想腐"的巩固和发展,"不想腐"是"不敢腐"和"不能腐"的结果和保障。三者相互联系,相互促进,缺一不可。① 最后,需要注意的是,本条在文字表述上不仅具有强烈的政治性和法治性,也是新时代以来国家对反腐败工作的规律性总结,具有强烈的时代特色,是遵循中国特色社会主义法治道路的生动体现。

【关联规范】

《监察法实施条例》第4条、第5条;《中国共产党党内监督条例》第7条、第8条;《中国共产党纪律处分条例》第5条。

---

① 吴建雄主编:《读懂〈监察法〉》,人民出版社2018年版,第44页。

第二章　监察机关及其职责

第七条　【各级监察机构设置】 中华人民共和国国家监察委员会是最高监察机关。

省、自治区、直辖市、自治州、县、自治县、市、市辖区设立监察委员会。

【法条主旨】

本条是关于各级监察机构设置的规定。

【修改提示】

本条内容未作修改。

【法条解读】

本条共分两款。第一款规定的是国家监察委员会的性质和地位；第二款规定的是地方各级监察委员会的设立。理解和适用本条需要注意以下几个方面：

一、国家监察委员会是最高国家监察机关，在监察机关体系中处于最高地位，负责全国的监察工作，领导地方各级监察委员会。地方各级监察委员会必须遵循国家监察委员会的统一领导，两者之间是领导与被领导关系。在我国四级监察机关中，国家监察委员会是中央一级的监察机关。国家监察委员会的最高地位主要体现在：国家监察委员会的组成人员由全国人民代表大会选举或由其常务委员会任命；国家监察委员会负责全国监察工作，领导地方各级监察委员会的工作；国家监察委员会有权办理各级监察机关管辖范围内的监察事项。

二、省、自治区、直辖市、自治州、县、自治县、市、市辖区设立的监察委员会属于地方各级监察机关，依照《宪法》和《监察法》规定的职责、范围、权限和程序行使监察权。地方各级监察委员会的设立和宪法规定的行政区域划分相一致，地方各级监察委员会的名称也与其所属行政区划保持一致。我国一般行政区域单位划分为四级，根据本条第二款的规定，监察委员会在地方上设立了三级，分别为省级监察委员会、市级监察委员会、县级监察委员会，需要注意的是，我国乡、镇没有设立一级监察委员会，但是通常设立了监察办公室，作为县级监察委员会的派出机构。

三、国家监察委员会和省、自治区、直辖市、自治州、县、自治县、市、市辖区设立的监察委员会组成了从中央到地方的国家、省、市、县四级监察机关，这些构成了我国的监察机关体系。监察委员会是行使国家监察职能的专责机关，依法行使监察权，属于国家机构体系的组成部分。《宪法》第三条第三款规定："国家行政机关、监察机关、审判机关、检察机关都由人民代表大会产生，对它负责，受它监督。"由此可见，监察机关与行政机关、审判机关、检察机关一样都由人民代表大会产生，对它负责，受它监督。

四、本条规定体现了我国的国家结构形式。国家结构形式是调整国家整体与组成部分、中央与地方之间相互关系的总体形式。我国的国家结构形式是统一的多民族的单一制国家。《宪法》第三条第四款规定："中央和地方的国家机构职权的划分，遵循在中央的统一领导下，充分发挥地方的主动性、积极性的原则。"由此，通过合理设立各级国家机关，合理划分中央和地方的职权，既能保证中央的权威，又能激发地方的活力。

五、本条规定的依据是《宪法》。《宪法》第一百二十五条第一款规定："中华人民共和国国家监察委员会是最高监察机关。"由此可以看出，本条第一款的规定与《宪法》第一百二十五条第一款的规定完全一致。《宪法》第一百二十五条第二款还规定了监察委员会的领导体制，即"国家监察委员会领导地方各级监察委员会的工作，上级监察委员会领导下级监察委员会的工作。"这与《监察法》第十条"国家监察委员会领导地方各级监察委员会的工作，上级监察委员会领导下级监察委员会的工作"之规定完全一致。

【关联规范】

《宪法》第30条、第125条；《监察法实施条例》第10条；《中国共产党纪律检查委员会工作条例》第3条、第5条、第15条至第20条。

第八条　【国家监察委员会】 国家监察委员会由全国人民代表大会产生，负责全国监察工作。

国家监察委员会由主任、副主任若干人、委员若干人组成，主任由全国人民代表大会选举，副主任、委员由国家监察委员会主任提请全国人民代表大会常务委员会任免。

国家监察委员会主任每届任期同全国人民代表大会每届任期相同，连续任职不得超过两届。

国家监察委员会对全国人民代表大会及其常务委员会负责，并接受其监督。

【法条主旨】

本条是关于国家监察委员会的产生、职责、组成，国家监察委员会主任任期，以及与全国人大及其常委会关系的规定。

【修改提示】

本条内容未作修改。

【法条解读】

本条共分四款。第一款规定的是国家监察委员会的产生，第二款规定的是国家监察委员会的组成,第三款规定的是国家监察委员会主任的任期,第四款规定的是国家监察委员会与全国人大及其常委会的关系。理解和适用本条需要注意以下几个方面:

一、本条规定体现了我国的人民代表大会制度。人民代表大会制度是中国人民在中国共产党领导下按照马克思主义国家学说,结合中国实际创立的新型无产阶级国家政权组织形式,是我国的根本政治制度。我国《宪法》第一条第一款明确了我国的国家性质,即工人阶级领导的以工农联盟为基础的人民民主专政的社会主义国家。《宪法》第二条第一款和第二款明确了中华人民共和国的一切权力属于人民,人民行使权力的机关是全国人民代表大会和地方各级人民代表大会。

二、本条第一款规定,国家监察委员会由全国人民代表大会产生,负责全国监察工作。根据《宪法》规定,国家行政机关、监察机关、审判机关、检察机关都由人民代表大会产生,对它负责,受它监督。在中央层面,全国人民代表大会属于国家最高权力机关,在整个国家机构体系中居于最高地位。《宪法》第五十七条规定:"中华人民共和国全国人民代表大会是最高国家权力机关。它的常设机关是全国人民代表大会常务委员会。"其他中央国家机关,包括国务院、国家监察委员会、最高人民法院、最高人民检察院都由全国人民代表大会产生,对它负责,受它监督。由此,全国人民代表大会和国家监察委员会是产生与被产生、监督与被监督的关系。

三、本条第二款规定,国家监察委员会由主任、副主任若干人、委员若干人组成。关于副主任和委员的职数,本法未作具体规定。[①] 在产生方式方面,国家监察委员会主任由全国人民代表大会选举产生,副主任、委员由国家监察委员会主任提请全国人民代表大会常务委员会任免,这与最高人民法院、最高人民检察院相关领导人员产生方式相同。

四、本条第三款规定,国家监察委员会主任每届任期同全国人民代表大会每届任期相同,连续任职不得超过两届。根据《宪法》规定,全国人民代表大会每届任期五年。本条第三款的规定与《宪法》第一百二十四条第三款

[①] 中共中央纪律检查委员会 中华人民共和国国家监察委员会法规室编写:《〈中华人民共和国监察法〉释义》,中国方正出版社2018年版,第79页。

的规定完全一致。

五、本条第四款规定，国家监察委员会对全国人民代表大会及其常务委员会负责，并接受其监督。本条规定了国家监察委员会与全国人民代表大会及其常务委员会的关系。由人民代表大会产生国家监察机关，对人大负责、受人大监督，贯彻了人民代表大会制度这一根本政治制度，体现了人民当家作主的要求，有利于强化人大作为国家权力机关的监督职能，拓宽人民监督权力的途径，更好地体现党的领导、人民当家作主和依法治国有机统一。[①] 相对于监察委员会的内部监督而言，人大监督属于外部监督，关于人大及其常委会对监察委员会的监督方式，《监察法》第六十条进行了具体规定，包括各级人大常委会听取和审议本级监察委员会的专项工作报告、组织执法检查，接受人大代表和常务委员会组成人员就监察工作中的有关问题提出的询问和质询。另外，全国人民代表大会及其常务委员会对国家监察委员会组成人员的选举和任免，地方各级人民代表大会选举和罢免本级监察委员会主任，由监察委员会主任提请本级人民代表大会常务委员会任免副主任、委员，也具有监督的性质。

【关联规范】

《宪法》第1条、第2条、第3条、第57条、第124条；《监察法实施条例》第252条至第254条；《中国共产党纪律检查委员会工作条例》第8条、第16条、第20条、第50条。

第九条　【地方各级监察委员会】地方各级监察委员会由本级人民代表大会产生，负责本行政区域内的监察工作。

地方各级监察委员会由主任、副主任若干人、委员若干人组成，主任由本级人民代表大会选举，副主任、委员由监察委员会主任提

[①] 中共中央纪律检查委员会 中华人民共和国国家监察委员会法规室编写：《〈中华人民共和国监察法〉释义》，中国方正出版社2018年版，第79页。

请本级人民代表大会常务委员会任免。

地方各级监察委员会主任每届任期同本级人民代表大会每届任期相同。

地方各级监察委员会对本级人民代表大会及其常务委员会和上一级监察委员会负责，并接受其监督。

【法条主旨】

本条是关于地方各级监察委员会的产生、职责、组成人员，以及与本级人大及其常委会、上级监察委员会关系的规定。

【修改提示】

本条内容未作修改。

【法条解读】

一方面，本条明确了地方各级监察委员会的产生方式、职责、组成人员及任期，实现了对地方各级监察权的依宪授权，为确保地方各级监察机关在权力行使中的法治性、权威性和独立性奠定了坚实基础。同时，地方各级监察机关的产生机制保障了监察工作与地方政治生态建设的有机结合，监察机关能够更好地适应地方权力监督实际情况，有针对性地开展监察监督工作。另一方面，本条还规定地方各级监察机关对本级人民代表大会及其常务委员会和上一级监察委员会负责，并接受其监督，这体现了授权和控权相结合的制度逻辑。

一、地方各级监察委员会的产生和职责

本条第一款规定了地方各级监察委员会的产生和职责。地方各级监察委员会是我国监察体制中的重要组成部分。我国地方监察委员会包括三个层级：省级（省、自治区、直辖市）监察委员会、地市级（自治州、市）监察委员会、县级（自治县、县、市辖区）监察委员会。按照人民代表大会制度的基本要求，地方各级监察委员会均由同级人民代表大会产生。地方各级监察委员会严格遵循宪法规定和法定程序产生。宪法作为国家的根本法，为监察委员会的设立和运行提供了根本遵循，《监察法》作为基本法对监察委员会的具体产生方式、职责权限等作出了详细规定，使得监察委员会的产生有法可依。从监察体制改革的历史进程看，地方各级监察委员会的组建为国家监察委员会组建打下了坚实的基础。在监察体制改革试点期间，2017年10月23日，中共中央办公厅印发《关于在全国各地推开国家监察体制改革试点方案》。随后，第十二届全国人大常委会第三十次会议通过在全国各地推开国家监察体制改革试点工作的决定，各级监察委员会组建工作扎实有序推进。2018年2月25日，随着广西壮族自治区崇左市大新县监察委员会正式成立，三个多月的时间内，全国省、市、县三级监察委员会全部完成组建，这与地方人大换届工作紧密衔接。地方各级监察委员会负责本行政区域内的监察工作，接受国家监察委员会的统一领导，是整个国家监察体系的有机组成部分。这一规定为监察管辖制度的具体设计奠定了基础。

二、地方各级监察委员会的组成人员

本条第二款规定了地方各级监察委员会的组成人员。地方各级监察委员会作为承担监察职能的专责监督机构，其组成人员对于权威高效开展监察工作至关重要。根据《宪法》第一百零一条规定，地方各级监察委员会主任的产生与本级政府正副职、本级人民法院院长和人民检察院检察长一致。地方各级监察委员会由主任、副主任若干人、委员若干人组成。基于纪委监委合署办公体制，除中央纪委国家监委外，地方各级监委主任由同级党的纪律检查委员会书记担任，主任作为监察委员会的核心领导，由本级人民代表大会选举产生，承担着统筹全局、引领方向的重要职责。副主任由本级人民代表大会常务委员会任免，这样既能保证副主任选拔的权威性和公正性，又能根据工作需要及时进行调整和补充。委员是由监察委员会主任提请本级人民代表大会常务委员会任免，有助于实现委员的选任与监察委员会整体工作布局相契合。在监察权运行过程中，监察委员会主任、副主任和委员分工协作，形成了职责清晰、层次分明的内部管理和运行体系。通过人民代表大会及其常务委员会对监察委员会组成人员的任免程序，充分体现了全过程人民民主和法治原则，选任人员能够以人民为中心，代表人民利益，依法履行监察职责。

三、地方各级监察委员会主任每届任期

本条第三款规定了地方各级监察委员会主任每届任期。地方各级监察委员会主任由同级人民代表大会选举产生，其每届任期同本级人民代表大会每届任期相同。如果本级监察委员会主任是在本届任期内选举的，其实际履职期限应当以本届人大剩余的任期为限；如果任期届满，则要通过地方同级人民代表大会重新选举产生新一届监察委员会主任。需要注意的是，对地方各级监察委员会组成人员的连选连任没有限制性规定。[1] 本级人民代表大会作为权力机关，监察委员会主任的任期与本级人民代表大会任期相同，人大能够在其任期内对监察委员会主任的工作进行全面、系统的监督和评价，是监察权力运行法治化的基本保障。监察委员会主任任期与本级人民代表大会任期相同，也充分体现了人民当家作主原则，彰显了监察权来源和行使都要接受人民监督的政治逻辑。

四、地方各级监察委员会和权力机关、上级监察委员会的关系

本条第四款规定了地方各级监察委员会和权力机关、上级监察委员会的关系。地方各级监察委员会作为我国监察体制中的重要组成部分，对本级人民代表大会及其常务委员会和上一级监察委员会负责，并接受其监督。这一要求明确了地方各级监察委员会的责任与义务，也构建了严密的监督机制，为其依法、权威、高效开展监察监督工作提供了坚实的制度保障，对于推动全面从严治党、加强党风廉政建设和反腐败斗争具有重要意义。地方各级监察委员会对本级人大及其常委会负责，和国家监察委员会对全国人大及其常委会负责的内容相同。纪委监委合署办公体制之下，地方各级监察委员会对上一级监察委员会负责，与上下级纪检机关之间的领导和被领导关系内在统一。

监督机制是保障地方各级监察委员会正确履行责任与义务的关键，作为专责监督机关，地方各级监察委员会在协助本级党委推进全面从严治党、加

---

[1] 中共中央纪律检查委员会 中华人民共和国国家监察委员会法规室编写：《〈中华人民共和国监察法〉释义》，中国方正出版社2018年版，第83页。

强党风建设和组织协调反腐败工作的同时，应依法接受监督。人大依法开展和加强对监察机关的监督，是完善党和国家监督体系的重要组成，是全面依法治国的重大任务，也是实现国家治理体系和治理能力现代化的重要标志。法治监督体系是国家治理体系和治理能力现代化的制度动力[1]，该款规定也体现了社会主义法治监督体系建构的理论逻辑和实践进路。地方各级监察委员会必须严格遵守法律法规，按照法定程序和权限行使监察权。本级人民代表大会及其常务委员会通过听取专项工作报告、组织执法检查、开展专题询问等方式，对监察委员会的工作进行全面监督。另外，上一级监察委员会通过业务指导、案件督办、工作考核等形式，对下级监察委员会进行监督。同时，还应建立健全内部监督机制，加强对监察人员的监督管理，防止权力滥用和"灯下黑"。

【关联规范】

《宪法》第 101 条、第 102 条、第 124 条；《中国共产党纪律检查委员会工作条例》第 6 条。

第十条 【监察机关上下级领导关系】 国家监察委员会领导地方各级监察委员会的工作，上级监察委员会领导下级监察委员会的工作。

【法条主旨】

本条是关于监察机关上下级领导关系的规定。

---

[1] 罗洪洋、殷祎哲：《社会主义法治监督体系的逻辑构成及其定位》，载《政法论丛》2017 年第 1 期。

【修改提示】

本条内容未作修改。

【法条解读】

规定本条的主要目的是明确监察机关系统内上下级之间的领导体制，用法律形式把这种国家监察体制的组织创新固定下来。① 用基本法将监察机关上下级领导关系确定下来，能够为监察权集中统一、高效权威行使提供制度保障。国家监察委员会作为最高监察机关，对地方各级监察委员会的工作进行领导，能够保证全国监察工作遵循统一的标准和原则，上级监察委员会对下级监察委员会的领导，有助于形成上下贯通、协同高效的监察体系。通过明确上下级监察机关领导关系，有利于整合监察资源，提高监察效率。在国家监委统一领导下，各级监察委员会能够更好地协调配合，实现对所有行使公权力的公职人员监察全覆盖。同时，也便于加强对监察工作的监督和管理，确保监察工作不断朝着规范化、法治化、正规化方向发展。

一、系统全面理解监察委员会的双重领导体制

由于纪检机关与监察机关合署办公，纪检和监察两种监督权一体化行使，需要从纪检监察体制运行的内在逻辑系统理解监察委员会的领导体制。领导体制在纪检监察体制中至关重要，纪检监察体制主要包括纪检监察机关的领导体制、职能职责、监督范围、权限程序、自我监督等方面的机制制度，其中起决定性作用的是领导体制。② 监察机关的双重领导体制源于纪检机关对领导体制的历史探索。1949 年，中共中央印发《关于成立中央及各级党的纪律检查委员会的决定》确立了纪检机关"党委单一领导体制"。1956 年，中共八大党章对这一规定予以延续，并开启双重领导体制的探索。中共八大党章

---

① 中共中央纪律检查委员会 中华人民共和国国家监察委员会法规室编写：《〈中华人民共和国监察法〉释义》，中国方正出版社 2018 年版，第 83—84 页。

② 肖培：《推进党的纪律检查体制和国家监察体制改革》，载《人民日报》2018 年 3 月 18 日，第 10 版。

规定："各级监察委员会在各级党的委员会领导下进行工作"，"上级监察委员会有权检查下级监察委员会的工作，并且有权批准和改变下级监察委员会对于案件所作的决定。下级监察委员会应当向上级监察委员会报告工作，并且忠实地报告党员违反纪律的情况"。党的十一届三中全会以后，恢复重建的各级纪委沿用党委单一领导体制。1980 年，中央纪委向党中央建议将"受同级党委领导改为受同级党委和上级纪委双重领导"，并得到党中央批准。1982 年，中共十二大党章规定，"党的地方各级纪律检查委员会在同级党的委员会和上级纪律检查委员会的双重领导下进行工作"，纪律检查机关"双重领导体制"得以正式确立并延续至今。对于双重领导体制，党的十八大以来，纪检监察机关探索形成了"一为主两报告"制度。《中国共产党纪律检查机关监督执纪工作规则》第三条第二项规定，"坚持纪律检查工作双重领导体制，监督执纪工作以上级纪委领导为主，线索处置、立案审查等在向同级党委报告的同时应当向上级纪委报告"。《监察法实施条例》第十条第一款规定，"国家监察委员会在党中央领导下开展工作。地方各级监察委员会在同级党委和上级监察委员会双重领导下工作，监督执法调查工作以上级监察委员会领导为主，线索处置和案件查办在向同级党委报告的同时应当一并向上一级监察委员会报告"。

二、国家监察委员会领导地方各级监察委员会的工作

国家监察委员会在全国监察体系中处于最高地位，主管全国的监察工作，领导所属各内设机构及地方各级监察委员会的工作。首先，国家监察委员会依据宪法法律，并通过制定监察法规、出台政策方针等，为地方各级监察委员会指明工作方向。国家监察委员会领导全国各级监察机关在法律框架内规范行使职权，有助于形成统一化的执法标准和程序，促进监察工作的法治化、规范化和正规化。

其次，国家监察委员会有权督促地方各级监察机关严格依法依规履职，对地方各级监委开展工作进行监督检查。另外，国家监察委员会围绕监督办案等工作发挥重要的业务指导作用。

三、上级监察委员会领导下级监察委员会的工作

以"条块分割"逻辑来理解，监察机关上下级领导侧重业务领导，该领导体制的确立是以保障监察职权独立行使为核心，以打破地方保护主义和部

门利益的束缚，破解地方保护给监察权运行可能造成的障碍和阻滞，不仅有利于加强上级监委对下级监委的监督，而且下级监委遇到阻力时，上级监委可以帮助其排除干扰，支持其依法履行职权。① 地方各级监察委员会负责本行政区域内的监察工作，除依法履行自身的监督、调查、处置职责外，还应对本行政区域内下级监察委员会的工作进行指导和监督，实现监督效能提升和权力合规行使双重效果。这种领导关系还能够使监察工作不受干扰，真正做到公正、客观地监督权力。从监督效能提升看，上级监察委员会的领导有利于整合资源，统筹协调下级监察委员会的力量，实现信息共享、优化资源配置。在面对复杂的监督办案任务时，能够形成强大合力。从监督下级监察权运行的角度看，上级监察委员会可以对下级监察委员会的工作流程、决策过程进行审查，通过对下级监察工作的监督和指导，及时发现并纠正问题，以保障监察权力始终在规范与法治的轨道上运行。

【关联规范】

《宪法》第125条；《监察法实施条例》第10条；《中国共产党章程》第45条；《中国共产党纪律检查机关监督执纪工作规则》第5条。

第十一条 【监察委员会的职责】 监察委员会依照本法和有关法律规定履行监督、调查、处置职责：

（一）对公职人员开展廉政教育，对其依法履职、秉公用权、廉洁从政从业以及道德操守情况进行监督检查；

（二）对涉嫌贪污贿赂、滥用职权、玩忽职守、权力寻租、利益输送、徇私舞弊以及浪费国家资财等职务违法和职务犯罪进行调查；

（三）对违法的公职人员依法作出政务处分决定；对履行职责不力、失职失责的领导人员进行问责；对涉嫌职务犯罪的，将调查结

---

① 中共中央纪律检查委员会 中华人民共和国国家监察委员会法规室编写：《〈中华人民共和国监察法〉释义》，中国方正出版社2018年版，第85-86页。

果移送人民检察院依法审查、提起公诉；向监察对象所在单位提出监察建议。

【法条主旨】

本条是关于监察委员会职责的规定。

【修改提示】

本条内容未作修改。

【法条解读】

根据《宪法》和《监察法》相关规定，监察委员会是一种新型国家机构，其行使的权力既不是行政权，亦不是司法权。监察委员会专责行使国家监察权，监察委员会是国家监察机关。职权法定是公权力运行的基本逻辑，《监察法》赋予监察委员会职责权限，充分体现出《监察法》所具有的组织法意义上的重要功能。本条规定的主要目的是聚焦反腐败职能，将监察委员会负责履行的监督、调查、处置的责任、任务以法律的形式予以明确，将党中央深化国家监察体制改革方案中关于监察委员会职责的改革部署转化为国家意志，使监察委员会履职尽责于法有据。信任代替不了监督，打铁必须自身硬。为了强化监察机关及监察人员的责任意识、担当意识和自律意识，本条有关监察委员会的权力授予是采用"职责"二字，以突出监察委员会行使的监察权既是权力又是责任的双重属性，这与《监察法》第三条"各级监察委员会是行使国家监察职能的专责机关"中用"专责"而非"专职"相契合。党章规定，党的各级纪律检查委员会的职责是监督、执纪、问责。监察机关与党的纪律检查机关合署办公，纪检监察机关一体行使监督执纪和监察执法职责，进而实现纪法贯通协调。

本条明确授予监察委员会监督、调查和处置三项职责，这三项职责虽然具有相对独立性，但同时又具有很强的承接性和关联度。监督、调查、处置三者相互衔接、环环相扣。监督发现的问题线索为调查提供对象和方向，调查的结果是处置的依据，而处置又反过来促进监督和调查工作的改进和完善。三者形成一个有机整体，共同推动监察工作的权威高效开展，确保监察职能的充分发挥，构建起不敢腐、不能腐、不想腐的长效机制，推进党风廉政建设和反腐败工作向纵深发展。

一、监察委员会的监督职责

监督职责是监察委员会的首要职责。监察委员会是我国的反腐败专门机构，但绝不仅仅是办案机构。党的纪律检查部门履行执纪监督职能，监察委员会则行使执法监督职能，纪委监委合署办公实现了党内监督和国家监察、依规治党和依法治国的有机统一。《监察法》授予监察委员会监督权，需要注意监察委员会的监督是第二性监督，是监督的再监督。从纪检监察机关履职角度看，第一性监督是指党组织和职能部门对具体管辖对象监督检查的行为，"再监督"是指纪检监察机关对下级党组织和职能部门的监督检查行为进行监督。

监察委员会要紧密围绕公职人员依法履职、秉公用权、廉洁从政从业以及道德操守情况开展监督检查。依法履职监督要重点关注监察机关监督公职人员是否依照法律法规规定的职责和程序履行义务，防止出现失职渎职、滥用职权等行为；秉公用权监督重点关注公职人员在行使权力过程中是否做到公平、公正、公开，是否存在以权谋私、优亲厚友、利益输送等问题，保障公权力为人民服务的本质属性；廉洁从政从业监督是对公职人员在整个从政从业过程中的廉洁情况进行全面监督，包括是否存在贪污受贿、权钱交易、违规收受礼品礼金等行为，营造风清气正的政治生态和干事创业环境；道德操守监督关注公职人员在遵守社会公德、职业道德、家庭美德等方面是否以身作则。

根据《监察法实施条例》第十四条至第二十条，《中国共产党纪律检查委员会工作条例》第三十三条、第三十四条等规定，监察机关开展监督的类型涵盖"政治监督、日常监督、专项监督"等内容，其中开展政治监督是纪检监察机关的首要职责。监察委员会要结合公职人员的职责，在法定权限范围内不断加强日常监督，不断探索创新监督检查方式，包括收集群众反映、座谈走访、查阅资料、召集或者列席会议、听取工作汇报和述责述廉、开展监督检查等方式,以实现惩前毖后、治病救人、抓早抓小、防微杜渐,尽量让职务违法和职务犯罪行为止步于萌芽发展阶段,防止公职人员尤其是领导干部堕入严重腐败的深渊。开展监察监督工作,要致力于推动构建不敢腐、不能腐、不想腐的长效机制。监察监督亦强调积极意义上的正面引导,突出廉政教育功能,采取集中性和经常性相结合的纪法教育,旨在从思想层面筑牢公职人员拒腐防变的防线,让公职人员深刻认识到廉洁从政的重要性,强化廉洁意识,使其自觉遵守党纪国法,预防腐败行为的发生。

二、监察委员会的调查职责

监察委员会不是行政机关,亦不是司法机关,监察委员会为了查清案件事实、收集证据所进行的调查既不是行政行为,亦不是侦查行为(司法行为),而是一种独立的监察调查行为。本条关于监察委员会调查权的授予是采用"列举"加"等外"的规定方式,明确授予监察委员会针对"贪污贿赂、滥用职权、玩忽职守、权力寻租、利益输送、徇私舞弊以及浪费国家资财"七类职务违法和职务犯罪行为行使调查权。其中,贪污贿赂、滥用职权、玩忽职守、徇私舞弊行为均在刑法典中有明确规定,是否构成职务犯罪取决于我国刑法有关犯罪基本构成要件的规定,《监察法实施条例》在《刑法修正案(十一)》相关规定的基础上,列举出监察机关有权管辖的职务犯罪罪名共有101个。权力寻租、利益输送、浪费国家资财等行为,虽然在刑法中没有直接对应罪名,但可以根据行为性质对是否构成相应的违法犯罪进行判断。实践中,这七类行为之间可能存在重叠与交叉,如贪污贿赂往往是利益输送、权力寻租的结果,滥用职权的直接动机可能就是要实现利益输送等。因此,监察委员会在行使调查权过程中,应当特别注意区分职务违法和职务犯罪的不同表现形式,以确保与后续处置程序的依法衔接。

《监察法》充分体现了遵循法治思维和法治方式开展反腐败的内在价值取向。有关监察委员会职责条款的规定,一方面体现了授权逻辑,另一方面为监察权力如何行使确定了法律边界,彰显了控权逻辑。比如,为了确保监察委员会调查权的依法顺畅行使,《监察法》第四章专门规定了调查权行使过程中能够采用的措施,为防止这些调查措施对被调查人合法权益造成损害,对措施适用设定了严格的适用条件和程序。

三、监察委员会的处置职责

处置是监察监督和调查工作的落脚点,监察机关根据监督和调查的结果,对违法的公职人员依法作出政务处分决定等不同处理方式,体现了监察工作的法治性和权威性,依法处置职务违法和职务犯罪行为,能够起到惩治腐败、教育警示、督促整改等作用。为了确保处置结果的合法性、规范性及合理性,处置结果的轻重程度应与被调查人的违法情节、主观恶性程度、社会危害性等因素相匹配。结合本条及《监察法》第五十二条的规定,监察机关根据监督、调查结果,有权作出以下处置决定,具体包括:(1)对有职务违法行为但情节较轻的公职人员,按照管理权限,直接或者委托有关机关、人员,进行谈话提醒、批评教育、责令检查,或者予以诫勉;(2)对违法的公职人员依照法定程序作出警告、记过、记大过、降级、撤职、开除等政务处分决定;(3)对不履行或者不正确履行职责负有责任的领导人员,按照管理权限对其直接作出问责决定,或者向有权作出问责决定的机关提出问责建议;(4)对涉嫌职务犯罪的,监察机关经调查认为犯罪事实清楚,证据确实、充分的,制作起诉意见书,连同案卷材料、证据一并移送人民检察院依法审查、提起公诉;(5)对监察对象所在单位廉政建设和履行职责存在的问题等提出监察建议。另外,监察机关经调查,对没有证据证明被调查人存在违法犯罪行为的,应当撤销案件,并通知被调查人所在单位。

从监察处置职责的具体内容可以看出,首先,监察处置对象广泛,监察委员会的处置对象涵盖了所有行使公权力的公职人员,无论是党政机关还是国有企事业单位中的公职人员,抑或临时授权、委托行使公权力的组织中的公职人员,无论其职务高低,只要涉嫌职务违法犯罪行为并经过调查核实,都将依法受到相应的监察处置。其次,监察处置措施多样,监察委员会可根据公职人员违法违纪行为的性质、情节及后果,灵活选择谈话提醒、批评教育等轻微处置措施,或依法给予政务处分、移送司法机关等处置类型。多样性、多层次、体系化的处置措施体系确保了处置的精准性和有效性。最后,监察处置程序规范,监察委员会在履行处置职责时,必须严格遵循法定程序,确保处置的合法性和公正性。与此同时,监察委员会在处置程序中还应遵循人权保障原则,确保被调查人陈述和申辩权利的行使。

【关联规范】

《刑事诉讼法》第 170 条、第 172 条;《公务员法》第 1 条、第 14 条;《公职人员政务处分法》第 1 条至第 4 条;《中国共产党章程》第 41 条;《中国共产党纪律处分条例》第 8 条。

第十二条　【监察派驻、派出制度】 各级监察委员会可以向本级中国共产党机关、国家机关、中国人民政治协商会议委员会机关、法律法规授权或者委托管理公共事务的组织和单位以及辖区内特定区域、国有企业、事业单位等派驻或者派出监察机构、监察专员。

经国家监察委员会批准,国家监察委员会派驻本级实行垂直管理或者双重领导并以上级单位领导为主的单位、国有企业的监察机构、监察专员,可以向驻在单位的下一级单位再派出。

经国家监察委员会批准,国家监察委员会派驻监察机构、监察专员,可以向驻在单位管理领导班子的普通高等学校再派出;国家监察委员会派驻国务院国有资产监督管理机构的监察机构,可以向驻在单位管理领导班子的国有企业再派出。

监察机构、监察专员对派驻或者派出它的监察委员会或者监察机构、监察专员负责。

【法条主旨】

本条是有关监察委员会派驻、派出制度的规定。

【修改提示】

本条内容在 2018 年《监察法》第十二条基础上,进行了如下修改:一是将"中国人民政治协商会议委员会机关"和"事业单位"纳入派驻范围；二是将"所管辖的行政区域"修改为"特定区域"；三是增加了第二款、第三款，对监察再派出制度进行了规定。

【法条解读】

进一步完善监察机关派驻制度、增强监察全覆盖的有效性，是此次修改《监察法》的重要内容。纪检监察派驻制度是党和国家的重要监督制度，是全面从严治党的重要制度支撑，在党风廉政建设和反腐败斗争中发挥重要作用。[1] 该条规定为实现监察全覆盖提供了更为明确的法律依据。随着经济社会发展和国家治理变迁，公权力的表现形式日趋多样、行使范围日益广泛，不仅存在于党政机关，还延伸至国有企业、事业单位等各个领域，向各类行使公权力的单位派驻或派出监察机构、专员，实现对所有行使公权力的公职人员的监督全覆盖，能够有效遏制权力滥用和腐败问题。完善监察派驻、派出制度，还有助于提升监察监督的权威性和独立性。派驻或派出监察机构、专员，能够实现履职的独立性，最大限度排除驻在单位的干扰，保障其客观公正履行监察职责。

一、监察派驻、派出的范围及组织形式

该条第一款列举了监察派驻、派出机构、专员的范围，可以从三个方面加以理解。一是对各类公权力机关全覆盖，明确各级监察委员会可向本级中国共产党机关、国家机关、政协机关派驻或派出监察机构、监察专员，确保对公权力运行的监督覆盖到党和国家的核心权力机关，实现了党内监督与国家监察的有机统一。二是将特定组织和单位纳入，法律法规授权或者委托管理公共事务的组织和单位纳入监察范围，涵盖诸多承担公共服务、社会管理等职能的非政府组织和单位，防止出现监督空白，保证公共权力在监督的框架内运行。三是涵盖特定区域及国企、事业单位，监察委员会还可向辖区内特定区域、国有企业、事业单位派驻或派出监察机构、监察专员，将监督延

---

[1] 王冠、任建明：《纪检监察派驻制度的演进、逻辑与改革建议》，载《科学社会主义》2019年第6期。

伸到基层和特定区域，以及经济和社会事业的关键领域，对国企防止国有资产流失、事业单位规范权力运行意义重大。监察派驻、派出的范围具体包括：本级中国共产党机关、国家机关、中国人民政治协商会议委员会机关、法律法规授权或者委托管理公共事务的组织和单位以及辖区内特定区域、国有企业、事业单位等。

对于派驻、派出机构的具体组织形式，应结合监督单位的设置情况、监察对象数量、监督任务轻重等因素综合确定。对于中国共产党机关、国家机关等，可以采取派驻形式。现实中有不少行政区域并没有设置人大，如地区、开发区、盟、街道等，监察机关便无法由人大产生，而是需要借由派驻或者派出的方式产生。[①] 地区、盟、开发区等不设置人民代表大会的区域，以及不设立监察委员会的街道、乡镇等特定区域可以派出监察机构或者监察专员。从监察监督效能看，本款规定为监察委员会根据实际情况，灵活向不同类型的单位派驻或派出监察机构、专员，形成系统性、全方位、多层次的监察监督网络提供了制度支撑。实践中，还可以针对特定事项等临时派驻监察机构，根据不同区域或行业特点集中力量进行专项监察，应对一些跨部门、跨区域的复杂问题，增强监察工作的机动性和适应性。

二、监察委员会监察再派出制度

根据《监察法》第十二条的规定，对于实行垂直管理或者双重领导并以上级单位领导为主的单位而言，国家监委只能向其中央一级单位派驻监察机构。实践中，实行垂直管理或者双重领导并以上级单位领导为主的单位的公职人员队伍规模大，单位层级多，国家监委派驻机构的监察监督难以有效覆盖全系统。同时，中管企业、部属高校和国务院国资委下属的委管企业在监察权运用的全覆盖方面存在与此相同的问题。[②] 创设国家监察委员会派驻机构的再派出制度，允许国家监察委员会派驻特定单位的监察机构、监察专员向驻在单位的下一级单位再派出，体现了监察监督的层级延伸，有助于监察监督的"穿透式"覆盖，实现监察监督的纵向拓展，使监察工作覆盖到垂直管理或双重领导体系中的各个层级，避免出现监督治理中的"失管、漏管、脱

[①] 秦前红主编：《〈中华人民共和国监察法实施条例〉解读与适用》，法律出版社2021年版，第19页。

[②] 徐欣：《建立监察再派出制度 增强监察监督全覆盖有效性》，载《中国纪检监察》2025年第1期。

管"等问题。

本条第二款、第三款规定了监察再派出制度的适用范围、要求，既明确了适用层级，也明确了适用单位的范围，同时也要注意适用要求。

第一，从适用层级看，监察再派出制度仅适用于国家监委派驻监察机构、监察专员，向驻在单位的下一级单位或者驻在单位管理领导班子的普通高等学校、国有企业再派出，并非逐级向下再派出。省、市、县级监委派驻监察机构、监察专员不适用该制度。

第二，从适用范围看，监察再派出制度可以适用于四种情况：一是国家监察委员会派驻中央垂直管理或者双重领导并以中央单位领导为主单位的监察机构、监察专员，可以向驻在单位的下一级单位再派出，如中央纪委国家监委驻国家税务总局纪检监察组可以向国家税务总局江苏省税务局再派出监察机构、监察专员；二是国家监察委员会派驻中管企业的监察机构、监察专员，可以向下一级国有企业再派出；三是国家监察委员会派驻监察机构、监察专员，可以向驻在单位管理领导班子的普通高等学校再派出，如中央纪委国家监委驻教育部纪检监察组可以向北京大学再派出监察机构、监察专员；四是国家监察委员会派驻国务院国有资产监督管理机构的监察机构，可以向驻在单位管理领导班子的国有企业再派出。其他类型的单位不适用该制度。

第三，从适用要求看，首先，监察再派出一定要"经国家监察委员会批准"，这一要求凸显了国家监察委员会在国家监察体制中的集中统一领导地位，确保再派出工作在国家法治反腐整体战略和部署下有序推进，保证监察权运行的正确政治方向，维护国家监察体制的法治性和权威性。其次，监察再派出不是强制性再派出，而是根据监察监督实际需要再派出。中央垂直管理或者双重领导并以中央单位领导为主的单位、国有企业，教育部主管高校、国务院国资委主管国企等单位，在监督力量配置、监督对象数量、监督机制措施等方面的情况不尽相同，需要综合研判实际情况后再决定是否再派出监察机构、监察专员。最后，基于纪委监委合署办公体制，监察委员会派驻或者派出的监察机构、监察专员，与本级纪委派驻或者派出的纪检组亦应采取合署办公模式，一体化行使纪检监督权和监察监督权。

本条第四款规定"监察机构、监察专员对派驻或者派出它的监察委员会或者监察机构、监察专员负责"。首先，监察派驻、派出机构的权力源于委派。监察派驻、派出机构并非独立监察权力主体，其权力由派驻或者派出它的监察委员会或上级监察机构、监察专员赋予，代表委派方行使监察权，这从根本上明确了其权力的合法性和权威性来源。其次，从监察派驻、派出机构的责任形态看，其只对派驻或者派出它的主体负责，由此形成了清晰、明确的单向责任关系，不受驻在单位等其他外部因素的干预，能够独立开展监督、调查、处置等工作。另外，作为权力委派主体，上级监察主体可以通过对下级监察机构、监察专员的监督和业务指导，及时了解和掌握派驻派出监察机构履职情况，发现问题并及时纠正，进而保证监察监督工作高质量发展。

【关联规范】

《监察法实施条例》第12条、第13条；《中国共产党党和国家机关基层组织工作条例》第9条、第34条、第37条；《中国共产党党内监督条例》第28条。

第十三条 【派驻或派出监察机构、监察专员职责】派驻或者派出的监察机构、监察专员根据授权，按照管理权限依法对公职人员进行监督，提出监察建议，依法对公职人员进行调查、处置。

【法条主旨】

本条是关于派驻或派出监察机构、监察专员职责的一般性规定。

【修改提示】

本条内容未作修改。

【法条解读】

派驻监督在党和国家监督制度中具有探头作用，派出监督是派驻监督向基层延伸的重要形式。二十届中央纪委二次全会提出："完善派驻监督体系机制，推进派驻机构、派出机构全面运用监察权。"2018年，为进一步深化中央纪委国家监委派驻机构改革和完善派驻监督体制机制，推动全面从严治党和反腐败斗争向纵深发展，中共中央办公厅印发的《关于深化中央纪委国家监委派驻机构改革的意见》，提出："赋予派驻机构监察权，派驻机构既要依照党章和其他党内法规履行监督执纪问责职责，又要依照宪法和监察法履行监督调查处置职责，对行使公权力的公职人员实行监察全覆盖。"派驻监督，本质上是政治监督。中央纪委国家监委、地方各级纪委监委实行派驻制度，派驻机构是派出机关的组成部分，与驻在单位是监督和被监督的关系，要求派驻机构把坚持和加强党的领导贯穿工作全过程各方面，强化组织自上而下的监督功能，不断增强"派"的权威。2022年，中共中央办公厅印发《纪检监察机关派驻机构工作规则》，规则共计7章56条，包括总则、组织设置、领导体制、工作职责、履职程序、管理监督、附则等内容，是一部规范纪检监察机关派驻机构工作的基础性中央党内法规。

本条是对派驻或派出监察机构、监察专员的一般性规定，明确其行权履职的法律依据。本条主要内容包括三个方面：

一、派驻或派出监察机构、监察专员行权履职须有明确授权

本条规定派驻或者派出的监察机构、监察专员根据授权行使监督、调查、处置等监察权限。一般来说，授权主体为派驻或者派出的监察机构、监察专员的派出机关。根据授权范围不同，派出机关的授权可分为完整授权和部分授权，前者包括监督权，一般职务违法、严重职务违法、职务犯罪等的调查权，处置权；后者仅赋予部分监察权限，如在调查权上，仅限于职务违法的调查。例如，实践中国家监委派驻或者派出的监察机构、监察专员被赋予了完整的监察权，包括对职务犯罪的调查权；省级及以下监委派驻或派出监察机构、监察专员的监察权限即为部分授权，调查权仅限于职务违法。① 因此，根据授权不同，各级监委派驻或者派出的监察机构、监察专员的职责也不尽相同。派驻或者派出的监察机构、监察专员必须严格依据授权的范围和内容行使职权，违反授权范围和内容行使职权构成违法行使职权。此外，根据《监察法实施条例》第十三条第二款规定："未被授予职务犯罪调查权的监察机构、监察专员发现监察对象涉嫌职务犯罪线索的，应当及时向派出机关报告，由派出机关调查或者依法移送有关地方监察委员会调查。"

二、按照管理权限依法对公职人员进行监督，提出监察建议

派驻或派出监察机构、监察专员行使监督职权涉及监督内容、监督对象等具体要素。在监督内容上，《纪检监察机关派驻机构工作规则》第二十三条规定，派驻机构应重点监督检查以下情况：（1）对党忠诚，践行党的性质宗旨情况；（2）贯彻党的理论和路线方针政策、落实党中央决策部署、践行"两个维护"情况；（3）落实全面从严治党主体责任、加强党风廉政建设和反腐败工作情况；（4）贯彻执行民主集中制、依规依法履职用权、廉洁自律等情况。在监督对象上，《纪检监察机关派驻机构工作规则》第二十四条规定，派驻机构应当重点监督以下对象：（1）驻在单位领导班子及其成员特别是主要负责人；（2）驻在单位上级党委管理的其他人员；（3）驻在单位党组（党委）管理的领导班子及其成员；（4）其他列入重点监督对象的驻在单位人员。此外，对于派驻机构对驻在单位领导班子及其成员、驻在单位上级党委管理的其他人员涉嫌违纪和职务违法、职务犯罪问题线索，经批准可以参与派出机关的初步核实、审查调查工作。派驻或派出监察机构、监察专员应根据监督结果，对驻在单位廉政建设和履行职责存在的问题等提出监察建议。

三、依法对公职人员进行调查、处置

经派出机关授权，派驻或派出监察机构、监察专员可以对公职人员进行调查和处置。在派出或者派驻监察机构的职责权限上，根据授权，派出监察机构原则上既可以对公职人员涉嫌职务违法进行调查、处置，又可以对涉嫌职务犯罪进行调查、处置。一方面，派驻或派出监察机构、监察专员可以根

---

① 中共中央纪律检查委员会 中华人民共和国国家监察委员会法规室编写：《〈中华人民共和国监察法实施条例〉释义》，中国方正出版社2022年版，第23页。

据授权,对涉嫌贪污贿赂、滥用职权、玩忽职守、权力寻租、利益输送等职务违法进行调查,并根据《公职人员政务处分法》的相关规定作出警告、记过、记大过、降级、撤职、开除等处置决定。另一方面,派驻或派出监察机构、监察专员可以根据授权,对涉嫌职务犯罪进行调查。《纪检监察机关派驻机构工作规则》第四十三条规定:"派驻机构对调查的监察对象和涉案人员涉嫌职务犯罪案件,经集体审议,认为犯罪事实清楚,证据确实、充分,需要追究刑事责任的,依法依规移送人民检察院审查起诉。"

【关联规范】

《公职人员政务处分法》第7条;《监察法实施条例》第13条;《纪检监察机关派驻机构工作规则》第23条、第24条、第43条。

第十四条　【监察官制度】 国家实行监察官制度,依法确定监察官的等级设置、任免、考评和晋升等制度。

【法条主旨】

本条是关于监察官制度的规定。

【修改提示】

本条内容未作修改。

【法条解读】

监察官是依法行使监察权的监察人员。各级监察委员会是专司行使国家监察权的专责机构,监察官代表监察委员会具体行使监察权。监察权的最终行使在很大程度上依赖于监察官。因此，建立监察官制度，是党中央在改革大局中明确的一项政治任务，是构建具有中国特色的国家监察体系的重要举措。

为了落实《监察法》第十四条规定，2021年8月20日第十三届全国人民代表大会常务委员会第三十次会议通过了《监察官法》，进一步明确了新时代我国监察官专业化、职业化发展的基本方向，为监察官队伍的制度化、规范化建设提供了法律依据，促进监察官制度的具体化、规范化。理解本条规定，需要注意如下几个方面。

一、监察官的范围

在《监察法》实施过程中，厘定监察官的概念与范围，对落实监察官职权与职责具有很强的现实意义。《公务员法》《检察官法》《法官法》分别对公务员、检察官、法官的概念做了明确界定，但是在《监察法》《监察官法》《监察法实施条例》等法律法规中，并没有对监察官概念做出界定，只是在《监察官法》第三条第一款中采用了列举概括的方式对监察官的范围进行了规定。从该条规定来看，监察官主要包括以下几类人员：（1）各级监察委员会的主任、副主任、委员；（2）各级监察委员会机关中的监察人员；（3）各级监察委员会派驻或者派出到中国共产党机关、国家机关、法律法规授权或者委托管理公共事务的组织和单位以及所管辖的行政区域等的监察机构中的监察人员、监察专员；（4）其他依法行使监察权的监察机构中的监察人员。

依照《监察法》规定，国家监察委员会、地方各级监察委员会由主任、副主任若干人、委员若干人组成。其作为监察委员会的组成人员，依法领导监察委员会的工作、履行相应监察职责，是监察官队伍的领导人员，首先应当属于监察官的范畴。各级监察委员会机关中的监察人员是监察工作的具体承担者，根据分工承担监督、调查、处置的监察职责，代表机关对外行使监察权，属于监察官队伍的骨干成员。将监委机关中的监察人员纳入监察官范围，既可以通过法律保障其依法履职，也为加强对其监督提供重要的法律依据。需要说明的是，纪委监委合署办公，地方纪委监委中不兼任监委委员的纪委常委，同样肩负着领导纪检监察工作的责任，并从事相应监察工作，这些人员应当依照"监察委员会机关中的监察人员"的规定纳入监察官范围。

关于派驻或者派出到相应监察机构中的监察人员、监察专员。《监察官法》第三条第一款第三项明确，各级监察委员会派驻或者派出到中国共产党机关、国家机关、法律法规授权或者委托管理公共事务的组织和单位以及所管辖的行政区域等的监察机构中的监察人员、监察专员，属于监察官范围。上述派驻或者派出监察机构，本质上是监察委员会的延伸，是各级监察委员会的重要组成部分。这部分监察人员、监察专员根据授权依法对驻在组织和单位公职人员进行监督调查处置，提出监察建议等，代表派驻或者派出监察机构依法行使相应的监察权，是监察力量的重要组成部分，应当依法将其纳入监察官范围。

《监察官法》第三条第一款第四项规定"其他依法行使监察权的监察机构中的监察人员"，实际上是对监察官范围的一个概括式规定。在监察工作实践中，监委组成人员、监委机关中的监察人员以及派驻或者派出到相应监察机构中的监察人员、监察专员并不能完全涵盖依法行使监察权的所有情况，需要设计一个兜底条款，以增强涵盖性，体现了《监察官法》立法的周延性。同时，考虑到党和国家纪检监察体制改革仍在深化过程中，对于派驻、派出的形式以及其他授权行使监察权的形式，将来随着改革的深化还可能不断发展和创新，因此设计这一规定，可以为将来解决有关具体问题预留空间和制度接口，体现了《监察官法》立法的前瞻性。

《监察官法》第三条第二款规定，对各级监察委员会派驻到国有企业的监察机构工作人员、监察专员，以及国有企业中其他依法行使监察权的监察机构工作人员的监督管理，参照执行本法有关规定。理解把握该规定，需要注意两点：一是国有企业监察机构工作人员、监察专员不纳入监察官范围。鉴于国有企业监察机构人员的企业人员身份，其在编制、人事管理等方面与纳入监察官范围的人员存在较大差异，在充分考虑国有企业监察工作实际和各方意见的基础上，《监察官法》作出了其不纳入监察官范围的规定。二是对国有企业监察机构中的工作人员、监察专员的监督管理，应当参照执行《监察官法》有关规定。《监察官法》立足责任法定位，规定国有企业监察机构工作人员、监察专员应当参照《监察官法》的相关要求进行严格监督管理，一体贯彻落实党中央关于加强纪检监察干部队伍建设的要求。立法本意是对监察人员加强监督、严格管理。本着这一精神，《监察官法》第七章"监察官的监督和惩戒"的规定，应当参照执行；其他章的内容凡是符合加强监督、严格管理要求的，也要参照执行；但涉及等级制度等方面的条文不能参照。①

从《监察法》的规定来看，把监察官也称为"监察人员"，如《监察法》第七章规定"对监察机关和监察人员的监督"，以及其中第六十三条、第六十四条、第六十五条、第六十六条、第六十七条等条款都使用了"监察人员"的表述。这些"监察人员"是否都是监察官，监察人员和监察官有何区别和联系，监察人员应当满足什么样的条件才能成为监察官等问题，尚需建立配套制度加以进一步明确。

二、监察官的等级设置

设立监察官等级制度，有利于促进监察官队伍正规化、专业化建设；有利于增强监察官的使命感、责任感、荣誉感；通过监察官等级制度增强监察官对党和国家赋予使命的感知和认同，增强主动承担责任的自觉性，推动其更好履职尽责。监察官等级也意味着责任担当，等级越高、要求越高、责任越大，监察官唯有更加担当尽责，才能不辜负这份荣誉，不辜负组织的信任。《监察官法》第二十五条规定：监察官等级分为十三级，依次为总监察官、一级副总监察官、二级副总监察官，一级高级监察官、二级高级监察官、三级高级监察官、四级高级监察官，一级监察官、二级监察官、三级监察官、四级监察官、五级监察官、六级监察官。此外，《监察官法》第二十七条第一款还明确了监察官等级的确定依据，即以监察官担任的职务职级、德才表现、业务水平、工作实绩和工作年限等为依据。

三、监察官的任免

关于监察官的任免问题，《监察官法》从任免条件和任免程序两个方面进行了规定。在任命条件方面，《监察官法》第十二条规定，担任监察官应当具备下列条件：（1）具有中华人民共和国国籍；（2）忠于宪法，坚持中国共产党领导和社会主义制度；（3）具有良好的政治素质、道德品行和廉洁作风；（4）熟悉法律、法规、政策，具有履行监督、调查、处置等职责的专业知识和能力；（5）具有正常履行职责的身体条件和心理素质；（6）具备高等学校本科及以上学历；（7）法律规定的其他条件。本法施行前的监察人员不具备前款第六项规定的学历条件的，应当接受培训和考核，具体办法由国家监察

---

① 贾金峰：《准确理解和把握监察官的范围》，载《中国纪检监察》2021年第17期。

委员会制定。《监察官法》第十三条规定了不得担任监察官（免职）的情形：（1）因犯罪受过刑事处罚，以及因犯罪情节轻微被人民检察院依法作出不起诉决定或者被人民法院依法免予刑事处罚的；（2）被撤销中国共产党党内职务、留党察看、开除党籍的；（3）被撤职或者开除公职的；（4）被依法列为失信联合惩戒对象的；（5）配偶已移居国（境）外，或者没有配偶但是子女均已移居国（境）外的；（6）法律规定的其他情形。

在任免程序方面，《监察官法》第十九条进行了分类规定：（1）国家监察委员会主任由全国人民代表大会选举和罢免，副主任、委员由国家监察委员会主任提请全国人民代表大会常务委员会任免。（2）地方各级监察委员会主任由本级人民代表大会选举和罢免，副主任、委员由监察委员会主任提请本级人民代表大会常务委员会任免。（3）新疆生产建设兵团各级监察委员会主任、副主任、委员，由新疆维吾尔自治区监察委员会主任提请自治区人民代表大会常务委员会任免。（4）其他监察官的任免，按照管理权限和规定的程序办理。

同时，《监察官法》第二十二条、第二十三条还规定了监察官的兼任、任职回避情形："监察官不得兼任人民代表大会常务委员会的组成人员，不得兼任行政机关、审判机关、检察机关的职务，不得兼任企业或者其他营利性组织、事业单位的职务，不得兼任人民陪审员、人民监督员、执业律师、仲裁员和公证员。监察官因工作需要兼职的，应当按照管理权限批准，但是不得领取兼职报酬。""监察官担任县级、设区的市级监察委员会主任的，应当按照有关规定实行地域回避。"

四、监察官的考评和晋升

监察官考评（考核）制度是纪检监察机关根据有关的工作标准对所属监察官的德、能、勤、绩、廉等方面进行考察和评价，并以此作为对监察官进行奖惩、使用、晋升依据的人事管理制度。《监察官法》在第三十六条至第三十九条中对监察官规定了严格的考核制度。一是规定了考核标准，要求全面、客观、公正予以考核。二是规定了考核的方式，实行平时考核、专项考核和年度考核相结合的方式。三是规定了考核的内容，全面考核德、能、勤、绩、廉，重点考核政治素质、工作实绩和廉洁自律情况。四是规定了考核结果的运用，将考核结果作为调整监察官等级、工资以及监察官奖惩、免职、降职、辞退的依据。同时，还规定了监察官在考核中的权利，对考核结果有异议的，可以申请复核。考核作为监察官管理的重要环节，是对监察官选用的再检验，是对监察官政治表现、工作实绩等的动态评价，是监察官奖惩、升降、任免的重要依据，对于促进监察官履职尽责、提升素质，推动建设高素质专业化监察官队伍具有重要作用。

《监察官法》第二十七条第二款规定了监察官等级晋升的三种方式：按期晋升、择优选升和提前选升。按期晋升是指职务职级对应两个以上监察官等级的监察官，任现等级达到规定年限，德才表现、业务水平、工作实绩较好的，可以在其职务职级对应范围内晋升到上一个监察官等级。择优选升是指按照规定的条件和程序从下一级等级监察官中，选择优秀的监察官晋升到上一级监察官等级。提前选升是监察官等级晋升的特别方式，指的是特别优秀或者作出特殊贡献的监察官，按照规定破格或者越级晋升职务职级的，其监察官等级相应破格或者越级晋升。提前选升是对按期晋升和择优选升两种基本方式的有效补充。

对于担任一定级别以上职务职级的监察官，其职务职级与监察官等级一一对应，只有当其职务职级晋升时，相应的监察官等级才能随之晋升。职务职级的晋升有严格的标准和条件，不是工作年限到了就可以晋升，而是要在不同人选之间进行比较和竞争性选拔，最终确定择优选升的人选。实行按期晋升与择优选升相结合的等级晋升制度，既可以保证大多数监察官具有较为充分的职业发展空间，调动监察官队伍的积极性，又能通过竞争性的选拔，实现监察官队伍中更优秀的人才晋升到更高的等级，激励监察官努力提高政治业务素质、工作能力水平，从而形成良好的工作导向。

鉴于监察官晋升工作还处于初创阶段，监察官的考评指标与晋升具体办法还有待国家有关部门的进一步明确。

【关联规范】

《监察官法》；《公务员法》第35条至第39条；《纪检监察机关派驻机构工作规则》第3条、第47条。

第三章　监察范围和管辖

第十五条　【监察对象范围】 监察机关对下列公职人员和有关人员进行监察：

（一）中国共产党机关、人民代表大会及其常务委员会机关、人民政府、监察委员会、人民法院、人民检察院、中国人民政治协商会议各级委员会机关、民主党派机关和工商业联合会机关的公务员，以及参照《中华人民共和国公务员法》管理的人员；

（二）法律、法规授权或者受国家机关依法委托管理公共事务的组织中从事公务的人员；

（三）国有企业管理人员；

（四）公办的教育、科研、文化、医疗卫生、体育等单位中从事管理的人员；

（五）基层群众性自治组织中从事管理的人员；

（六）其他依法履行公职的人员。

【法条主旨】

本条是关于监察对象范围的规定。

【修改提示】

本条内容未作修改。

【法条解读】

行政监察体制机制下监察对象主要是行政机关及其工作人员，还没有做到对所有行使公权力的公职人员全覆盖，存在着监察范围过窄的突出问题。我国推动纪检监察体制改革，其重要目标就是深入开展廉政建设和反腐败工作，加强对所有行使公权力的公职人员的监督，实现国家监察全面覆盖。以零容忍态度惩治腐败是中国共产党鲜明的政治立场，是党心民心所向，必须始终坚持在党中央统一领导下推进。在我国，党管干部是坚持党的领导的重要原则。党管干部不仅要对干部进行培养、提拔、使用，还须对干部进行教育、管理、监督，必须对违纪违法的干部作出处理，对党员干部和其他公职人员的腐败行为进行查处。本条分为六项，规定了六类监察对象，实现了国家监察对象的全覆盖。

一、公务员和参公管理人员

本条第一项规定的是公务员和参公管理人员，这是监察对象中的关键和重点。依照《监察法实施条例》第三十八条的规定：监察法第十五条第一项所称"公务员"范围，依据《公务员法》确定，"参照公务员法管理的人员"，是指有关单位中经批准参照公务员法进行管理的工作人员。

根据《公务员法》的规定，公务员是指依法履行公职、纳入国家行政编制、由国家财政负担工资福利的工作人员。公务员身份的确定，有一套严格的法定程序，只有经过有关机关审核、审批及备案等程序，登记、录用或者调任为公务员后，方可确定为公务员。目前我国公务员范围主要包括如下八类：

1. 中国共产党机关公务员。包括：中央和地方各级党委、纪律检查委员会的领导人员；中央和地方各级党委工作部门、办事机构和派出机构的工作人员；中央和地方各级纪律检查委员会机关和派出机构的工作人员；街道、乡、镇党委机关的工作人员。

2. 人民代表大会及其常务委员会机关公务员。包括：县级以上各级人民代表大会常务委员会领导人员，乡、镇人民代表大会主席、副主席；县级以上各级人民代表大会常务委员会工作机构和办事机构的工作人员；各级人民代表大会专门委员会办事机构的工作人员。

3. 人民政府公务员。包括：各级人民政府的领导人员；县级以上各级人民政府工作部门和派出机构的工作人员；乡、镇人民政府机关的工作人员。

4. 监察委员会公务员。包括：各级监察委员会的组成人员；各级监察委员会内设机构和派出监察机构的工作人员，派出的监察专员等。

5. 人民法院公务员。包括：最高人民法院和地方各级人民法院的法官、审判辅助人员；最高人民法院和地方各级人民法院的司法行政人员等。

6. 人民检察院公务员。包括：最高人民检察院和地方各级人民检察院的检察官、检察辅助人员；最高人民检察院和地方各级人民检察院的司法行政人员等。

7. 中国人民政治协商会议各级委员会机关公务员。包括：中国人民政治协商会议各级委员会的领导人员；中国人民政治协商会议各级委员会工作机构的工作人员。

8. 民主党派机关和工商业联合会机关公务员。包括中国国民党革命委员会中央和地方各级委员会，中国民主同盟中央和地方各级委员会，中国民主建国会中央和地方各级委员会，中国民主促进会中央和地方各级委员会，中国农工民主党中央和地方各级委员会，中国致公党中央和地方各级委员会，九三学社中央和地方各级委员会，台湾民主自治同盟中央和地方各级委员会的公务员，以及中华全国工商业联合会和地方各级工商联等单位的公务员。[1]

参照《公务员法》管理的人员，是指根据《公务员法》规定，法律、法规授权的具有公共事务管理职能的事业单位中除工勤人员以外的，经批准参照公务员法进行管理的工作人员。参公管理人员主要分为参公机关人员和参公事业单位人员。参公机关人员一般指的是共青团、妇联、工会等群团组织，使用的是行政编制，但是性质依然是参公人员；另外一类是参公事业单位管理人员，一般是某个行政机关的二级机构，编制一般使用的是事业编制，参照公务员法管理，比如，中国证券监督管理委员会，就是参照公务员法管理的事业单位。列入参照公务员法管理范围，应当严格按照规定的条件、程序

---

[1] 中共中央纪律检查委员会 中华人民共和国国家监察委员会法规室编写：《〈中华人民共和国监察法〉释义》，中国方正出版社2018年版，第108-111页。

和权限进行审批。

二、法律、法规授权或者受国家机关依法委托管理公共事务的组织中从事公务的人员的范围

《监察法实施条例》第三十九条规定："监察法第十五条第二项所称法律、法规授权或者受国家机关依法委托管理公共事务的组织中从事公务的人员，是指在上述组织中，除参照公务员法管理的人员外，对公共事务履行组织、领导、管理监督等职责的人员，包括具有公共事务管理职能的行业协会等组织中从事公务的人员，以及法定检验检测、检疫等机构中从事公务的人员。"

在我国，事业单位人数多，在一些地方和领域，法律、法规授权或者受国家机关依法委托管理公共事务的事业单位工作人员，其数量甚至大于公务员的数量。在认定上，可以从三个层面认定法律、法规授权或者受国家机关依法委托管理公共事务的组织中的某工作人员是否属于从事公务的人员：第一，应当判断该工作人员所在单位是否为法律、法规授权管理和国家依法委托公共事务的组织，其他如规章或规范性文件授权管理公共事务的组织不包括在内；第二，应当判断该工作人员是否属于这一组织；第三，应当判断该工作人员是否为从事公务的人员。

根据现行有关规定，法律、法规授权或者受国家机关依法委托管理公共事务的组织中从事公务的人员，主要包括两大类：一类是指具有公共事务管理职能的行业协会等组织中从事公务的人员，如中国保险行业协会的党委委员；另一类是指在法定检验检测、检疫等机构中从事公务的人员，如中国出入境检验检疫协会中的主管人员。值得注意的是，检验检测、检疫等机构必须是法定的，非法定检验检测、检疫机构中从事公务的人员并不属于本条规定的公职人员范畴。由于上述人员也行使公权力，为实现国家监察全覆盖，有必要将其纳入监察对象范围，由监察机关对其监督、调查、处置。

三、国有企业管理人员

本条第三项规定的是国有企业管理人员。《监察法实施条例》第四十条对此作出了详尽的规定："监察法第十五条第三项所称国有企业管理人员，是指国家出资企业中的下列人员：（一）在国有独资、全资公司、企业中履行组织、领导、管理、监督等职责的人员；（二）经党组织或者国家机关，国有独资、全资公司、企业，事业单位提名、推荐、任命、批准等，在国有控股、

参股公司及其分支机构中履行组织、领导、管理、监督等职责的人员；（三）经国家出资企业中负有管理、监督国有资产职责的组织批准或者研究决定，代表其在国有控股、参股公司及其分支机构中从事组织、领导、管理、监督等工作的人员。"

根据《企业国有资产法》的规定，国家出资企业是指国家出资的国有独资企业、国有独资公司，以及国有资本控股公司、国有资本参股公司。关于国有企业的概念，在此处应当作广义理解。根据本条的规定，作为监察对象的国有企业管理人员主要是国家出资企业中的领导班子成员，具体而言，是指在国家出资企业中由党组织或者国家机关，国有公司、企业，事业单位提名、推荐、任命、批准等而履行组织、领导、管理、监督等职责的人员，主要包括设董事会的企业中由国有股权代表出任的董事长、副董事长、董事、总经理、副总经理、党委书记、副书记、纪委书记、工会主席等；未设董事会的企业的总经理、副总经理，党委书记、副书记纪委书记工会主席等；对国有资产负有经营管理责任的国有企业中层和基层管理人员；在管理、监督国有财产等重要岗位上工作的人员；国有企业所属事业单位领导人员，国有资本参股企业和金融机构中对国有资产负有经营管理责任的人员。据此，混合所有制企业中不代表国有股的管理人员、中外合资企业中的外方高管等人员皆不属于监察对象的范畴。

四、公办教科文卫体单位管理人员

为进一步明确公办教科文卫体单位管理人员的范围，《监察法实施条例》第四十一条规定："监察法第十五条第四项所称公办的教育、科研、文化、医疗卫生、体育等单位中从事管理的人员，是指国家为了社会公益目的，由国家机关举办或者其他组织利用国有资产举办的教育、科研、文化、医疗卫生、体育等事业单位中，从事组织、领导、管理、监督等工作的人员。"这类人员的识别需要抓住以下几个关键点：第一，教科文卫体等事业单位系"公办"，即由国家机关或国有企业、事业单位、集体经济组织等其他组织创办。第二，公办的目的是保障社会公共利益，而并非出于营利等私益。第三，"从事管理的人员"的范围采取了扩大化的解释，即在公办的教科文卫体等单位中，从事组织、领导、监督等工作的人员范围，主要是该单位及其分支机构的领导班子成员，以及该单位及其分支机构中的国家工作人员，如公办学校的校长、副校长，科研院所的院长、所长，公立医院的院长、副院长等。公办教育、科研、文化、医疗卫生、体育等单位及其分支机构的中层和基层管理人员，包括管理岗六级以上职员，从事与职权相联系的管理事务的其他职员；在管理、监督国有财产等重要岗位上工作的人员，包括会计、出纳人员，采购、基建部门人员，此类人员涉嫌职务违法和职务犯罪的，监察机关可以依法调查。

此外，临时从事与职权相联系的管理事务，包括依法组建的评标委员会、竞争性谈判采购中谈判小组、询价采购中询价小组的组成人员，在招标、政府采购等事项的评标或者采购活动中，利用职权实施的职务违法和职务犯罪行为，监察机关也可以依法调查。

公办的教科文卫体等单位中从事专业技术的人员，如教练、教师等，除非这些人员从事组织、领导、管理、监督等工作，负有行使公权力的职权，否则他们并不属于本条所规定的监察对象的范畴。

五、基层群众性自治组织中从事管理的人员

根据《监察法实施条例》第四十二条规定，基层群众性自治组织中从事管理的人员包括下列人员：（1）从事集体事务和公益事业管理的人员；（2）从事集体资金、资产、资源管理的人员；（3）协助人民政府从事行政管理工作的人员，包括从事救灾、防疫、抢险、防汛、优抚、帮扶、移民、救济款物的管理，社会捐助公益事业款物的管理，国有土地的经营和管理，土地征收、征用补偿费用的管理，代征、代缴税款，有关计划生育、户籍、征兵工作，协助人民政府等国家机关在基层群众性自治组织中从事的其他管理工作。

根据《全国人民代表大会常务委员会关于〈中华人民共和国刑法〉第九十三条第二款的解释》的规定，村民委员会等村基层组织人员协助人民政府从事下列行政管理工作，属于《刑法》规定的"其他依照法律从事公务的人员"：（1）救灾、抢险、防汛、优抚、扶贫、移民、救济款物的管理；（2）社会捐助公益事业款物的管理；（3）国有土地的经营和管理；（4）土地征收、征用补偿费用的管理；（5）代征、代缴税款；（6）有关计划生育、户籍、征兵工作；（7）协助人民政府从事的其他行政管理工作。《监察法实施条例》这一规定，实现了《监察法》第十五条第五项与《刑法》在内容上的衔接与协调。

当然，理解上述规定的前提，就是明确何谓"基层群众性自治组织"。《宪法》第一百一十一条第一款规定，城市和农村按居民居住地区设立的居民委员会或者村民委员会是基层群众性自治组织。《城市居民委员会组织法》和《村民委员会组织法》分别对两种委员会的组成和职责等作出了详细规定。虽然基层群众性自治组织不是一级政府，但其具备的基层性、群众性、自治性等独特属性使其在基层群众工作中发挥着不可或缺的作用，对基层政府工作在实践中的贯彻落实起到了重要的支持与配合作用。基层群众性自治组织中从事管理的人员行使公权力的行为也是国家公权力行使的组成部分，因此，必须将基层群众性自治组织中从事管理的人员纳入监察对象的范围之内。

六、其他依法履行公职的人员

本条第六项是兜底条款。为了防止出现对监察对象列举不全的情况，避免挂一漏万，《监察法》设定了这个兜底条款。但是，对于"其他依法履行公职的人员"不能无限制地扩大解释，判断一个"履行公职的人员"是否属于监察对象的标准，主要是其是否行使公权力，所涉嫌的职务违法或者职务犯罪是否损害了公权力的廉洁性。为此，《监察法实施条例》第四十三条对"其他依法履行公职的人员"进行了更为详尽的规定，把下列人员列入《监察法》第十五条第六项所称人员的范围：（1）履行人民代表大会职责的各级人民代表大会代表，履行公职的中国人民政治协商会议各级委员会委员、人民陪审员、人民监督员；（2）虽未列入党政机关人员编制，但在党政机关中从事公务的人员；（3）在集体经济组织等单位、组织中，由党组织或者国家机关、国有独资、全资公司、企业，国家出资企业中负有管理监督国有和集体资产职责的组织，事业单位提名、推荐、任命、批准等，从事组织、领导、管理、监督等工作的人员；（4）在依法组建的评标、谈判、询价等组织中代表国家机关、国有独资、全资公司、企业，事业单位，人民团体临时履行公共事务组织、领导、管理、监督等职责的人员；（5）其他依法行使公权力的人员。

【关联规范】

《宪法》第111条；《公务员法》第2条至第14条、第100条、第112条；《企业国有资产法》第5条；《村民委员会组织法》第6条、第8条、第

28 条；《城市居民委员会组织法》第 4 条、第 7 条；《公职人员政务处分法》第 20 条；《监察法实施条例》第 37 条至第 44 条；《中国共产党国有企业基层组织工作条例（试行）》第 14 条；《国有企业领导人员廉洁从业若干规定》第 26 条、第 27 条。

第十六条 【一般管辖原则、提级管辖、管辖争议解决】各级监察机关按照管理权限管辖本辖区内本法第十五条规定的人员所涉监察事项。

上级监察机关可以办理下一级监察机关管辖范围内的监察事项，必要时也可以办理所辖各级监察机关管辖范围内的监察事项。

监察机关之间对监察事项的管辖有争议的，由其共同的上级监察机关确定。

【法条主旨】

本条是关于监察机关管辖原则的规定。

【修改提示】

本条内容未作修改。

【法条解读】

本条规定的主要目的是明确各级监察机关办理监察事项的职权分工。监察机关管辖，是确定对某一监察事项应由哪一级或者哪一个监察机关办理的法律制度。监察事项的管辖权则是指对某个具体的事项在监察机关体系内部由哪里、哪级的监察机关办理。根据相关规定确定了监察机关对某一监察事项的管辖权之后，该监察机关对该监察事项既有办理的职权，也有办理的职责。监察机关各司其职、各尽其责的前提是责任清晰。对监察机关的管辖范围作明确规定，既可以有效避免争执或推诿，又有利于有关单位和个人按照监察机关的管辖范围提供问题线索，充分发挥人民群众反腐败的积极性。但由于监察机关管辖涉及党委干部管辖、行政地域管辖等交叉性问题，在实践中监察管辖显得非常复杂。

本条规定分为三款，分别规定了一般管辖原则、提级管辖、管辖争议解决方式。

一、一般管辖原则

第一款规定的是监察机关对监察事项的一般管辖原则，即级别管辖与属地管辖相结合的原则。《监察法实施条例》第四十五条规定："监察机关开展监督、调查、处置，按照管理权限与属地管辖相结合的原则，实行分级负责制。""按照管理权限"指的是按照干部管理权限进行管辖，实际上就是级别管辖问题，如国家监察委员会管辖中管干部所涉监察事项，省级监委管辖本省省管干部所涉监察事项等。监察机关开展监督、调查、处置工作时实行分级负责制。结合《中国共产党纪律检查机关监督执纪工作规则》，各级监委应当按照干部管理权限管辖本辖区内的监督、调查、处置事项，对不同层级的行使公权力的公职人员和有关人员开展监督调查，处置活动。所谓属地管辖，是指以地域为标准确定监察机关的管辖权。具体而言，是指监察机关在其地域管辖范围内对监察对象的职务违法、职务犯罪行为进行监督、调查、处置的权限分工。级别管辖与属地管辖相结合的原则是坚持党管干部原则的重要体现，也是坚持和加强党的全面领导的重要举措，有利于监察机关做到各司其职、各尽其责、责任明确、界定清晰。

为进一步落实级别管辖和地域管辖的范围，《监察法实施条例》进行了更为详尽的规定。《监察法实施条例》第四十六条规定："设区的市级以上监察委员会按照管理权限，依法管辖同级党委管理的公职人员涉嫌职务违法和职务犯罪案件。县级监察委员会和直辖市所辖区（县）监察委员会按照管理权限，依法管辖本辖区内公职人员涉嫌职务违法和职务犯罪案件。地方各级监察委员会按照本条例第十三条、第四十九条规定，可以依法管辖工作单位在本辖区内的有关公职人员涉嫌职务违法和职务犯罪案件。监察机关调查公职人员涉嫌职务犯罪案件，可以依法对涉嫌行贿犯罪、介绍贿赂犯罪或者共同职务犯罪的涉案人员中的非公职人员一并管辖。非公职人员涉嫌利用影响力受贿罪的,按照其所利用的公职人员的管理权限确定管辖。"

二、提级管辖

第二款规定了提级管辖。提级管辖是管辖权转移的一种情况,是指上级监察机关在符合法定情形的情况下,对下级监察机关管辖的案件直接进行处理。提级管辖是对分级管辖制度的必要补充,便于处理一些难度大、影响大的监察事项。各级监察机关实行的是垂直领导体制,上级监察机关对下级监察机关具有提级指挥权力。在下一级监察机关管辖范围内的职务违法和职务犯罪案件,如果在本辖区有重大影响,案件涉及多个下级监察机关管辖的监察对象,调查难度大或者其他需要提级管辖的重大、复杂案件的情形,上级监察机关可以不受级别管辖的限制和束缚,针对该案件实行提级管辖开展监察工作。在什么情况下,可以提级管辖,《监察法实施条例》第四十七条进行了更详尽的规定:"上级监察机关对于下一级监察机关管辖范围内的职务违法和职务犯罪案件,具有下列情形之一的,可以依法提级管辖:(一)在本辖区有重大影响的;(二)涉及多个下级监察机关管辖的监察对象,调查难度大的;(三)其他需要提级管辖的重大、复杂案件。上级监察机关对于所辖各级监察机关管辖范围内有重大影响的案件,必要时可以依法直接调查或者组织、指挥、参与调查。地方各级监察机关所管辖的职务违法和职务犯罪案件,具有第一款规定情形的,可以依法报请上一级监察机关管辖。"

一般情况下,上级监察机关首先要按照一般管辖的分工,管好自己管辖范围内的监察事项,只有在法定条件下"必要时"才可以进行提级管辖,或者依法直接调查或者组织、指挥、参与调查。

三、管辖争议解决方式

第三款规定了管辖争议的解决方式。"管辖争议"是指对于同一监察事项,有两个或者两个以上监察机关都认为自己具有或者不具有管辖权而发生的争议。两个或者两个以上监察机关发生管辖争议之后,应报请它们的共同上级监察机关,由该上级监察机关确定由哪一个监察机关管辖。"共同的上级监察机关",是指同发生管辖争议的两个或者两个以上监察机关均有领导与被领导关系的上级监察机关。这一规定的基础是隶属关系,如同一省的两个地市监察委员会的共同上级监察机关,是该省监察委员会;两个县级监察委员会，如分属同一省内的两个不同地市，其共同的上级监察机关还是该省监察委员会。例如，争议方为不属同一地级市，但同属一省、自治区、直辖市的监察机关，由该省、自治区、直辖市的监察委员会确定；如争议方为跨省、自治区、直辖市的监察机关，先由省、自治区、直辖市的监察委员会协商，协商不成的，由国家监察委员会确定。

【关联规范】

《公职人员政务处分法》第 3 条、第 51 条；《监察法实施条例》第 13 条、第 45 条至第 47 条；《中国共产党纪律检查机关监督执纪工作规则》第 7 条；《纪检监察机关处理检举控告工作规则》第 5 条。

第十七条　【指定管辖、报请提级管辖】 上级监察机关可以将其所管辖的监察事项指定下级监察机关管辖，也可以将下级监察机关有管辖权的监察事项指定给其他监察机关管辖。

监察机关认为所管辖的监察事项重大、复杂，需要由上级监察机关管辖的，可以报请上级监察机关管辖。

【法条主旨】

本条是关于指定管辖和报请提级管辖原则的规定。

【修改提示】

本条内容未作修改。

【法条解读】

所谓指定管辖，是指根据上级监察机关的指定而确定监察事项的管辖机关。所谓报请提级管辖，是指监察机关因法定事由可以报请上级监察机关管辖原本属于自己管辖的监察事项。[①] 规定本条的主要目的是对监察事项的一般管辖原则做出补充，使监察事项能够得到实事求是、高效的办理。

本条分为两款，分别规定了指定管辖和报请提级管辖原则。

一、指定管辖

第一款规定的是指定管辖原则。指定管辖分为两种情形：（1）把原本属于上级监察机关管辖的监察事项，指定下级监察机关管辖。比如，省级监察委员会可以将自己管辖的监察事项指定本省内的某个市级监察委员会管辖。（2）由于各种原因，原来有管辖权的监察机关不适宜或者不能办理某监察事项，上级监察机关可以将下级监察机关有管辖权的监察事项指定给其他监察机关管辖。比如，为了排除干扰，上级监察机关可以指定该监察机关将该监察事项交由其他监察机关办理，以保证监察事项能够得到正确、及时处理。指定管辖原则，体现了上级监察机关对下级监察机关的领导，同时也能够增强工作灵活性。

关于适用指定管辖的法定程序，《监察法实施条例》第四十八条第一款、第二款规定："上级监察机关可以依法将其所管辖的案件指定下级监察机关管辖。设区的市级监察委员会将同级党委管理的公职人员涉嫌职务违法或者职务犯罪案件指定下级监察委员会管辖的，应当报省级监察委员会批准；省级监察委员会将同级党委管理的公职人员涉嫌职务违法或者职务犯罪案件指定下级监察委员会管辖的，应当报国家监察委员会相关监督检查部门备案。"《监察法实施条例》第四十八条第二款中所规定的法定程序主要适用于"指定下级监察机关管辖"的情形。根据监察机关的级别不同，将指定管辖的法定程序分为"批准"与"备案"两类：一是"批准"程序，设区的市级监察委员会将管辖的监察事项指定下级监察委员会管辖的，应当报省级监察委员会批准认可。二是"备案"程序，省级监察委员会将管辖的监察事项指定下级监察委员会管辖的，应当报国家监察委员会相关监督检查部门备案，不需要经过国家监察委员会的批准。设定此种法定程序的目的在于指定下级监察机

[①] 中共中央纪律检查委员会 中华人民共和国国家监察委员会法规室编写：《〈中华人民共和国监察法〉释义》，中国方正出版社2018年版，第119页。

关管辖，将管辖权下移只是特殊情况下对一般管辖原则的补充和例外，因此需要受法定程序控制。此外，管辖权下移会对下级监察机关的办案资源产生压力，对下级监察机关的办案能力提出挑战，因此上级监察机关在决定指定管辖时应当充分考虑。

关于适用指定管辖的法定情形，《监察法实施条例》第四十八条第三款规定："上级监察机关对于下级监察机关管辖的职务违法和职务犯罪案件，具有下列情形之一，认为由其他下级监察机关管辖更为适宜的，可以依法指定给其他下级监察机关管辖：（一）管辖有争议的；（二）指定管辖有利于案件公正处理的；（三）下级监察机关报请指定管辖的；（四）其他有必要指定管辖的。"《监察法实施条例》第四十八条第三款中所规定的法定情形主要适用于"指定其他下级监察机关管辖"的情形，其中前三项采用列举的方式规定可以"指定其他下级监察机关管辖"的情形，第四项是兜底条款，属于上级监察机关裁量权的范畴，可以根据案件具体情况进行判断，但是指定管辖作为监察管辖一般原则的补充，上级监察机关应当从"充分发挥监察机关工作的积极性和主动性，保证监察工作有序开展"[1]的角度适用指定管辖。

此外，《监察法实施条例》第四十八条第四款对再行指定管辖和被指定管辖的监察机关的职责进行了规定："被指定的下级监察机关未经指定管辖的监察机关批准，不得将案件再行指定管辖。发现新的职务违法或者职务犯罪线索，以及其他重要情况、重大问题，应当及时向指定管辖的监察机关请示报告。"

二、报请提级管辖

第二款规定了报请提级管辖原则。监察机关应当按照一般管辖的分工，尽全力管好自己管辖范围内的监察事项。但是，当监察机关考虑到所在地方的实际情况，以及本机关的地位、能力、资源与所管辖监察事项的匹配程度，认为所管辖的监察事项实属重大、复杂，而尽自己力量不能或者不适宜管辖的，可以报请上级监察机关管辖。

关于适用报请提级管辖的情形，一般适用于以下情况：（1）监察机关认

---

[1] 秦前红主编：《〈中华人民共和国监察法实施条例〉解读与适用》，法律出版社2021年版，第75页。

为有重大影响、由上级监察机关办理更为适宜的监察事项；（2）监察机关不便办理的重大、复杂监察事项，以及自己办理可能会影响公正处理的监察事项；（3）因其他原因需要由上级监察机关管辖的重大、复杂监察事项。①《监察法实施条例》第四十七条第一款规定了提级管辖的情形：（1）在本辖区有重大影响的；（2）涉及多个下级监察机关管辖的监察对象，调查难度大的；（3）其他需要提级管辖的重大、复杂案件。根据《监察法实施条例》第四十七条第三款的规定，上述情形同样适用于报请提级管辖。

【关联规范】

《监察法实施条例》第 47 条、第 48 条；《中国共产党纪律检查机关监督执纪工作规则》第 9 条。

---

① 中共中央纪律检查委员会 中华人民共和国国家监察委员会法规室编写：《〈中华人民共和国监察法〉释义》，中国方正出版社 2018 年版，第 120 页。

第四章　监察权限

第十八条　**【监察机关收集证据原则】**监察机关行使监督、调查职权,有权依法向有关单位和个人了解情况,收集、调取证据。有关单位和个人应当如实提供。

监察机关及其工作人员对监督、调查过程中知悉的国家秘密、工作秘密、商业秘密、个人隐私和个人信息,应当保密。

任何单位和个人不得伪造、隐匿或者毁灭证据。

【法条主旨】

本条是关于监察机关收集证据一般原则的规定。

【修改提示】

本条内容在 2018 年《监察法》第十八条第二款的基础上,进行了如下修改:增加规定"工作秘密""个人信息"为监察机关及其工作人员的保密对象。

【法条解读】

一、监察机关收集证据的权力及有关单位和个人配合取证的义务

从立法机关对权力配置的视角看,该条款实际上赋予了监察机关较为完整的调查取证权。该权力并非《监察法》所创设的新的权力类型,而是依附于监察机关监督权和调查权。监察机关只有通过调查取证权,准确查明事实,

全面掌握案情，才能依法正确地履行监督职权。调查取证权在监察权中处于核心地位，起到承上启下的衔接作用，既包括对公职人员的违法但不构成犯罪行为进行的调查活动，也包括对涉嫌职务犯罪的公职人员进行的调查活动。调查取证权的充分行使，能及时有效固定证据，防止重要证据被污染或流失，准确查明被调查人有无职务违法犯罪以及情节轻重。① 此外，该条款也意味着，监察机关负有证明监察对象是否涉嫌职务违法犯罪的举证责任，如果其未能依法有效的收集、调取证据，或者所收集、调取的证据达不到法定的证明标准，那么至少在被调查人涉嫌职务犯罪的部分，要严格遵循"无罪推定""疑罪从无"的基本要求。这也是监察与司法"两法"在办案规则和证明标准上相互衔接的具体要求。

有关配合取证的义务，是《监察法》为确保监察机关调查取证权的有效实施，而专门为有关单位和个人设定的法律责任。此处的"有关"，主要体现为与职务违法犯罪的案件事实证据具有关联性，要么是掌握了被调查人职务违法犯罪的证据材料，要么是对职务违法犯罪事实等信息知悉，或者能为监察办案提供相关的问题线索。对是否"有关"的关联性认定，属于监察机关办案的裁量权范畴，监察机关可结合具体案情进行判断。"配合取证"作为一项概括性的义务，其不但要求任何知道案情或掌握相关证据的单位和个人从行动上积极配合监察机关的调查取证，还要从结果上达到"如实提供"的基本要求。

有关"如实提供"的标准，《〈中华人民共和国监察法〉释义》一书将其理解为"有关单位和个人提供的财物、文件、电子信息以及其他有关的材料，应当真实反映与监察事项相关的内容、情节、线索等，不得伪造、更改、虚构"。② 然而，上述理解还可以进一步完善，从证据类型上看，有关单位和个人应当如实提供的证据可以涵盖物证、书证、证人证言、被害人陈述、鉴定意见、视听资料、电子数据等类型，具体包括实物证据和言词证据两大类型。对于实物证据，有关单位和个人应尽可能地避免对其造成"污染"，在监察机

---

① 参见陈辉：《监察委员会和检察院之间的关系界定与职权衔接》，载《湖南科技大学学报（社会科学版）》2018年第2期。

② 中共中央纪律检查委员会 中华人民共和国国家监察委员会法规室编写：《〈中华人民共和国监察法〉释义》，中国方正出版社2018年版，第123-124页。

关向其了解情况或要求其提供时，要及时、如实地提供原件原物。至于其所提供的实物证据是否能够真实反映与监察事实相关的内容、情节、线索，则属于该证据证明力的问题，与有关单位和个人无关。对于言词证据，主要涉及证人证言和被害人陈述，则意味着作为配合监察机关取证的主体实际上是证人、被害人，那么在此时，这些人所提供的言词证据，要达到"如实陈述"的要求，即要实事求是地向监察机关陈述其所知悉的案情等相关信息。当然，考虑到有些违法犯罪事实与案发时间间隔较长，且每个人的记忆力和表达能力不尽相同，有时候这些人所提供的言词证据可能与案件事实、客观事实并不一致，但不宜从"不一致"的后果反向推断其未如实陈述。较为合理的做法是，应从反方向理解"如实"标准，即只要其没有伪造、改变、虚构等情形，就应视为已履行了配合取证的义务。

二、监察机关及其工作人员负有保密义务

"权责对等"作为一个重要的法律概念首创于《监察法》。《监察法》第五条是关于监察工作原则的规定。权力就是责任，有权必有责，权责对等的监察法治原则要求监察机关在行使权力过程中，必须履行相应的义务和承担对应的责任。对此，《监察法》在为监察机关配置调查取证权的同时，也为其设定了保密义务，因为监察机关在履行监督、调查职能中，基于办案需要可能会收集、调取大量的证据材料，而这些证据材料同时也涉及国家、有关单位和个人的秘密和隐私。这些秘密与隐私性的信息一旦泄露，将严重侵犯或威胁国家公共利益和有关单位、公民的合法权益。

本条款的修改亮点是，增加了监察机关及其工作人员的保密范围，即对传统的保密范围的外延进行了扩展，将"工作秘密""个人信息"与"国家秘密、商业秘密、个人隐私"一并列入监察机关及其工作人员应当保密的对象范畴。之所以作出如上修改，主要是出于三个方面的考虑：

一是本次监察法修改，在优化配置监察调查措施权能的同时，也进一步强化了人权保障，将"尊重和保障人权"写入《监察法》总则的"监察工作原则"条款。自此，尊重和保障人权，将成为指导监察立法、监察解释和监察实施的一个重要的法律原则，这要求在对监察机关及其工作人员的保密义务进行设定时，要尽可能地扩大保密范围，进一步保障有关单位和个人的信息安全。

二是从信息的分类上看，"国家秘密、商业秘密、个人隐私"的传统类型已经无法涵盖有关单位和个人的全部信息，且上述概念的界定本身也存在模糊之处。①较之相对抽象和具有一定门槛的"国家秘密"而言，"工作秘密"的内容更加具体，覆盖面更加宽泛。与个人隐私相比，个人信息作为一个法律概念也更加明确，其内涵外延更为丰富。②

三是相关法律、法规对此已经作出了调整，基于法法衔接的考虑，有必要保持监察法律规范内容体系的协同性。在2021年8月20日通过的《监察官法》第二章是关于"监察官的职责、义务和权利"的规定，其第十条对监察官应当履行的义务作出了明确的规定，其中包括"保守国家秘密和监察工作秘密，对履行职责中知悉的商业秘密和个人隐私、个人信息予以保密"。在《监察法实施条例》第二百六十七条对保守工作秘密作出规定，即"监察人员不准私自留存、隐匿、查阅、摘抄、复制、携带问题线索和涉案资料，严禁泄露监察工作秘密"。在《监察法（修正草案）》第二次审议时，相关委员建议在第十八条第二款监察机关及其工作人员的保密范围中增加"个人信息"，加强被调查人及相关人员的个人信息保护，并与《监察官法》第十条等有关法律相衔接。③

三、不得伪造、隐匿或者毁灭证据

该条款属于禁止性条款，其所规制的主体较前款的"有关单位和个人"而言，更加广泛，泛指任何单位和任何个案。之所以如此规定，是因为包括监察机关及其工作人员在内的所有单位和个人均具有伪造、隐匿或者毁灭证据的可能性。以"任何"作为对单位和个人的修辞语，旨在形成封闭、完整的法律规制体系，为所有可能接触到证据的一切单位与个人设定了明确禁止性的法定义务。

---

① 一般认为，国家秘密的范围具有法定性，且通常需要有关部门加以认定。在基本范围方面，2010年《保守国家秘密法》第九条将"涉及国家安全和利益"以及泄密后的危害性作为国家秘密范围的基本特征，并列举式地规定了7项国家秘密的基本范围，这一规定在2024年修订的《保守国家秘密法》中得到保留。参见戴炔、李霞：《新保密法进一步厘清国家秘密的边界》，载《保密工作》2024年第10期。

② 根据《个人信息保护法》第四条第一款的规定，个人信息是以电子或者其他方式记录的与已识别或者可识别的自然人有关的各种信息，不包括匿名化处理后的信息。

③ 《加强被调查人及相关人员个人信息保护》，载中国人大网，http://www.npc.gov.cn/npc/c2/c30834/202412/t20241223_441851.html，最后访问日期：2025年2月18日。

传统主流学说对证据属性的基本看法是：证据的客观性、关联性和合法性。其中客观性属于证据的本质属性，基于此，证据作为一种稀缺性资源，其具有不可替代性。一旦证据遭受破坏，那么其在证明事实方面的能力将大打折扣，也难以作为定案的根据。尽管2012年《刑事诉讼法》的修改抛弃了将证据界定为"事实"的做法，虽说这意味着真假证据都是证据，但法律仍然保留了"证据必须经过查证属实，才能作为定案的根据"这一规定，表明证据最终还是要讲客观真实性。[①]《监察法实施条例》第六十一条也明确规定，证据必须经过查证属实，才能作为定案的根据。伪造、隐匿或者毁灭证据，在本质上是对证据客观性所实施的不同程度的破坏。对此类严重妨碍监察调查取证工作的违法犯罪行为，必须依法严格追究其法律责任。

虽然该条款仅明确列举了"伪造、隐匿、毁灭"三种影响或破坏证据的方法，但从立法目的上看，还应当将除该三种行为外的其他破坏证据的行为也纳入其中，具体包括变造证据、污染证据（尚且达不到毁灭程度）、串供等与伪造、隐匿、毁灭证据相当的行为。如果严格按照法律明确列举的情形设定禁止性行为，难免存在挂一漏万的问题，将导致其他对证据的破坏行为难以得到有效的治理，这显然不利于对监察证据的全面保护。此外，此处的证据既包括能够证明被调查人涉嫌职务违法犯罪及其情节轻重的证据，也包括证明被调查人无职务违法犯罪等有利于被调查人的证据。

【关联规范】

《刑事诉讼法》第50条、第52条；《监察官法》第10条；《个人信息保护法》第4条；《监察法实施条例》第60条、第61条、第267条。

第十九条　【谈话、函询】 对可能发生职务违法的监察对象，监察机关按照管理权限，可以直接或者委托有关机关、人员进行谈话，或者进行函询，要求说明情况。

---

① 参见周洪波：《证据属性的中国法律之道》，载《中国法学》2022年第6期。

【法条主旨】

本条是关于监察机关采取谈话、函询措施对可能发生职务违法的监察对象进行处理的规定。

【修改提示】

本条内容在 2018 年《监察法》第十九条的基础上，增加规定了"函询"措施。

【法条解读】

一、谈话、函询的立法目的

谈话函询作为纪检部门的常用办案手段，其旨在给予被反映人向组织如实说明或澄清问题的机会，目的是让被谈话函询的党员干部本着对党忠诚老实的态度讲清问题，有利于组织进行准确研判，对苗头性、倾向性问题及时有效抓早抓小、防患于未然。[①]《中国共产党纪律处分条例》第八十一条第一款第二项规定，"在组织进行谈话函询时，不如实向组织说明问题"且"情节较重的"，给予警告或者严重警告处分；第二款新增"有前款第二项规定的行为，同时向组织提供虚假情况、掩盖事实的，依照本条例第六十三条规定处理"。同时，该条例第十七条新增"在组织谈话函询"过程中，能够配合核实审查工作，如实说明本人违纪违法事实，是"可以从轻或者减轻处分"的情形。修改后的《监察法》，并未对《中国共产党纪律处分条例》的上述规定加以移植，但此处的"谈话函询"在本质上与党纪规范中的上述规定类似，其实质上也为涉嫌职务违法的监察对象提供了一个如实说明或澄清问题的机会。如果监察对象在此阶段能如实陈述或作出明确说明，既能节约大量的监察调查资源，也能说明该监察对象具有挽救的价值，在对其进行监察处置时

---

① 参见张培：《谈话函询不容敷衍》，载《中国纪检监察报》2024 年 4 月 8 日，第 1 版。

可以从轻或减轻处理。

二、谈话的适用条件、主体与属性界定

根据《监察法》的规定，监察委员会可以采取谈话、讯问、询问、留置、查询、冻结、搜查、调取、查封、扣押、勘验监察、限制出境、技术调查等调查措施。同时，监察机关在进行立案时，采取的是职务违法与职务犯罪一体化立案模式，即在立案之时，并未明确被调查人是涉嫌职务违法还是涉嫌职务犯罪。但是，在监察机关依法能够采取的诸多调查措施，有些只能适用于职务犯罪情形，而有些则只能适用于职务违法情形。

第一，谈话作为一种调查措施，其主要适用于涉嫌职务违法的被调查人。本条有关谈话对象的表述是"可能发生职务违法的监察对象"。在《监察法》文本中，存在"职务违法""职务犯罪""违法""职务违法犯罪"以及"违法犯罪"等诸多概念用语并用、单独适用、混合适用的现象。[①] 在文义解释上，职务违法和职务犯罪概念并用意味着二者是互相独立的两个词语，分别代表职务违法行为（案件）和职务犯罪行为（案件）两种性质不同且互不包容的概念。而有关职务违法犯罪的表述，则是职务违法和职务犯罪的统称或简称。[②] 本条中"可能发生职务违法"的意涵，并不包括职务犯罪。当然，此处的"可能发生职务违法"，是指监察机关在问题线索处置环节所作出的一种初步性的判断，意味着在拟对其进行"谈话"之前，尚未发现其存在涉嫌职务犯罪的行为。但如果经谈话，发现监察对象的行为已涉嫌职务犯罪，则仍可进行采取相关调查措施继续调查案件事实。具体而言，谈话起源于涉嫌职务违法的可能性，即监察机关发现了监察对象涉嫌职务违法的问题线索，或者发现监察对象有职务违法方面的苗头性、倾向性问题等。《监察法实施条例》有关谈话的适用条件更为明确，第七十条规定"监察机关在问题线索处置、初步核实和立案调查中，可以依法对涉嫌职务违法的监察对象进

[①] 例如，《监察法》第三条规定"调查职务违法和职务犯罪"，第四条规定"监察机关办理职务违法和职务犯罪案件"，第十一条第三项分别规定"对违法的公职人员依法作出政务处分决定"和"对涉嫌职务犯罪的，将调查结果移送人民检察院依法审查、提起公诉"，第二十四条规定"监察机关已经掌握其部分违法犯罪事实及证据"，第三十五条规定"职务违法犯罪的涉案人员揭发有关被调查人职务违法犯罪行为"等。

[②] 陈辉、明广超：《论政务处分的"违法"事由及其范围界定》，载《东南法学》2021年第2期。

行谈话"。

第二,谈话的主体具有多元性。本条有关谈话的主体实际上包括两种类型,一种是决定主体,即有管理权限的监察机关,另一种是实施主体,既包括有管理权限的监察机关(此时决定谈话的主体与实施谈话的主体发生重叠),也包括有关机关、人员。此处的"有关机关、人员",是指委托被谈话人所在机关、组织、企业等单位党委(党组)主要负责人。[1] 如果采取委托方式进行谈话,此时接受委托的有关机关、人员,实质上是代表监察机关向监察对象所实施的谈话措施,其应将相关谈话的内容情况等信息及时反馈给委托的监察机关。

第三,谈话具有多重属性。一方面,谈话虽然属于一种调查措施,但其也是监察机关履行日常监督的具体方式。在日常监督中,监察机关可以通过谈话提醒处置其在日常监督中所发现监察对象的轻微违法问题,也可以对反映监察对象一般性职务违法的问题线索采取谈话的方式处置。然而,上述两种谈话处置的意涵并不相同,其第一种谈话的目的,旨在提醒监察对象注意,这实质上属于监察机关依法作出的"轻处置"类型。[2] 第二种则属于对问题线索的处置方式,即监察机关在发现问题线索后,依法对问题线索指向的监察对象进行谈话,要求其说明情况,通过谈话的方式了解问题线索是否真实,并根据具体案情决定如何处理问题线索。本条规定的"谈话",既有对可能发现的涉嫌职务违法问题之监察对象予以谈话提醒的处置性功能,也有对涉嫌职务违法线索问题本身进行调查核实的功能。

另一方面,谈话作为一种法律概念,其本身具有丰富的意涵,在不同的规范语境中表达不同的含义。在党内监督中,存在谈话谈心、廉政谈话、调查谈话、谈话提醒等多种类型的谈话。[3] 基于党内法规与国家法律融会贯通发展的时代背景,《监察法》中的"谈话""谈话提醒"等概念其实是对党内法规体系中谈话规范的借鉴与移植。就本条规定而言,此处的"谈话"与党内

---

[1] 中共中央纪律检查委员会 中华人民共和国国家监察委员会法规室编写:《〈中华人民共和国监察法〉释义》,中国方正出版社2018年版,第127页。

[2] 《监察法》第五十二条是有关监察机关处置类型的具体规定,其将"谈话提醒"规定为对"根据监督、调查结果"依法作出的处理类型。

[3] 参见吴建雄主编:《读懂〈监察法〉》,人民出版社2018年版,第112页。

监督中的"调查谈话"更为接近，但其在特定情况下也兼具提醒的功能。即"谈话"在本条中更具有调查核实监察对象是否存在职务违法的问题，如果经谈话发现监察对象存在轻微的职务违法行为，则此处的"谈话"也具有监督提醒功能，可将其归入《监察法》第五十二条第一款的轻处置类型之中。

三、函询的概念界定及其制度优势

函询是党内监督的重要手段，《中国共产党纪律检查机关监督执纪工作规则》第二十六条规定，各级党委（党组）和纪检监察机关应当推动加强和规范党内政治生活，经常拿起批评和自我批评的武器，及时开展谈话提醒、约谈函询，促使党员、干部以及监察对象增强党的观念和纪律意识。2018年《监察法》未明确函询的法律地位，修改后的《监察法》新增函询条款，将党内监督中的谈话函询措施在法律中加以规定，实现了党纪与国法的贯通，强化了监察机关与纪检机关在问题线索处置上的协同性，使监察机关与党内监督执纪"四种形态"的第一种形态相匹配，形成更严密的监督体系。根据《监察法实施条例》第一百七十四条的规定，函询属于监察机关处置问题线索的一种方式，其与谈话、初步核实、暂存待查、予以了结等方式并列使用。函询应当以监察机关办公厅（室）名义发函给被反映人，并抄送其所在单位和派驻监察机构主要负责人。被函询人应当在收到函件后十五个工作日以内写出说明材料，由其所在单位主要负责人签署意见后发函回复。被函询人为所在单位主要负责人的，或者被函询人所作说明涉及所在单位主要负责人的，应当直接发函回复监察机关。

与谈话相比，函询具有以下制度优势。其一，函询更具有正式性，一般是通过书面的形式进行，具体包括发函与复函两个环节。谈话具有即时性，即监察机关及其委托的有关机关和人员在与监察对象谈话时，即时记录与监察对象的谈话内容，这对监察对象而言能形成短暂性的压力。监察对象基于"趋利避害"的本性使然，可能会有所隐瞒，进而不利于职务违法问题线索的有效核实。函询作为书面沟通机制，其为监察对象预留了充足的空间，允许其在十几天的期限内进行冷静的思考，督促其放弃"无谓的对抗"。其二，函询提升了监察效率，节约司法成本。函询作为一种非强制性的调查手段，可以快速筛选有效线索，对于情节轻微、问题不复杂的情况，函询能够以较低成本完成调查。例如，要求公职人员对财产异常变动、履职疑点等进行书面说明，避免"小案大查"，集中资源办理重大案件。其三，函询能够最大限度地保障被调查人和企业的权利。相较于留置、讯问等调查措施，函询对被调查人的权利影响较小。通过书面说明问题，给予被调查人申辩机会，体现"惩前毖后、治病救人"的原则。不仅减少不必要的工作量，也避免找相关人员谈话会给其工作或企业生产经营造成负面影响。其四，有利于实现"惩前毖后、治病救人"的监察监督目标。在函询中，监察对象的复函通常需要其所在单位负责人签署意见，此处负责人签署意见，意味着监察对象所在单位的负责人被赋予了督促监察对象如实陈述的权能。同时，监察对象所在单位负责人作为连接监察机关与监察对象的媒介，可以从中做出正面的工作，劝说、督促监察对象积极配合监察机关查明案件事实。

【关联规范】

《中国共产党纪律处分条例》第17条、第81条第1款第2项；《监察法实施条例》第70条、第174条。

第二十条 【谈话、讯问】 在调查过程中，对涉嫌职务违法的被调查人，监察机关可以进行谈话，要求其就涉嫌违法行为作出陈述，必要时向被调查人出具书面通知。

对涉嫌贪污贿赂、失职渎职等职务犯罪的被调查人，监察机关可以进行讯问，要求其如实供述涉嫌犯罪的情况。

【法条主旨】

本条是关于监察机关采取谈话、讯问措施的规定。

【修改提示】

本条内容在2018年《监察法》第二十条的基础上，在第一款中增加规定了监察机关可以"进行谈话"。

【法条解读】

一、明确将谈话作为调查涉嫌职务违法的被调查人的措施

修改后的《监察法》增加规定了"进行谈话",这意味着谈话措施是监察机关要求被调查人就其涉嫌违法行为作出陈述的具体方式。在修改之前,因缺乏具体的调查方式,有观点认为,监察机关要求涉嫌职务违法的被调查人陈述,属于一种"独立的调查措施"。[①] 实际上,一方面,调查措施作为监察机关依法行使调查权的具体权能,本身具有法定性和明确性。在现行法律规定中,要求被调查人作出陈述,并未被明确为一项调查措施。另一方面,要求被调查人作出陈述或者解释说明,完全可以被谈话、讯问等调查措施所涵盖,没有必要再将其作为一种独立的调查措施。具言之,监察机关对被调查人采取谈话、讯问等措施的目的,就是要求被调查人就谈话涉及的内容作出陈述。在修法之前的规范结构中,仅要求被调查人就其涉嫌违法行为作出陈述,并没有规定监察机关应当采取何种方式或措施要求其作出陈述。以至于从规范和学理层面对该规范进行理解上存在不同的认识。本次修改增加规定了"进行谈话",能有效弥补前述规范结构的缺憾。同时,也将"谈话"的使用范围限定在涉嫌职务违法行为的调查环节。

二、被调查人应就涉嫌职务违法行为如实作出陈述

在本法条的两个条款中,对涉嫌违法行为的陈述,并未使用"如实"加以限定,在第二款中,则明确规定涉嫌职务犯罪的被调查人要"如实供述涉嫌犯罪"的情况。这是否意味着在被调查人进行涉嫌违法行为的陈述时,可不受"如实"义务的约束呢?当然不能。因为《监察法》第十八条已经将"如实提供"作为监察机关调查取证对象的一般性义务,即包括被调查人、证人在内的任何单位和个人,均负有向监察机关如实提供证据的义务。这里的如实提供证据,自然也包括如实陈述、如实解释问题和说明情况等。

[①] 参见吴建雄主编:《读懂〈监察法〉》,人民出版社2018年版,第117页。

三、向被调查人出具书面通知的适用条件及其后果

本条第一款规定，必要时监察机关可以向被调查人出具书面通知，并将其与进行谈话并列适用。这表明，出具书面通知在适用顺位上受到前述内容规范的约束。即对涉嫌职务违法的被调查人，监察机关应当先与被调查人进行谈话，要求其就涉嫌违法行为问题作出陈述。如果被调查人不按照要求陈述，诸如拒不如实陈述，或者陈述的内容过于笼统或模糊等，以至于监察机关无法据此准确查明案件事实的话，则监察机关可以向其出具书面通知。这里的"书面通知"是具有法律效力的文书，主要是针对被调查人不按照要求作出陈述的，如果被调查人此时再不按照要求作出陈述的，则应当追究其法律责任。[1] 据此，可将出具书面通知的适用条件概括为"经谈话被调查人不按照要求作出陈述"。

与谈话要求被调查人如实陈述相比，出具书面通知更具有正式性，此处的书面通知也需履行审批手续，并加盖监察机关的印章、依法向涉嫌职务违法的被调查人送达。从规范的完整性看，该条款仅规定向被调查人出具书面通知，但对书面通知的内容格式要求、回复的期限等程序要件未加以明确。在《监察法实施条例》的修改完善时，应及时对此作出解释和回应。就书面通知的内容而言，应包含要求被调查人说明的具体问题、回复的期限，以及不按照要求陈述的后果等。被调查人收到监察机关作出的书面通知后，应严格按照书面通知的具体要求及时、如实、完整地作出书面陈述，并直接交付给监察机关。此外，书面通知还应列明监察机关的具体办案机构及监察人员的联系方式等信息，便于被调查人在作出书面陈述或说明期间能与监察机关保持必要的沟通联系，这也有利于实现书面通知的立法目的。

四、讯问措施的适用条件

本法条第二款是关于监察机关对涉嫌职务犯罪的被调查人采取讯问措施的规定。此处的"讯问"措施实质上是对《刑事诉讼法》"讯问"侦查措施

---

[1] 中共中央纪律检查委员会 中华人民共和国国家监察委员会法规室编写：《〈中华人民共和国监察法〉释义》，中国方正出版社 2018 年版，第 129 页。

的部分移植。① 对此，可通过修改《监察法实施条例》的方式进一步细化和完善监察机关讯问措施的程序规定。与谈话措施不同的是，监察机关采取讯问措施的程序条件是，应在监察立案之后进行，在初步核实阶段，监察机关不宜使用讯问措施。就案件范围而言，只有当被调查人存在涉嫌职务犯罪的问题时，监察机关才可以进行讯问。在讯问时，涉嫌职务犯罪的被调查人必须如实供述其涉嫌犯罪的情况。此外，对采取留置措施的被调查人，监察机关在对其讯问时，应当在留置场所内进行；如果留置场所设置在公安机关的羁押场所（主要是看守所），调查人在进行讯问时，应当持《提讯、提解证》和工作证件进行。首次讯问时，应当向被讯问人出示《被调查人权利义务告知书》，由其签名、捺指印。在讯问期间，监察机关要进行全程同步录音录像，并保持录音录像资料的完整性。这样既有助于规范监察机关的讯问工作，也能有效防止监察机关采取威胁、引诱、欺骗等非法方式获取口供。

【关联规范】

《监察法实施条例》第 55 条、第 56 条、第 81 条、第 82 条。

第二十一条　【强制到案措施】 监察机关根据案件情况，经依法审批，可以强制涉嫌严重职务违法或者职务犯罪的被调查人到案接受调查。

【法条主旨】

本条是关于监察机关采取强制到案措施调查案件的规定。

---

① 《刑事诉讼法》第一百二十条第一款规定："侦查人员在讯问犯罪嫌疑人的时候，应当首先讯问犯罪嫌疑人是否有犯罪行为，让他陈述有罪的情节或者无罪的辩解，然后向他提出问题。犯罪嫌疑人对侦查人员的提问，应当如实回答。但是对与本案无关的问题，有拒绝回答的权利。"

【修改提示】

本条为新增条文。

【法条解读】

一、增加强制到案措施的必要性

"授予必要的监察措施，根据反腐败工作需要和监察工作特点，构建轻重结合、配套衔接的监察强制措施体系"，[1] 是本次《监察法》修改的一大亮点。增加强制到案措施，一方面是构建梯度化、层次化监察强制措施体系的需要。随着国家监察体制的深化与《监察法》的深入实施，监察强制措施的缺失是有目共睹的重点问题，留置虽以其独特性发挥着不可替代的作用，但单一的措施无法应对复杂多变的案情。之前监察法在监察措施中没有设置类似于刑事强制措施中的拘传措施，而"强制到案"措施的增加，是对监察强制措施体系的完善。它是对未被管护或者留置的被调查人强制其到案接受询问或者讯问的措施，能够有效填补监察措施在强制被调查人到案方面的空白。另一方面是维护监察权威和提高办案效率的考量，增加强制到案措施，规定监察机关根据案件情况，可以强制涉嫌严重职务违法或者职务犯罪的被调查人到案接受调查，能够有效解决监察实践中存在的部分被调查人经通知不到案的问题，增强监察执法权威性。根据现行法律的规定，监察机关虽然可以在立案之前进行初步核实，对问题线索进行处置，但这些工作的开展，通常离不开与被调查人的直接接触。《监察法》在监察措施中没有设置类似于刑事强制措施中的拘传措施，主要的考量因素是，这些被调查人作为行使公权力的公职人员，应当具有起码的政治觉悟和法律素养，能积极配合监察机关及时查明涉己的职务违法犯罪行为。然而，在监察实践中，可能遇到一些被调查人拒不配合监察调查的情况，在此情况下，虽然监察机关可依法对其不配

---

[1] 参见《关于〈中华人民共和国监察法（修正草案）〉的说明——2024 年 9 月 10 日在第十四届全国人民代表大会常务委员会第十一次会议上》，载中国人大网，http://www.npc.gov.cn/npc/c2/c30834/202412/t20241225_442031.html，最后访问日期：2025 年 1 月 10 日。

合的行为单独予以处置，但这仍不利于查明问题线索所指向的案件事实情况。为了维护监察权威和提高监察办案效率，有必要赋予监察机关一定的强制性手段，允许监察机关以强制到案的调查措施，通过暂时性限制被调查人人身自由的方式实现查明案件事实的目的。

二、强制到案措施的适用条件

强制到案措施类似于侦查机关和审判机关的拘传措施，因其涉及对被调查人人身自由的限制，为防止该权力的滥用，有必要对其适用条件予以明确。在该法条中，为强制到案措施的适用设定了基本的适用条件。首先，强制到案措施应当属于一种例外性的调查措施，即其通常情况下不需要适用，只有在满足特定情形并遵循严格审批程序的情况下，监察机关才能依法作出。其次，强制到案措施的适用前提是涉嫌严重职务违法或者职务犯罪的被调查人拒不到案说明情况，此处的拒不到案，既包括接到监察机关口头或书面通知后明确拒绝到案，也包括其以默认的方式未在监察机关要求的期限内到案，亦包括被调查人通过诸如假借生病需住院治疗、伪造其他客观事由故意拖延时间等情形。也就是说，在强制到案之前，监察机关一般都应给予被调查人主动配合调查的机会，如通过电话通知、书面函询、委托被调查人所在单位通知等方式，要求被调查人主动到案接受调查。再次，强制到案措施的适用范围是涉嫌严重的职务违法或职务犯罪的案件，一方面是案件类型要求，一般违纪未构成严重职务违法或职务犯罪的，不适用强制到案。另一方面是案件证据掌握要求，监察机关在作出强制到案措施之前，已经掌握了相关证据，能够证实被调查人的行为涉嫌严重职务违法或职务犯罪。这与留置措施的适用范围大致相同。最后，对强制到案措施的作出程序，现行立法未加以明确，未来在修改《监察法实施条例》时应对该措施的作出程序加以细化。

三、强制到案措施的具体适用要求

第一，强制到案措施的工作要求。执行过程需由两人以上执行。根据《监察法》第四十四条第一款规定，调查人员采取强制到案调查措施，应当依照规定出示证件，出具书面通知，由二人以上进行，形成笔录、报告等书面材料，并由相关人员签名、盖章。值得注意的是，强制到案实施时，需出具书面通知，而在被调查人紧急出逃等紧急情况下，是否可以先行适用强制到案，需要未来《监察法实施条例》细化规定。同时，《监察法》第四十九条规定，监察机关在采取强制到案措施时，可以根据工作需要提请公安机关配合。公安机关具备专业和充足的执法力量，监察机关与公安机关的协作配合，能够有效提高强制到案措施的执行效果，确保被调查人顺利到案。例如，在被调查人可能逃跑、抗拒或者存在其他危险情况时，公安机关可以提供必要的警力支持和技术手段，协助监察机关完成强制到案工作。

第二，强制到案措施的时限。强制被调查人到案的目的是与被调查人进行谈话，询问或者讯问被调查人相关问题，具有阶段性和有限性，而非开展长时间的调查，重点把握好监察法中"强制到案持续的时长""不得以连续强制到案的方式变相拘禁被调查人"等要求。因此监察机关在实施强制到案措施之后，应当立即对被调查人进行谈话、询问或讯问，在问询结束后，除非要对其采取管护或留置措施，即使尚未超过法定时长，监察机关也应当及时向被调查人宣布解除强制到案措施。《监察法》对强制到案的期限也予以明确，即一般情况下，不超过十二小时，需要采取管护或者留置措施的，强制到案持续的时间不得超过二十四小时。基于此，对超过法定最长期限的，被调查人有权提出异议，要求立即解除该措施。从法理上看，当强制到案措施超过法定期限时，也应当自动解除。

四、被调查人的权益与救济

第一，《监察法》第五十条第三款规定，监察机关应当保障被强制到案人员的饮食、休息和安全，提供医疗服务。第二，在适用强制到案措施时，监察机关无须在二十四小时内通知被调查人所在单位和亲属。第三，对强制到案后被调查人进行谈话、讯问的，应当合理安排时间和时长，谈话笔录、讯问笔录需由被谈话人、被讯问人阅看核实后签名确认。第四，对于采取强制到案措施法定期限届满，但监察机关未予以解除或者变更的，被调查人及其近亲属、利害关系人有权向该机关申诉，受理申诉的监察机关应当在受理申诉之日起一个月内作出处理决定。申诉人对处理决定不服的，可以在收到处理决定之日起一个月内向上一级监察机关申请复查，上一级监察机关应当在收到复查申请之日起二个月内作出处理决定，情况属实的，及时予以纠正。

【关联规范】

《监察法》第46条；《刑事诉讼法》第66条、第119条。

第二十二条　【询问措施】 在调查过程中，监察机关可以询问证人等人员。

【法条主旨】

本条是关于监察机关采取询问措施调查案件的规定。

【修改提示】

本条内容未作修改。

【法条解读】

一、询问与谈话、讯问措施的比较分析

询问措施来源于纪检监察机关多年实践中运用的执纪审查手段，在进行监察立法时，基于纪法衔接的协同治理逻辑，立法机关充分吸收询问措施并将其上升为一项法律制度。根据《监察法》的相关规定，讯问、谈话和询问均属于问询类的调查措施，但三者在适用对象、适用阶段和适用目的等方面存在显著的差异。

第一，适用对象不同。讯问措施的适用对象是涉嫌职务犯罪的被调查人；谈话的对象是《监察法》第十五条规定的监察对象，谈话措施既可以适用于涉嫌职务犯罪的被调查人，也适用于涉嫌职务违法的被调查人，但对涉嫌职务犯罪的被调查人，仅限于在监察立案之前的初步核实和立案调查阶段进行。

在正式立案之后，对涉嫌职务犯罪的被调查人，则不宜采取该类措施。询问的适用对象具有开放性，使用范围较为宽泛。本条采用"证人等人员"的表述方式，此处的"等"显然属于等外等。结合《监察法实施条例》第八十五条、第九十条的相关规定，其大致包括证人、鉴定人和被害人，其中鉴定人和被害人属于特殊的证人；前者以其专业知识辅助查明案件事实，后者则以其亲身感受或对特定职务违法犯罪事实的"参与"向监察机关提供问题线索，证实有关案件事实存在与否。

第二，适用阶段不同。讯问的适用阶段是监察立案之后，在立案之前的初步核实阶段，不能采取讯问。谈话措施既可以适用于监察立案之前的初查阶段，也可以适用于立案之后的职务违法问题的调查核实阶段。询问措施与谈话措施类似，现行法律对其适用的阶段并未作出明确的规定，其可适用监察立案之前的初查、日常监督等阶段环节，也可以适用于立案之后的职务违法犯罪案件的调查核实阶段。具体而言，在适用阶段上，监察询问更具有灵活性，监察机关可根据办案需要随时进行，但在启动询问措施时，同样需要履行报批手续。

第三，适用目的不同。谈话措施的适用，其目的是了解被谈话人背景信息、社会关系等重要信息，旨在核实被调查人是否存在涉嫌职务违法的问题线索，当然其也具有固定证据的作用。讯问主要适用于立案后对被调查人进行讯问时固定证据，讯问笔录只能以监察机关名义出具，不存在纪检监察机关双头讯问笔录形式。询问措施的任务是通过向特定人员的询问调查事实真相。其具体包括：一是获取受害人陈述，即向受害人了解被调查人涉嫌职务违法犯罪事实（如懒政怠政、吃拿卡要、收受贿赂、权力寻租等）及其情节的轻重程度，此时的受害人实际上也属于一种特殊的证人，但与证人不同的是，受害人因与被调查人存在一定的利害关系，故其证言的客观性可能会受到一定的影响。二是获取证人证言，即通过证人证言与其他证据相互印证，推测案件全貌，抑或开辟新的证据来源，收集更多的证据。三是获取专家证人的专业性意见。所谓"专家"，在法律规范中被表达为"有专门知识的人"，其在"民事、刑事两大诉讼法"中的基本职能都是"对鉴定意见提出意见"，但民诉法的规定更为全面，除针对鉴定意见外，有专门知识的人还可以对专业问题提出意见。专家证人意见属于辅助性证据，对鉴定意见的证明力起到弹劾或补强的作用。① 虽然监察法未明确规定专家证人制度，但对一些专业性比较强的问题，确有必要通过询问相关专家，结合其从专业技术层面作出的意见辅助调查核实有关案件事实。

二、适用询问措施的一般性要求

第一，监察询问的主体要求。监察机关肩负调查职务违法和职务犯罪的职责，为了充分履行好这一职责，《监察法》将询问措施确定为监察机关的调查职权。② 监察询问作为一项具体的权力形态，其行使主体必须是监察机关的办案人员，且在未经法律明确规定的情况下，监察机关及其监察人员不能将该权力委托给其他机关或个人行使。按照《监察法实施条例》第八十七条的规定，询问应当个别进行，且负责询问的调查人员不得少于二人。此外，询问主体要遵循回避的法律规定，保守询问秘密，严格询问范围，不应询问与监察调查案件事实无关的问题，不得向证人泄露案情，不得采用非法方法获取证言。

第二，监察询问的地点确定。就询问场所而言，应优先选择在被询问人的工作地点、住所进行，并允许其指定具体的询问地点，这样确保询问工作能始终在被询问人熟悉的环境内展开，有利于缓解或消除被询问人的紧张心理，有助于被询问人如实客观全面地陈述案件事实和回答监察调查人员的询问。当然，基于监察办案的特殊需要，监察机关也可以通知被询问人到其指定的地点接受询问，但应与被询问人做好沟通工作，尽可能在询问时间或其他方面满足被调查人的相关要求。如果没有特殊情况，此处的"指定地点"应当理解为监察机关的办公场所。如果证人已依法被限制人身自由，则应在其羁押场所进行询问。

第三，询问时的权利义务告知。首次询问证人时，应当向其出示《证人权利义务告知书》，必要时应当向其宣读，由其签名、捺指印。如果证人拒绝签名、捺指印的，调查人员应当在文书上记明。如果证人未被限制人身自由的，应当在首次询问时向其出具《询问通知书》。在询问时，还应告知证人应当如实提供证据、证言，以及作伪证或者隐匿证据应当承担的法律责任。此

---

① 陈邦达、李赫、刘畅：《专家参与庭审的角色定位与意见归属》，载《中国司法鉴定》2024年第4期。

② 中共中央纪律检查委员会 中华人民共和国国家监察委员会法规室编写：《〈中华人民共和国监察法〉释义》，中国方正出版社2018年版，第131页。

外,针对不同的证人,在进行询问时,也要采取不同的询问方法,在告知其权利义务的同时,也可以结合不同类型的证人采取不同的方法,因案施策。例如,对涉嫌行贿人员,要运用开门见山、因势利导等方法,讲清楚法律政策,消除其顾虑,引导其如实作证;对诸如近亲属、情妇(夫)等特定关系人,要善于抓住其矛盾心理,依法讲明利害关系,引导其协助劝导被调查人,配合提供相关问题线索。需要注意的是,监察机关在运用上述询问方法时,要依法进行,禁止对证人采取暴力、威胁、引诱等非法取证方法。此外,基于涉嫌职务犯罪的证人证言需要移送审查起诉,故职务犯罪监察案件中询问措施的适用,还应当遵循刑事询问的相关法律规范。

第四,全程同步录音录像的适用。在进行询问措施时,被询问人一般处于相对自由的状态,且其通常是与案件结果无利害关系的案外人,故在询问期间一般不要求进行全程同步录音录像。[1] 但在询问重大或者有社会影响案件的重要证人,应当对询问过程全程同步录音录像,并告知证人。告知情况应当在录音录像中予以反映,并在笔录中记明。[2]

【关联规范】

《监察法》第 15 条;《刑事诉讼法》第 124 条、第 125 条、第 127 条;《监察法实施条例》第 85 条、第 87 条、第 90 条。

第二十三条　【责令候查措施】被调查人涉嫌严重职务违法或者职务犯罪,并有下列情形之一的,经监察机关依法审批,可以对其采取责令候查措施:

(一) 不具有本法第二十四条第一款所列情形的;

(二) 符合留置条件,但患有严重疾病、生活不能自理的,系怀

---

[1] 《监察法实施条例》第五十六条规定:"开展讯问、搜查、查封、扣押以及重要的谈话、询问等调查取证工作,应当全程同步录音录像,并保持录音录像资料的完整性……"据此理解,只有比较重要的谈话和询问才要求进行全程同步录音录像。

[2] 参见《监察法实施条例》第八十七条。

孕或者正在哺乳自己婴儿的妇女，或者生活不能自理的人的唯一扶养人；

（三）案件尚未办结，但留置期限届满或者对被留置人员不需要继续采取留置措施的；

（四）符合留置条件，但因为案件的特殊情况或者办理案件的需要，采取责令候查措施更为适宜的。

被责令候查人员应当遵守以下规定：

（一）未经监察机关批准不得离开所居住的直辖市、设区的市的城市市区或者不设区的市、县的辖区；

（二）住址、工作单位和联系方式发生变动的，在二十四小时以内向监察机关报告；

（三）在接到通知的时候及时到案接受调查；

（四）不得以任何形式干扰证人作证；

（五）不得串供或者伪造、隐匿、毁灭证据。

被责令候查人员违反前款规定，情节严重的，可以依法予以留置。

【法条主旨】

本条是关于监察机关采取责令候查措施的适用条件、被责令候查人员应遵守的规定以及违反规定时应当如何处理的规定。

【修改提示】

本条为新增条文。

【法条解读】

2018年《监察法》规定的留置措施在防范被调查人逃避监察调查、确保调查工作顺利进行、促进监察调查工作法治化方面发挥了积极作用。但在《监察法》实施过程中也逐渐暴露出监察强制措施过于单一的问题，既无法体现适用中的比例原则，亦不能满足实际办案需要。因此，本次修法的重点任务之一，即为根据反腐败工作需要和监察工作特点，"构建轻重结合、配套衔接的监察强制措施体系"。① 修改后的《监察法》借鉴了刑事诉讼强制措施制度的相关设计，在优化留置措施的基础上，增加了包括责令候查在内的三种强制措施。本条规定的责令候查措施主要参考了《刑事诉讼法》中取保候审及监视居住的有关规定，旨在解决未被采取留置措施的被调查人缺乏相应监督管理措施的问题。不符合留置条件、留置期限届满、不需要采取留置措施或者不适宜采取留置措施的被调查人，依然有妨碍调查的可能性或具有一定的社会危险性，为了保证其能在接受调查时及时到案，防止其伪造、隐匿、毁灭证据或者串供、干扰证人作证，保证监察调查的正常进行，需要对符合条件的被调查人采取一定的约束措施。因此，责令候查是一种预防性措施，而不是惩戒性措施。当然，作为一种具有"留置替代"功能的非羁押性强制措施，责令候查也会在一定程度上限制被调查人的人身自由，但其对被调查人人身自由的限制程度相对较轻，主要带有监督管理性质。而且，值得注意的是，该措施在担保适用对象遵守相关规定的约束手段上与《刑事诉讼法》中的取保候审措施明显不同。取保候审措施规定了提出保证人（人保）和缴纳保证金（财保）两种保证手段，由专门机关根据案件情况决定择一使用。而责令候查措施则并没有规定专门的约束手段，主要靠监察机关"责令"本身的约束力及被责令候查人员严重违规时可能面临的依法被留置所带来的威慑力。《监察法》中增加规定责令候查措施，不仅丰富了监察调查中对被调查人的人身自由强制手段，增强监察强制措施的适应性、灵活性、针对性，也在客观上减少留置措施的使用，充分彰显《监察法》总则关于尊重和保障人权、维护监察对象和相关人员合法权益的基本原则。本条分为三款：

一、关于责令候查适用条件的规定

根据本法第二十三条第一款的规定，适用责令候查至少需要四个方面的

---

① 《关于〈中华人民共和国监察法（修正草案）〉的说明——2024年9月10日在第十四届全国人民代表大会常务委员会第十一次会议上》，载中国人大网，http://www.npc.gov.cn/npc/c2/c30834/202412/t20241225_442031.html，最后访问日期：2025年1月10日。

条件：其一，适用主体须为监察机关，其他任何机关、团体或个人均无权采取监察强制措施。其二，适用对象只能是涉嫌严重职务违法或者职务犯罪的被调查人。同留置一样，责令候查措施也不限于涉嫌职务犯罪的被调查人。但适用于涉嫌职务违法的被调查人时，被调查人涉嫌的必须是情节严重的职务违法。其三，必须经依法审批。为了进一步明确其适用程序，防止该措施的滥用，《监察法》新增的第四十六条第一款强调，采取责令候查等措施的，应当按照规定的权限和程序，经监察机关主要负责人批准。其四，必须具备法定情形之一。本款规定了四种可以适用责令候查的情形：

第一，不具有《监察法》第二十四条第一款所列情形的。《监察法》第二十四条第一款列举了在符合涉案要件、证据要件等前提条件的情况下，对被调查人可以采取留置措施的四种情形：(1) 涉及案情重大、复杂的；(2) 可能逃跑、自杀的；(3) 可能串供或者伪造、隐匿、毁灭证据的；(4) 可能有其他妨碍调查行为的。被调查人不具有上述情形，也就不符合采取留置措施的条件，因而，无法适用留置。如果根据案件情况又确实需要对被调查人施加必要约束的，可以采取责令候查措施。但需要注意的是，在被调查人不具有《监察法》第二十四条第一款所列情形时，并非一定采取责令候查措施，是否采取还要看对被调查人施加约束的必要性。在涉及案情既非重大又不复杂，且被调查人完全没有社会危险性的情况下，出于案件的特殊情况或者办理案件的需要等而采取责令候查措施时，应当严格依法，谨慎使用。

第二，符合留置条件，但患有严重疾病、生活不能自理的，系怀孕或者正在哺乳自己婴儿的妇女，或者系生活不能自理的人的唯一扶养人。本项规定的情形又分四种情况：(1) 患有严重疾病；(2) 因为年老、残疾等原因生活不能自理；(3) 系怀孕或者正在哺乳自己婴儿的妇女；(4) 系生活不能自理的人的唯一扶养人。被调查人虽然符合留置条件，但具备这四种情况之一时，也可以采用责令候查。该项规定体现了人道主义精神和对被调查人权利的保护。应当指出，被调查人虽然具备上述四种情况之一，但采取责令候查不足以防止发生社会危险性或无法满足办案的特定需要，或者在被采取了责令候查后，被调查人违反相关规定情节严重，此时，决定采取或继续采取责令候查措施可能并不合适，不能完全排除适用留置措施的必要。就此而言，《监察法实施条例》直接规定对具备上述四种情况的被调查人不得适用留置措施显然失之绝对。

第三，案件尚未办结，但留置期限届满或者对被留置人员不需要继续采取留置措施的。本项规定了两种情况：（1）案件尚未办结，留置期限届满；（2）案件尚未办结，对被留置人员不需要继续采取留置措施。前一种情况下，虽然被调查人符合留置条件，但留置的期限已经届满，继续留置就会构成超期羁押，除非办案机关依法申请延长留置期限，否则，只能根据案件情况，决定变更为责令候查或者解除留置。后一种情况下，虽然已对被调查人进行的留置可能并无不当，但当前案件情况及被调查人社会危险性情况已经发生变化，不再需要继续采取留置措施，应当视情况及时变更为责令候查措施或者解除留置。对后一种情况的规定吸收了刑事诉讼羁押必要性审查制度的精神，充分体现了对被调查人权利的尊重和保障。

第四，符合留置条件，但因为案件的特殊情况或者办理案件的需要，采取责令候查措施更为适宜的。"案件的特殊情况"一般是指案件的性质、情节等表明，虽然被调查人符合留置条件，但采取责令候查不致发生社会危险性或对案件调查工作产生不利影响或者可能取得更好的法律效果、社会效果、政治效果的情形。"办理案件的需要"则通常是指对符合留置条件的被调查人采取责令候查措施更有利于实现特定调查目标、更有利于满足办案特定需要的情形。由于被调查人符合留置条件，采取责令候查措施会面临一定的风险。因此，监察机关在确定采取责令候查是否适宜时，应结合案件情况及被调查人情况等各方面因素慎重考虑。

不管是对责令候查适用情形的列举，还是对其审批权限与程序的明确，都体现了"授权与限权相结合"、确保严格依法慎用监察强制措施的立法思路。根据第一款规定，在被调查人符合上述适用条件的情况下，监察机关也只是"可以"对其采取责令候查措施，而非必须采取。在决定对被调查人是否采取责令候查措施时，也应贯彻谦抑原则。虽然责令候查对被调查人的人身自由只是较轻程度的限制，但在性质上也属于强制措施。对于没有社会危险性、不会妨碍监察调查、不采取强制措施不会影响案件办理的被调查人，应尽量不采取强制措施，以避免对被调查人人身自由不必要的限制。

二、明确了被调查人在责令候查期间应当遵守的规定

第二款列举了被调查人在责令候查期间应当遵守的规定。为了使责令候

查措施既能对未采取留置措施的被调查人形成有效约束，防止其逃避追究，保障监察调查的顺利进行，又能保障被调查人的合法权益，尽可能减少对被调查人生产、生活的不必要的负面影响，该款明确了被责令候查人员的法定义务。根据本款规定，所有被采取责令候查措施的被调查人都应当遵守以下五项规定：

第一，未经监察机关批准不得离开所居住的直辖市、设区的市的城市市区或者不设区的市、县的辖区。在案件终结以前，监察机关随时有可能对被责令候查人员进行谈话、讯问、核实证据等调查活动，为此，要求被调查人未经批准不得离开所居住的市、县区域非常必要。而且，与《刑事诉讼法》规定被取保候审人的一般义务为"不得离开所居住的市、县"的笼统要求不同，该项明确了被责令候查人员限制活动的具体辖区范围，即"直辖市、设区的市的城市市区或者不设区的市、县的辖区"。据此，被责令候查人员在设区的同一市内跨区活动的，不属于上述限制之列，不需要经过批准。应当注意的是，监察机关既是责令候查的决定机关，也是该措施的执行机关，因而也是被责令候查人员申请离开所居住的市、县辖区时的批准机关。

第二，住址、工作单位和联系方式发生变动的，在二十四小时以内向监察机关报告。监察机关准确掌握被责令候查人员的住址、工作单位和联系方式等是对被责令候查人员有效开展调查和监督管理的前提，因此，一旦被责令候查人员的上述情况发生变动，应当及时向监察机关报告。该项明确规定了被责令候查人员的报告时限，即发生变动后的二十四小时以内。除非变动后的住址、工作单位已不在原居住的市、县辖区，上述变动只需要报告给监察机关，而不需要经监察机关批准。

第三，在接到通知的时候及时到案接受调查。规定责令候查措施的主要目的是将被调查人未经批准不能离开居住地，且保证随传随到的内容固化。因此，保障被调查人在通知的时候及时到案是责令候查措施的最基本功能，也是责令候查概念中"候查"一词的应有之义。这里的到案指的是被调查人根据监察机关的通知，主动到监察机关或者其指定的地点接受调查。

第四，不得以任何形式干扰证人作证。被责令候查人员不得以暴力、威胁、恐吓、引诱、收买、劝导等形式使证人无法作证、不敢作证、不愿作证或者不如实作证。

第五，不得串供或者伪造、隐匿、毁灭证据。该项中的要求较之《刑事诉讼法》取保候审一般义务中第五项的表述"不得毁灭、伪造证据或者串供"更为明确、完整。"串供"，是指被调查人与同案其他违法违纪人之间，为了逃避责任追究而编织谎言、统一口径、订立攻守同盟的行为。"伪造、隐匿、毁灭证据"，是指被调查人为逃避追究、阻碍调查，采取积极行动制造假证、变造证据、转移隐藏证据乃至销毁证据的行为。

三、规定了被调查人在责令候查期间违反相关规定的法律后果

第三款规定了被调查人在责令候查期间违反相关规定的法律后果。根据该款规定，被调查人在责令候查期间违反相关规定的，应当根据违规情节，作出相应处理。只有情节严重的，才能依法转为留置。而且，该款规定的是"可以"依法予以留置，也就是说，被责令候查人员即便有情节严重的违规行为也并非一律留置，还是要区分情形。比如说，如果系以本条第一款第二项情形适用责令候查措施的，即便被责令候查人员严重违规，根据现行《监察法实施条例》的要求，也无法适用留置措施。被调查人在责令候查期间虽有违规行为，但情节较轻、不能留置的，可以在被调查人作出相应处理后，继续适用责令候查措施。

【关联规范】

《监察法》第44条、第49条；《刑事诉讼法》第67条、第71条。

第二十四条 【留置措施】 被调查人涉嫌贪污贿赂、失职渎职等严重职务违法或者职务犯罪，监察机关已经掌握其部分违法犯罪事实及证据，仍有重要问题需要进一步调查，并有下列情形之一的，经监察机关依法审批，可以将其留置在特定场所：

（一）涉及案情重大、复杂的；

（二）可能逃跑、自杀的；

（三）可能串供或者伪造、隐匿、毁灭证据的；

（四）可能有其他妨碍调查行为的。

对涉嫌行贿犯罪或者共同职务犯罪的涉案人员，监察机关可以依照前款规定采取留置措施。

留置场所的设置、管理和监督依照国家有关规定执行。

【法条主旨】

本条是关于监察机关采取留置措施的对象、适用情形等的规定。

【修改提示】

本条内容未作修改。

【法条解读】

本条的立法目的主要是赋予监察机关留置权限，实现对被调查人采取较长时间剥夺人身自由的强制措施的法定化、规范化、正当化。党的十九大报告在"健全党和国家监督体系"部分明确提出："制定国家监察法，依法赋予监察委员会职责权限和调查手段，用留置取代'两规'措施。"本条有关留置措施的规定就是在此背景下出台的。"用留置取代'两规'措施，实现'两规'的法治化，是法治建设的重大进步，是以法治思维和法治方式反对腐败的重要体现，是反腐败工作思路办法的创新发展。"[①] 本条规定通过设置留置措施，一方面明确赋予了监察委员会限制被调查人人身自由的必要权限，以保证监察机关有效履行监察职能，另一方面也对监察机关享有的该种权限从对象、条件、程序等方面进行了严格限制，确保留置措施采取的合法性和正当性，全面保障被调查人的合法权益。本条分为三款：

[①] 中共中央纪律检查委员会 中华人民共和国国家监察委员会法规室编写：《〈中华人民共和国监察法〉释义》，中国方正出版社2018年版，第134页。

一、规定了留置的对象、证据、程序、法定情形等各项要件

根据前两款规定，监察机关采取留置措施，必须同时具备以下五个方面的要件：

一是对象要件。一般情况下，留置的对象为被调查人。所谓被调查人，通常是指监察机关经过初核程序，已经掌握了其涉嫌职务违法或职务犯罪的部分事实和证据，认为需要追究其法律责任，并按相关规定报批后决定立案调查的监察对象。在立案调查前，监察对象通常称为被核查人或核实对象等。因此，原则上留置只能在立案后对作为监察对象的被调查人采取。但本条第二款对留置适用的对象范围进行了扩展，规定也可以"对涉嫌行贿犯罪或者共同职务犯罪的涉案人员"依照本条第一款规定采取留置措施。这里的"涉案人员"有可能突破《监察法》第十五条明文列举的作为监察对象的"公职人员和有关人员"范围。究其原因，根据《监察法实施条例》等规定，监察机关调查公职人员涉嫌职务犯罪案件，可以依法对涉嫌行贿犯罪、介绍贿赂犯罪或者共同职务犯罪的涉案人员中的非公职人员一并管辖。监察机关在管辖这类非监察对象的案件时，也有可能出现符合第一款规定的其他各项留置要件的情形，如果不将其留置，有可能妨碍本案及关联的监察对象案件调查工作的顺利开展及成效，因此，该款将"对涉嫌行贿犯罪或者共同职务犯罪的涉案人员"也纳入了留置措施适用的对象范围。同时，出于人道主义、人权保障等考虑，《监察法实施条例》规定，对于"患有严重疾病、生活不能自理的""怀孕或者正在哺乳自己婴儿的妇女""系生活不能自理的人的唯一扶养人"这三类人员不得采取留置措施，只有上述情形消失后，监察机关才能在符合条件时采取。

二是涉案要件，即被调查人"涉嫌贪污贿赂、失职渎职等严重职务违法或者职务犯罪"。该要求意味着：（1）同其他监察强制措施一样，作为最严厉的监察强制措施，留置既适用于职务犯罪，又可能适用于职务违法。（2）留置措施适用的主要职务违法犯罪是贪污贿赂、失职渎职类的，[①] 尽管《监察法》在两类违法犯罪后使用了"等"字，但在作扩充解释时应当慎重。当然，

[①] 中共中央纪律检查委员会 中华人民共和国国家监察委员会法规室编写：《〈中华人民共和国监察法〉释义》，中国方正出版社2018年版，第134页。

这里的贪污贿赂、失职渎职违法犯罪并不限于《刑法》分则第八章、第九章所列的贪污贿赂及渎职的行为类型。(3) 对职务违法有明确的严重程度之要求，即要求必须是"严重职务违法"。依文义解释，这里的"严重职务违法"一层含义可能是指贪污贿赂、失职渎职等违法行为本身性质的严重性，另一层含义就是程度的具体要求，也就是只有情节严重的才适用，轻微违法的不适用。按照《监察法实施条例》的解释，判断"严重职务违法"的标准是，"根据监察机关已经掌握的事实及证据，被调查人涉嫌的职务违法行为情节严重，可能被给予撤职以上政务处分"。有的学者将该要件理解为对留置措施适用对象的限定，而仅将证据要件和法定情形要件视为留置的适用条件。①

三是案件调查情况要件，即"监察机关已经掌握其部分违法犯罪事实及证据，仍有重要问题需要进一步调查"。根据《监察法实施条例》的解释，所谓的"已经掌握其部分违法犯罪事实及证据"是指同时具备"有证据证明发生了违法犯罪事实""有证据证明该违法犯罪事实是被调查人实施""证明被调查人实施违法犯罪行为的证据已经查证属实"三种情形。此处对留置措施证据要件的要求同《刑事诉讼法》对一般逮捕之证据要件的要求较为接近。这里的"部分违法犯罪事实"，既可以是单一违法犯罪行为的事实，也可以是数个违法犯罪行为中的部分违法犯罪事实。这里的"重要问题"是指对被调查人的职务违法犯罪在定性处置、定罪量刑等方面有重要影响的事实、情节及证据。值得一提的是，也有论者指出，"仍有重要问题需要进一步调查"应当理解为留置措施适用的目的要件，即其是对于留置措施适用的目的限制。留置措施的适用职能是为了服务于调查工作及防止被调查人出现妨碍调查的行为，"不得适用于其他目的，更不能出现'留而不查'、久拖不决甚至将留置作为案件处理的结果的情形"②。上述观点的论据有一定的合理性。留置作为监察调查过程中临时采取的一种限制被调查人人身自由的强制措施，其目的不是惩罚或报复，更不是方便挂案、拖案，否则就是对其功能的异化。但将"仍有重要问题需要进一步调查"作为留置适用的独立的目的要件较为牵强。原因是：(1) "仍有重要问题需要进一步调查"与"监察机关已经掌

---

① 参见莫于川主编：《〈中华人民共和国监察法〉〈中华人民共和国监察法实施条例〉关联条文及适用精解》，中国法制出版社 2022 年版，第 52 页。

② 马怀德主编：《中华人民共和国监察法理解与适用》，中国法制出版社 2018 年版，第 118 页。

其部分违法犯罪事实及证据"结合起来构成了一个完整的要求，表述的是当前案件调查的进展情况，很难将二者截然分开。(2)"仍有重要问题需要进一步调查"并不能完整、准确涵盖留置措施的适用目的。(3)目的限制这一概念较为笼统，界限不明，在一定意义上也可以说，该条第一款规定的法定情形要件也是对留置措施的目的限制。(4)所谓的目的限制根源于监察强制措施的性质和基本法理，对于各种监察强制措施也均是通用的，不具有特异性。

四是法定情形要件。根据第一款规定，监察机关采取留置措施，必须具备下列四种情形之一，即涉及案情重大、复杂的；可能逃跑、自杀的；可能串供或者伪造、隐匿、毁灭证据的；可能有其他妨碍调查行为的。这四种情形按照性质及功能可分为两大类，一是调查效果保障类，二是妨碍调查行为防范类。第一种情形主要着眼于对于重大、复杂案件调查效果的保障，或者说出于办理重大、复杂案件对于被调查人在案配合调查的现实需要。后三种情形则是基于对被调查人社会危险性的判断，着眼于对被调查人可能的妨碍调查行为的防范。《监察法实施条例》分别对妨碍调查行为防范类的三种情形即何谓"可能逃跑、自杀"、何谓"可能串供或者伪造、隐匿、毁灭证据"、何谓"可能有其他妨碍调查行为"进行了细化解释，明确了这些情形的具体判断标准。

五是程序要件。"留置制度较严重地涉及被调查人的人身权，程序制约的设置较其他制度严格。"[①] 根据本条第一款规定，采取留置措施须经监察机关依法审批。而从《监察法》第四十七条对留置措施批准程序的具体规定看，留置批准程序比其他监察强制措施的批准程序明显更为严格。采取留置措施，法律要求必须由监察机关领导人员集体研究决定。而且，还有向上级报批报备的要求，即设区的市级以下监察机关采取留置措施，须报上一级监察机关批准；省级监察机关采取留置措施，须报国家监察委员会备案。

二、规定了留置场所

第三款规定了留置场所。事实上，本条第一款就有对留置场所的规定，即对被调查人采取留置措施的，应将其"留置在特定场所"。也就是说，对留置的场所也有特定性的要求。就此而言，场所也可以视为留置措施适用的要

[①] 姜明安：《监察法研究》，法律出版社2023年版，第251页。

件之一。将被调查人留置在何处直接关系到被调查人合法权益的保障以及留置措施的实际效果，留置措施的设置、管理和监督需要建立一套严密、细致的规则加以规范。作为调整监察工作的基本法，《监察法》不可能对留置场所等监察调查的每一个细节问题作出细密要求。因此，本条第三款规定，"留置场所的设置、管理和监督依照国家有关规定执行"。这为日后制定相关的专门规定提供了法律依据。但目前尚未出台有关留置场所的专门规定。修改后的《监察法》，在第四十九条增加规定了留置场所的看护勤务及留置看护队伍的组建问题。《监察法实施条例》第一百零三条对留置场所的保密、消防、医疗、餐饮及安保等工作提出了原则要求。

【关联规范】

《监察法》第 44 条、第 46 条至第 49 条；《监察法实施条例》第 92 条至第 103 条；《刑事诉讼法》第 81 条。

第二十五条 【管护措施】对于未被留置的下列人员，监察机关发现存在逃跑、自杀等重大安全风险的，经依法审批，可以进行管护：

（一）涉嫌严重职务违法或者职务犯罪的自动投案人员；

（二）在接受谈话、函询、询问过程中，交代涉嫌严重职务违法或者职务犯罪问题的人员；

（三）在接受讯问过程中，主动交代涉嫌重大职务犯罪问题的人员。

采取管护措施后，应当立即将被管护人员送留置场所，至迟不得超过二十四小时。

【法条主旨】

本条是关于监察机关采取管护措施的对象、适用情形等的规定。

【修改提示】

本条为新增条文。

【法条解读】

本条的立法目的是对于未被留置且存在逃跑、自杀等重大安全风险的涉嫌严重违法或者职务犯罪人员，为了避免其因情绪波动等原因发生安全事件，赋予监察机关在紧急境况下可以采取的一种临时性约束相关人员人身自由的手段。在《监察法》修改之前，对于有重大安全风险却来不及办理留置审批手续的被调查人，或者对于在立案调查前有重大安全风险却无法留置的监察对象或被核查人等，监察机关并无可用的有效约束其人身自由的手段，无法满足办案安全保障的现实需要。本条参考《刑事诉讼法》中规定的拘留，增加规定管护措施，为监察机关审查决定立案及留置提供了一定的缓冲时间。本条共有两款：

一、规定了管护措施的适用条件

第一款规定了管护措施的适用条件。按照该款规定，适用管护措施，需要满足以下四个方面的要求：

其一，管护的适用对象为未被留置的相关人员。与责令候查、留置等措施主要适用于被调查人不同，本款在规定管护的适用对象时，并没有限定为被调查人，而是用"未被留置的下列人员"这样的表述。从该款随后列举的三类人员的具体范围看，既包括"在接受讯问过程中，主动交代涉嫌重大职务犯罪问题"的被调查人，也包括自动投案的或尚在初核阶段等可能尚未被立案调查的监察对象、被核查人乃至证人等。之所以规定"未被留置"，是因为管护措施主要定位紧急情况下留置的缓冲性、过渡性的人身约束措施，如果相关人员已经被留置，已经被依法剥夺了人身自由，当然也就没有了再进行约束人身自由的必要。管护与留置的关系相对于留置的过渡性与刑事诉讼中拘留与逮捕的关系及其相对于逮捕的过渡性类似。这种过渡性也直接体现在期限的设置上。拘留的期限实质上就是申请及批准逮捕或决定逮捕的期限。

同样，管护的期限其实就是留置的审查决定期限。根据《监察法》第四十六条第四款的规定，监察机关采取管护措施的，应当在七日以内依法作出留置或者解除管护的决定，特殊情况下可以延长一日至三日。

其二，涉嫌违法犯罪的严重性。该款列举了可以适用管护措施的三类人员。对于该三类人员，除上已述及的到案方式、办案节点等方面的限制外，核心的限制是涉嫌违法犯罪的严重程度。对于可能尚未被确定为被调查人身份的人员，要求的是"涉嫌严重职务违法或者职务犯罪"或"交代涉嫌严重职务违法或者职务犯罪问题"，而对于已在接受讯问的被调查人，则要求"主动交代涉嫌重大职务犯罪问题"。相对于留置，管护的期限虽然相对较短，但也是一种羁押性质的严厉的强制措施，根据《监察法》第五十条第四款的规定，管护期限可以"一日抵一日"折抵拘役、有期徒刑刑期。因此，采取管护措施也需极为慎重。只有涉嫌的职务违法犯罪达到一定的严重程度才应考虑适用。对于该款列举的第三种情形，有学者提出，对"主动"的要求不尽合理，不仅与第二种情形的表述无法保持一致，从实践看，主动交代问题的反而安全风险小，被动交代的安全风险可能更大。而且，该款列举的三种情形均限定于相关人员自动投案或交代问题，但实践中，那些拒不交代问题的人员可能会有更加紧迫的安全风险，也可能有采取管护措施的必要。[①]

其三，存在重大安全风险。即监察机关发现相关人员存在逃跑、自杀等重大安全风险。与该款对三类人员情形的列举一样，该要求是适用管护措施的独立条件。换言之，属于上述三种情形之一的人员，如果没有重大安全风险，或者虽然有重大安全风险，但不能满足三种情形的要求的，均不能适用管护措施。"逃跑、自杀等重大安全风险"中的"等"字意味着，此处的"重大安全风险"并不限于可能"逃跑、自杀"，也包含类似严重程度的可能"串供或者伪造、隐匿、毁灭证据"等。应当注意，不管是对相关人员违法犯罪严重程度的要求，还是对重大安全风险的要求，其实都蕴含着对管护措施适用之必要性审查的要求。在决定是否适用管护时，需要充分考量适用责令候查措施的可行性，如果适用责令候查措施足以防范上述安全风险的，应尽

---

① 参见封利强：《〈监察法〉修正草案二十条完善建议》，载司法文明协同创新中心官网，http://www.cicjc.com.cn/info/1041/16260.htm，最后访问日期：2025年1月2日。

量采取对相关人员人身自由限制程度相对较低的责令候查措施。

其四，经依法审批。与公安机关可以在紧急情况下"无证"先行拘留现行犯等不同，监察机关采取管护措施均须经依法审批。在《监察法（修正草案）》的审议中，有人建议，应当对管护等"新增的三项强制措施相应的审批权限和程序予以明确，防止滥用"。① 因此，修改后的《监察法》第四十六条第一款规定："采取强制到案、责令候查或者管护措施的，应当按照规定的权限和程序，经监察机关主要负责人批准。"当然，该批准程序较之于留置的批准程序相对简便，可以确保管护措施能够在紧急情况下起到采取留置措施的缓冲、过渡作用。

二、关于将被管护的人迅速送至留置场所的规定

第二款是关于将被管护的人迅速送至留置场所的规定。管护作为一种限制人身自由的强制措施，应当在依法设立的专门场所即留置场所执行。留置场所均是按照国家有关规定设置和管理，既可以保证办案安全，又可以保障被管护人的权利。该款要求的"至迟不得超过二十四小时"，主要考虑到实践中情况较为复杂，有时会由于路途时间、协助抓获同案犯需要等产生合理的时间延迟，因而留出二十四小时的最长送达时限。但不能理解为，只要不超过二十四小时，就可以任意拖延。如果没有特殊情况，必须立即将被管护人送至留置场所。

【关联规范】

《监察法》第 44 条、第 46 条、第 49 条、第 50 条；《刑事诉讼法》第 82 条、第 85 条。

第二十六条 【查询、冻结措施】 监察机关调查涉嫌贪污贿赂、失职渎职等严重职务违法或者职务犯罪，根据工作需要，可以依照

---

① 《全国人民代表大会宪法和法律委员会关于〈中华人民共和国监察法（修正草案）〉审议结果的报告》，载中国人大网，http://www.npc.gov.cn/npc/c2/c30834/202412/t20241225_442047.html，最后访问日期：2025 年 1 月 2 日。

规定查询、冻结涉案单位和个人的存款、汇款、债券、股票、基金份额等财产。有关单位和个人应当配合。

冻结的财产经查明与案件无关的，应当在查明后三日内解除冻结，予以退还。

【法条主旨】

本条是关于监察机关采取查询、冻结措施调查案件的规定。

【修改提示】

本条内容未作修改。

【法条解读】

本条规定的主要目的是收集、保全财产性证据，防止证据流失或者被隐匿，确保在后续工作中对违法犯罪所得予以没收、追缴、返还、责令退赔。从党的十八大以来反腐败斗争实践看，监察机关调查涉嫌贪污贿赂、失职渎职等严重职务违法或者职务犯罪，有相当一部分案件涉及涉案单位和个人的存款、汇款、债券、股票、基金份额等财产。腐败是危害党的生命力和战斗力的最大毒瘤，反腐败是最彻底的自我革命。在监察法中赋予监察委员会必要的权限和调查措施，对于有效查处腐败意义重大。为了查清严重职务违法或者职务犯罪事实，使收集、固定的证据确实、充分，监察法赋予监察机关必要的查询、冻结权限，同时又规定了严格的程序以及对相关人员的权利保障。

本条分两款，分别是：查询、冻结的要件；解除冻结。

一、查询、冻结的要件

（一）查询、冻结措施的适用对象和适用范围

1. 适用对象。监察机关采取查询、冻结措施，其对象必须是属于涉案单

位和个人而不是其他主体，监察机关以此收集和固定证据，查明案件事实，依法追究相关人员的法律责任。

2. 适用范围。监察机关在调查过程中，可以依照规定查询、冻结涉案单位和个人的存款、汇款、债券、股票、基金份额等财产。这些财产是与案件有关的，可能涉及违法犯罪行为的证据。

（二）查询、冻结措施的适用要求

1. 查询。查询是指监察机关在调查过程中，对涉案单位和个人的存款、汇款、债券、股票、基金份额等财产进行调查了解，并获取相关信息。通过查询，监察机关可以掌握涉案财产的详细情况，为后续的调查和处理提供依据。查询措施有助于发现和固定证据，防止财产被转移或隐匿。查询应当依照法定程序进行，监察机关应当出具查询通知书，明确查询的范围和内容。有关单位和个人应当配合监察机关的查询工作，如实提供相关信息。

之所以赋予监察机关采取查询措施的权限，主要有两个方面的考虑：一是查询是监察机关获取线索、证实犯罪的重要手段。赋予监察机关查询的权限，有利于其及时、有效地收集财产性证据，确保在后续工作中对违法犯罪所得予以没收、追缴、返还、责令退赔，挽回、减少国家、集体和有关单位、个人合法利益的损失。二是规范和保障监察机关的查询工作。由于查询措施直接影响当事人的权益，有必要通过立法加以规范。比如，《商业银行法》规定，对个人、单位存款，商业银行有权拒绝任何单位或者个人查询、冻结、扣划，但法律另有规定的除外。《监察法》规定的监察机关根据工作需要可以依照规定查询涉案单位和个人的存款、汇款、债券、股票、基金份额等财产，即符合《商业银行法》所规定的"法律另有规定"情形，这为监察机关在调查工作中查询存款、汇款等提供了法律依据。

监察机关采取查询措施需要注意以下五个方面的内容：一是采取查询措施应当"依照规定"。《监察法》明确规定，监察机关在调查过程中，只有依照规定才能进行查询。二是启动查询必须履行严格的审批程序。调查人员需要查询涉案单位和人员的存款、汇款、债券、股票、基金份额等财产的，应当坚持"一事由一提请"原则。三是办理查询必须严格遵照有关程序。调查人员可以查询的信息仅限于涉案的财产信息。办理查询，调查人员不得少于2人，且应当向有关单位和个人出示工作证件、出具查询书面通知。调查人员必须严格按照批准的查询对象、范围和事项进行查询。四是查询收集的证据应当具有完整性与客观性。查询存款、汇款、债券、股票、基金份额等财产，既要收集能够证明被调查人有违法犯罪行为、法律责任重的书证、物证，也要收集能够证明其没有违法犯罪行为、法律责任轻的书证、物证，以保持证据的客观、完整。五是查询获取的证据需要与言词证据构成相互印证、完整稳定的证据链。

2. 冻结。冻结是指监察机关在调查过程中，对涉案单位和个人的存款、汇款、债券、股票、基金份额等财产采取的限制措施，防止财产被转移、隐匿或处分。冻结措施可以确保涉案财产在调查期间保持稳定，防止被调查人或相关人员转移、隐匿财产，确保调查工作的顺利进行和财产的最终追缴。冻结应当依照法定程序进行，监察机关应当出具冻结决定书，明确冻结的财产范围和期限。冻结期限一般不超过六个月，根据案件需要可以依法延长。

有关单位和个人应当配合监察机关的冻结工作，不得擅自解冻或处分被冻结的财产。（1）有关单位和个人应当配合监察机关的查询和冻结工作。这包括银行、证券公司、基金管理公司等金融机构，以及涉案单位和个人的亲属、朋友等。配合监察机关的调查工作属于法定的义务，不配合监察机关的调查工作，可能会承担相应的法律责任。（2）配合义务的具体内容包括提供信息、协助执行和保密三项。有关单位和个人应当如实提供与案件有关的财产信息，包括存款、汇款、债券、股票、基金份额等财产的详细情况；金融机构等单位应当协助监察机关执行查询和冻结措施，不得拖延或拒绝。例如，银行应当在接到查询通知书或冻结决定书后，及时提供相关账户信息，冻结相关账户；有关单位和个人在配合监察机关的调查过程中，应当保守秘密，不得泄露调查信息，防止被调查人或相关人员得知后转移、隐匿财产。

二、解除冻结

（一）冻结财产的解除条件

冻结的财产经查明与案件无关的，应当解除冻结。这意味着监察机关在调查过程中，如果发现被冻结的财产与案件没有直接关联，应当及时解除冻结措施。这一规定旨在保护有关单位和个人的合法权益，防止因不当冻结措施给其带来不必要的损失。同时，也有助于提高监察机关的调查效率，确保调查工作的合法性和公正性。

查明与案件无关的情形是指经过调查，确认被冻结的财产与被调查人的违法犯罪行为没有直接关联。例如，被冻结的财产是被调查人合法所得，与案件中的贪污、受贿等行为无关。监察机关可以通过多种方法查明财产与案件的关系，包括但不限于询问被调查人、证人，调取相关证据，进行财产鉴定等。通过这些方法，监察机关可以全面、准确地确定财产的性质和来源。

（二）解除冻结的程序和时限

1. 解除冻结的程序。解除冻结应当依照法定程序进行。监察机关应当出具解除冻结决定书，明确解除冻结的财产范围和原因。解除冻结决定书应当送达有关单位和个人，确保其知晓解除冻结的决定。冻结的财产经查明与案件无关的，应当在查明后三日内解除冻结，予以退还。

2. 解除冻结的时限。《监察法》规定的解除冻结的时间为查明后三日内，这一时限要求是为了保障有关单位和个人的合法权益，防止其财产被长时间无故冻结。三日的时限相对较短，可以促使监察机关及时处理与案件无关的财产，减少对有关单位和个人的不必要的影响。同时，也有助于提高监察机关的调查效率，确保调查工作的及时性和有效性。

（三）退还财产

解除冻结后，监察机关应当将与案件无关的财产退还给原持有人或保管人。退还财产应当办理详细的退还手续，包括制作退还清单、签名确认等。退还清单应当载明退还财产的详细信息，如财产的名称、数量、价值等，由持有人或保管人在退还清单上签名确认，以确保退还过程的合法性和规范性。解除冻结后应当及时退还财产，这是保护有关单位和个人合法权益的重要措施。退还财产时，应当保持财产的原状，不得损坏或减少财产的价值。如果在冻结期间造成财产损坏或价值减少的，监察机关应当依法承担相应的赔偿责任。

【关联规范】

《刑事诉讼法》第141条、第144条、第145条；《人民检察院刑事诉讼规则》第212条、第215条。

第二十七条　【搜查措施】 监察机关可以对涉嫌职务犯罪的被调查人以及可能隐藏被调查人或者犯罪证据的人的身体、物品、住处和其他有关地方进行搜查。在搜查时，应当出示搜查证，并有被搜查人或者其家属等见证人在场。

搜查女性身体，应当由女性工作人员进行。

监察机关进行搜查时，可以根据工作需要提请公安机关配合。公安机关应当依法予以协助。

【法条主旨】

本条是关于监察机关采取搜查措施调查案件的规定。

【修改提示】

本条内容未作修改。

【法条解读】

本条规定的主要目的是规范搜查程序和要求，保障监察机关收集犯罪证据、查获被调查人，确保搜查严格依法进行，防止搜查权滥用，以顺利查明犯罪事实，有力惩治腐败。

本条分三款，分别是：搜查的适用情形和要求；搜查女性身体的特殊规定；公安机关的配合义务。

一、搜查的适用情形和要求

（一）搜查的主体与对象

1. 搜查主体。监察机关是行使国家监察职能的专责机关，依法对所有行使公权力的公职人员进行监察，调查职务违法和职务犯罪。在履行职责过程中，监察机关拥有搜查权，这是其调查取证的重要手段之一。

2. 搜查对象。主要包括两类：

（1）涉嫌职务犯罪的被调查人。这是搜查的核心对象。涉嫌职务犯罪的被调查人，是指那些在监察机关初步调查中，有迹象表明可能实施了职务犯罪行为，需要进一步深入调查取证的公职人员。职务犯罪具有一定的隐蔽性和复杂性，被调查人可能会在其身体、物品、住处等地方藏匿与犯罪相关的重要证据。对这类人员进行搜查，是为了直接获取其犯罪的直接证据，如赃款赃物、犯罪工具、记录犯罪过程的书证等。

（2）可能隐藏被调查人或者犯罪证据的人。除直接的被调查人外，还有一些人员可能会与案件有关联，他们可能出于各种原因，如与被调查人有亲属关系、朋友关系、利益关联等，帮助被调查人隐藏或者转移犯罪证据，甚至可能藏匿被调查人本人。这些人可能并不直接参与职务犯罪行为，但在客观上为犯罪行为的掩盖和证据的隐匿提供了帮助。对这类人员的身体、物品、住处等进行搜查，是为了防止犯罪证据的灭失和被调查人的逃脱，确保调查工作的完整性和有效性。

（二）搜查的范围

1. 对涉嫌职务犯罪被调查人以及可能隐藏被调查人或者犯罪证据的人的身体进行搜查，主要是为了查找可能藏匿在身上的犯罪证据。在一些特殊情况下，如被调查人可能随身携带与案件相关的文件、证件等，通过搜查身体可以及时获取这些重要线索，为案件的突破提供帮助。

2. 对被调查人以及相关人员的各种个人物品、办公用品等进行检查。这些物品可能包括但不限于手机、电脑、文件夹、包裹、行李等。

3. 住处。住处是个人生活的主要场所，也是藏匿犯罪证据的常见地点。被调查人可能在其住所的各个角落，如卧室、书房、储物间等地方，藏匿与职务犯罪有关的财物、文件等证据。对住处进行搜查，需要对房屋的各个部分进行仔细检查，包括但不限于抽屉、柜子、墙壁夹层、地下室等可能的藏匿点。

4. 其他有关地方。除上述身体、物品、住处外，监察机关还可以对与案件有关的其他场所进行搜查。这些场所可能包括被调查人的办公场所、车辆、租赁的仓库、与案件相关的特定地点等。

（三）搜查的程序要求

1. 调查人员不得少于二人。《监察法实施条例》第一百一十三条规定，搜查应当在调查人员的主持下进行,并且调查人员不得少于两人。这一规定主要考虑到实际工作的需要,两人以上进行调查有利于客观、真实地获取和固定证据,同时也有利于互相配合、互相监督,防止个人徇私舞弊或发生刑讯逼供、诱供等非法调查行为,此外还有利于防止一些被调查人诬告调查人员有人身侮辱、刑讯逼供等行为。

2. 出示搜查证。搜查证是监察机关依法进行搜查的法律凭证,具有重要的法律意义和程序价值。在搜查时出示搜查证,是监察机关依法行使搜查权的必要程序,也是对被搜查人合法权益的保障。搜查证上应当载明搜查的法律依据、搜查对象的基本信息、搜查的范围和目的等内容,使被搜查人明确搜查的合法性和正当性。

3. 有见证人在场。在搜查时,应当有被搜查人或者其家属等见证人在场。见证人的存在,对于保障搜查程序的合法性、公正性以及搜查结果的真实性具有重要作用。见证人可以对搜查的过程进行现场监督,同时,见证人也可以对搜查所获取的证据进行确认,增强证据的可信度和证明力。如果被搜查人或者其家属不在现场,监察机关可以邀请其他与案件无关的人员作为见证人,如被搜查人所在单位的同事、邻居、社区工作人员等。见证人应当具备完全民事行为能力,能够客观、真实地反映搜查过程和情况,其签名确认的搜查笔录等材料,可以作为证据使用。

二、搜查女性身体的特殊规定

(一) 本条款的立法宗旨

该条款体现了法律对女性的人文关怀和特殊保护,既保障了被搜查女性的人格尊严和人身权利,也具有防止被搜查人诬告搜查人员,对调查人员进行职业保护的作用。

(二) 女性工作人员的资质要求

1. 性别要求。搜查女性身体的工作人员必须是女性,这是该条款的核心要求。性别的一致性可以减少搜查过程中的性别冲突和心理障碍,使被搜查女性在相对舒适的环境中接受搜查,降低搜查对其造成的心理压力和精神负担。

2. 专业素质要求。除性别要求外,女性工作人员还应当具备相应的专业素质。这包括熟悉监察法律法规和搜查程序,具备一定的搜查技巧和经验,能够准确、高效地完成搜查任务。同时，女性工作人员还应当具备良好的职业道德和敬业精神，严格遵守保密纪律，不得泄露搜查过程中知悉的被搜查人的个人隐私和案件信息。

（三）搜查的实施方式

1. 单独搜查。在对女性身体进行搜查时，一般应当由女性工作人员单独进行。这样可以最大限度地保护被搜查女性的隐私，避免其他无关人员的围观和干扰。单独搜查要求女性工作人员具备独立完成搜查任务的能力，能够准确地发现和提取与案件相关的证据。

2. 协同搜查。在一些特殊情况下，如果搜查任务较为复杂，需要其他人员的协助，女性工作人员可以与其他监察人员协同进行搜查。但即便在这种情况下，对女性身体的搜查仍然应当由女性工作人员主导和实施，其他人员只能在女性工作人员的指挥和监督下，协助完成一些辅助性的工作，如记录、警戒等。协同搜查时，应当特别注意保护被搜查女性的隐私，避免不必要的身体接触和视觉暴露，确保搜查过程符合法律规定和道德要求。

三、公安机关的配合义务

在监察调查过程中，监察委员会根据工作需要，可以向公安机关提请配合，公安机关应当予以协助。这是因为搜查工作有时会面临一些复杂的情况和困难，需要公安机关的专业力量和技术手段来提供支持和保障。构建科学有效的警监协助机制，在监察法治体系建设中居于基础地位。[①] 公安机关对监察委员会执行监察措施时的协助行为并非属于司法活动，不能够将此认定为是监察权独立行使的例外。[②] 公安机关的协助配合，有助于提高搜查工作的效率和质量，确保搜查活动的顺利进行。同时，公安机关在协助搜查过程中，也应当严格遵守法律规定，依法履行协助义务，不得滥用职权或者超越法定范围进行协助。监察委员会在调查过程中需要公安机关协助配合的，公安机关应当在其职责范围之内提供必要的协助。对以暴力、威胁等方法阻碍搜查的，公安干警应当予以制止，或者将其带离现场；阻碍搜查涉嫌犯罪的，应当依法追究刑事责任。

[①] 江国华、张硕：《监察过程中的公安协助配合机制》，载《法学研究》2019 年第 2 期。

[②] 秦前红、石泽华：《论监察权的独立行使及其外部衔接》，载《法治现代化研究》2017 年第 1 期。

【关联规范】

《刑事诉讼法》第136条至第140条;《监察法实施条例》第四章第八节;《人民检察院刑事诉讼规则》第203条至第207条。

第二十八条　【调取、查封、扣押措施】 监察机关在调查过程中,可以调取、查封、扣押用以证明被调查人涉嫌违法犯罪的财物、文件和电子数据等信息。采取调取、查封、扣押措施,应当收集原物原件,会同持有人或者保管人、见证人,当面逐一拍照、登记、编号,开列清单,由在场人员当场核对、签名,并将清单副本交财物、文件的持有人或者保管人。

对调取、查封、扣押的财物、文件,监察机关应当设立专用账户、专门场所,确定专门人员妥善保管,严格履行交接、调取手续,定期对账核实,不得毁损或者用于其他目的。对价值不明物品应当及时鉴定,专门封存保管。

查封、扣押的财物、文件经查明与案件无关的,应当在查明后三日内解除查封、扣押,予以退还。

【法条主旨】

本条是关于监察机关采取调取、查封、扣押措施调查案件的规定。

【修改提示】

本条内容未作修改。

【法条解读】

调取、查封、扣押是监察机关调查职务违法犯罪案件时收集、固定证据的重要措施。深入查询、调取和使用基础信息，是开展初核和审查调查工作的重要前提。[①] 监察机关在调查过程中，发现的与被调查人涉嫌职务违法或职务犯罪相关的财物、文件和电子数据等信息，需要及时、全面、准确地收集、固定，防止涉嫌违法犯罪的单位或者人员藏匿、毁灭证据，以便及时有效地查清案件。同时，对范围、程序和保管及解除查封、扣押的要求作出规范，有利于确保监察机关正确行使调取、查封、扣押的监察权限，保护公民合法权益。

本条分三款，分别是：关于调取、查封、扣押的条件和程序的规定；关于被调取、查封、扣押的财物、文件和电子数据保管的规定；关于解除查封、扣押的要求的规定。

一、调取、查封、扣押措施的适用条件和程序

（一）调取、查封、扣押的适用范围

监察机关在调查职务违法和职务犯罪案件过程中，为了收集证据、查明案件事实，有权对能够证明被调查人涉嫌违法犯罪的财物、文件和电子数据等信息采取调取、查封、扣押措施。这些财物、文件和电子数据等信息必须与案件有直接关联，能够对证明被调查人的违法犯罪行为起到关键作用。例如，被调查人涉嫌受贿的赃款、赃物、与行贿人往来的书信、记录受贿过程的录音录像等电子数据，都是可以调取、查封、扣押的对象。

（二）调取、查封、扣押的具体要求

1. 收集原物原件。在采取调取、查封、扣押措施时，监察机关应当尽可能收集原物原件，以保证证据的真实性和完整性。原物原件是最直接、最可靠的证据来源，能够最大限度地还原案件事实。例如，对于一份重要的合同文件，应当调取该文件的原件，而不是复印件，因为原件上的笔迹、印章等

[①] 赵德华、张东晓：《浅谈查询和调取措施的运用》，载《中国纪检监察报》2021年3月24日，第8版。

细节信息对于认定案件事实可能具有重要意义。

2. 会同持有人或保管人、见证人。在实施调取、查封、扣押措施时，监察机关应当会同财物、文件的持有人或者保管人以及见证人共同进行。持有人或保管人对财物、文件的来源、性质等情况最为了解，其在场可以确保调取、查封、扣押过程的准确性和合法性；见证人的存在则可以对整个过程进行监督，防止监察人员滥用职权或者出现其他不当行为，同时也为调取、查封、扣押行为的合法性提供证明。见证人应当选取与案件无关的人员担任，以保证其客观性和公正性。

3. 当面逐一拍照、登记、编号。对调取、查封、扣押的财物、文件和电子数据等信息，监察机关应当在持有人或保管人、见证人的面前逐一进行拍照、登记、编号。拍照可以固定财物、文件和电子数据等信息的外观、状态等信息；登记则需要详细记录财物、文件的名称、规格、特征、质量、数量，电子数据的编号，以及发现的地点和时间等内容；编号则是为了便于对财物、文件和电子数据等信息进行管理和识别。这些措施有助于确保证据的完整性和可追溯性，防止证据在后续的调查过程中出现丢失、损坏或者被调换等情况。

4. 开列清单并由在场人员核对、签名。在完成拍照、登记、编号等工作后，监察机关应当开列一份详细的清单，清单上应当载明调取、查封、扣押的所有财物、文件和电子数据等信息的具体情况。清单制作完成后，应当由在场的监察人员、持有人或保管人、见证人当场进行核对，确认清单内容与实际情况相符后，在清单上签名。签名是对清单内容的认可和确认，具有法律效力，可以作为证据使用的依据。同时，监察机关应当将清单副本交给财物、文件的持有人或者保管人，以保障其知情权和合法权益。

二、被调取、查封、扣押的财物、文件和电子数据保管的规定

（一）设立专用账户、专门场所和确定专门人员保管

监察机关对调取、查封、扣押的财物、文件应当进行妥善保管，这是确保证据安全和完整的重要措施。为此，监察机关需要设立专用账户，用于存放与案件有关的款项等财物；同时，还应当设立专门场所，用于保管其他各类财物、文件和电子数据等信息。此外，监察机关还应当确定专门人员负责保管工作，这些专门人员应当具备相应的专业知识和技能，能够妥善地保管

各类财物、文件和电子数据等信息,防止其丢失、损坏或者被泄露。通过设立专用账户、专门场所和确定专门人员保管,可以有效地避免财物、文件和电子数据等信息的管理混乱,确保证据的安全和完整。

(二)严格履行交接、调取手续

在调取、查封、扣押的财物、文件的过程中,涉及交接和调取等环节,监察机关必须严格履行相应的手续。交接手续是指在财物、文件从持有人或保管人处调取、查封、扣押到监察机关,或者在监察机关内部进行移交等过程中,应当办理的手续。调取手续是指在调查过程中,因工作需要对已经调取、查封、扣押的财物、文件进行再次调用时,应当办理的手续。严格履行交接、调取手续,可以明确各方的责任,防止财物、文件在流转过程中出现丢失、损坏或者被滥用等情况,确保证据的合法性和有效性。

(三)定期对账核实

监察机关应当定期对调取、查封、扣押的财物、文件进行对账核实,这是对保管工作进行监督和检查的重要手段。通过对账核实,可以及时发现和纠正保管过程中出现的问题,如财物、文件的数量不符、状态变化等,确保证据的完整性和准确性。定期对账核实的频率可以根据案件的具体情况和财物、文件的种类、数量等因素来确定,但应当保证对账核实的及时性和有效性。

(四)不得毁损或者用于其他目的

监察机关在保管调取、查封、扣押的财物、文件过程中,严禁毁损或者将其用于其他目的。毁损财物、文件不仅会导致证据的灭失,影响案件的调查和处理,还可能侵犯当事人的合法权益,造成不良的社会影响。将财物、文件用于其他目的,如挪作私用、非法处置等,更是严重的违法行为,必须坚决杜绝。监察机关应当加强对保管工作的管理和监督,确保财物、文件仅用于案件调查和处理的合法目的。

(五)对价值不明物品的鉴定和封存保管

对于调取、查封、扣押的价值不明的物品,监察机关应当及时进行鉴定,以确定其价值和性质。鉴定应当委托具有相应资质的鉴定机构和专业人员进行,确保鉴定结果的科学性和准确性。在鉴定结果出来之前,监察机关应当对这些价值不明的物品进行专门封存保管,防止其丢失、损坏或者被非法处置。专门封存保管可以采取加贴封条、专人看管等措施，确保证据的安全和完整。通过及时鉴定和专门封存保管，可以有效地解决价值不明物品在保管和处理过程中可能遇到的问题，确保证据的合法性和有效性。

三、解除查封、扣押的具体要求

（一）查明与案件无关的情形

在调查过程中，监察机关可能会对一些财物、文件采取查封、扣押措施，但随着调查的深入，可能会发现这些财物、文件实际上与案件无关。例如，监察机关在对某涉嫌受贿案件进行调查时，查封了被调查人的一处房产，但经过进一步调查发现，该房产是被调查人在案发前通过合法途径购买的，与受贿行为没有任何关联。在这种情况下，监察机关应当及时认定该财物、文件与案件无关。

（二）解除查封、扣押的时限要求

一旦查明查封、扣押的财物、文件与案件无关，监察机关应当在查明后的三日内解除查封、扣押措施。这一时限要求是为了保障当事人的合法权益，避免其财物、文件因不必要的查封、扣押而遭受损失或者影响正常使用。三日的时限相对较短，可以促使监察机关及时处理与案件无关的财物、文件，提高工作效率，减少对当事人合法权益的侵害。

（三）退还财物、文件

在解除查封、扣押措施后，监察机关应当将与案件无关的财物、文件退还给原持有人或者保管人。退还时，应当办理相应的退还手续，由持有人或者保管人在退还清单上签名确认，以明确各方的责任。退还财物、文件应当保持其原有的状态和完整性，如果在查封、扣押期间造成财物、文件损坏或者丢失的，监察机关应当依法承担相应的赔偿责任。通过及时退还与案件无关的财物、文件，可以恢复当事人的合法权益，维护法律的公正性和权威性。

【关联规范】

《刑事诉讼法》第 139 条、第 140 条；《监察法实施条例》第 126 条；《人民检察院刑事诉讼规则》第 234 条、第 235 条、第 237 条。

第二十九条　【勘验检查措施】 监察机关在调查过程中，可以直接或者指派、聘请具有专门知识的人在调查人员主持下进行勘验检查。勘验检查情况应当制作笔录，由参加勘验检查的人员和见证人签名或者盖章。

必要时，监察机关可以进行调查实验。调查实验情况应当制作笔录，由参加实验的人员签名或者盖章。

【法条主旨】

本条是关于监察机关采取勘验检查措施调查案件的规定。

【修改提示】

本条内容在 2018 年《监察法》第二十六条的基础上，增加了第二款，对监察机关在必要时进行调查实验进行了规定。

【法条解读】

本条规定的主要目的是赋予监察机关勘验检查措施使用权限，规范监察机关运用科学方法和专门知识，准确、快速地查明案情，保证勘验检查过程客观、公正，确保结论的准确性。勘验检查必须坚持实事求是的科学态度，一切从实际出发，避免主观片面和先入为主，严格遵循"及时、全面、细致、客观"的原则进行。[①] 本条应当注意把握四个方面要求：

一是审批性要求。采取勘验检查措施，必须经监察机关相关负责人审批。勘验检查是监察机关的法定调查措施之一，调查人员对于需要勘验检查的事项，应当依照有关程序报监察机关相关负责人批准后实施，不得私自或者以个人名义开展勘验检查工作。调查人员在执行勘验检查任务时，必须持有监

---

① 贾永生：《犯罪现场勘察原则的反思与重构》，载《中国警察学院学报》2017 年第 6 期。

察机关的证明文件。

二是关联性要求。监察机关实施勘验检查的对象是与职务违法犯罪行为有关的场所、物品、人身等，监察机关运用科学技术手段，对与职务违法、职务犯罪有关的场所、物品、人身等亲临查看、了解、检验与检查，以发现和固定违法犯罪活动所遗留下来的各种痕迹和物品。勘验检查的具体措施包括：现场勘验，物证、书证检验，人身检查等。

三是专业性要求。调查人员是勘验检查的实施主体，可以由监察机关工作人员直接进行，并邀请见证人在场。在实践中，监察机关应当根据案件的性质和重要程度，指派相应级别的调查人员主持指挥勘验检查。为了保证勘验检查结果的准确性和可靠性，在必要时，可以指派或者聘请具有专门知识的人，在调查人员主持下进行勘验检查。指派、聘请具有专门知识的人参与勘验检查，主要是因为职务违法犯罪情况复杂，手段和形式多种多样，特别是利用现代科学技术手段实施的违法犯罪，采用一般的调查措施可能难以得出正确结论，必须运用一定科学方法和专门知识才能查明案件情况。

四是程序性要求。调查人员和其他参加人员应当记录勘验检查的情况，制作勘验检查笔录，主要包括勘验检查的时间、地点、对象、目的、经过和结果等。勘验检查笔录由参加勘验检查的人和见证人签名或盖章。这样规定，一方面使该证据具有证明力，另一方面加强对勘验检查活动的监督，防止伪造勘验检查结果，以保证正确处理案件。被搜查人在逃，其亲属拒不到场，或者拒绝签名、盖章的，应当在搜查笔录予以注明，以确保搜查笔录的真实性、合法性。

本条分两款，分别是：勘验检查的主体、对象和程序；增补了调查实验的规定。

一、勘验检查的主体、对象和程序

（一）勘验检查的主体

1. 监察机关直接进行。监察机关在调查过程中，可以直接进行勘验检查。这意味着监察机关的工作人员可以依据法定职权，对与职务违法犯罪行为有关的场所、物品、人身等进行勘验检查。这种直接进行的方式体现了监察机关在调查过程中的主动性和权威性。

2. 指派或聘请具有专门知识、资格的人员。除监察机关直接进行勘验检查外，还可以指派或聘请具有专门知识、资格的人员参与。这些人员通常是在特定领域具有专业知识和技能的专家，如法医、痕迹鉴定专家、电子数据鉴定专家等。指派或聘请这些专家参与勘验检查，可以提高勘验检查的科学性和准确性，确保调查结果的可靠性。被指派或聘请的人员必须具备与案件相关的专业知识和资格，能够对案件中的专门性问题进行科学、准确的分析和鉴定。例如，对于涉及复杂电子数据的案件，需要聘请具有电子数据鉴定资格的专家进行勘验检查。无论是否指派或聘请专家，勘验检查都必须在调查人员的主持下进行。调查人员负责协调和监督勘验检查的全过程，确保勘验检查的合法性和规范性。

（二）勘验检查的对象

1. 与职务违法犯罪行为有关的场所。勘验检查的对象包括与职务违法犯罪行为有关的场所，如办公场所、住所、案发现场等。这些场所可能藏有与案件相关的证据，如文件、物品、痕迹等。

2. 物品。与案件有关的物品也是勘验检查的重要对象，如涉案财物、作案工具、书证、物证等。通过对这些物品的勘验检查，可以获取关键证据，还原案件事实。

3. 人身。对人身的勘验检查包括对被调查人或相关人员的身体检查、指纹采集、生物样本采集等。这些检查可以确定被调查人的某些特征、伤害情况或生理状态，为案件调查提供重要线索。

（三）勘验检查的程序

1. 勘验检查的工作内容。勘验检查具体包括：在现场周围进行走访调查，寻找目击证人；实地勘验，发现和收集涉案证据；制作勘验笔录。现场勘验，要遵循及时性与客观性要求。一方面，调查人员应在获得相关线索后，立即申请现场勘查并第一时间赶赴现场，以防止现场被破坏、证据被转移、隐匿或毁灭。另一方面，调查人员在现场勘查过程中，应当保持中立，不得歪曲和捏造事实。通常情况下，现场勘查应由监察委员会调查人员持相关证件进行。依据《刑事诉讼法》的相关规定，对与犯罪有关的场所、物品、人身、尸体应当进行勘验或者检查。对此，监察委员会的勘验检查可以类推适用此规定。

2. 制作笔录。勘验检查情况应当制作详细的笔录。笔录应当包括勘验检查的时间、地点、对象、目的、经过和结果等内容。制作笔录的目的是固定勘验检查的过程和结果，确保证据的合法性和可靠性。

3. 签名或盖章。勘验检查笔录应当由参加勘验检查的人员和见证人签名或者盖章。签名或盖章是对笔录内容的认可和确认，具有法律效力。这不仅有助于确保证据的真实性，还可以防止伪造勘验检查结果，确保调查的公正性和合法性。见证人应当是与案件无关的第三方，其在场可以对勘验检查过程进行监督，确保勘验检查的公开性和透明性。见证人的签名或盖章是对勘验检查过程和结果的见证，增强了证据的可信度。

二、增补了调查实验的规定

（一）调查实验的定义和目的

调查实验是指在调查过程中，为了验证某一事实或现象是否可能发生，或者为了确定某一行为或事件的具体过程而进行的模拟实验。调查实验是一种特殊的调查措施，通过模拟现场条件，重现案件中的关键环节，为案件调查提供科学依据。调查实验可以验证某一事实是否可能发生。例如，通过模拟现场条件，验证被调查人是否有可能在特定时间内完成某一行为。确定过程：调查实验可以确定某一行为或事件的具体过程。例如，通过模拟犯罪现场，确定作案工具的使用方式、作案路径等，为案件的调查提供详细线索。提供科学依据：调查实验可以为案件调查提供科学依据，增强证据的说服力。通过科学的实验方法，可以排除不合理的情况，确保证据的可靠性和准确性。

（二）调查实验的程序

1. 制作笔录。调查实验情况应当制作详细的笔录。笔录应当包括实验的时间、地点、目的、方法、过程和结果等内容。制作笔录的目的是固定调查实验的过程和结果，确保证据的合法性和可靠性。

2. 签名或盖章。调查实验笔录应当由参加实验的人员签名或者盖章。签名或盖章是对笔录内容的认可和确认，具有法律效力。参加实验的人员应当对实验过程和结果负责，确保实验的科学性和准确性。签名或盖章是对实验过程和结果的确认，增强了证据的可信度。

（三）调查实验的注意事项

1. 因调查实验的实施程序一般较为复杂，不便多次组织实施，故开展前要充分考虑可能出现的情况。也可采取对照实验、多次实验等方法，对可能存在的情况进行验证。

2. 调查实验涉及的内容往往存在一定的专业性，要视情况聘请有关专业人员参与，在调查实验方案制订、实验实施、报告制作等环节，要充分听取专业人员的意见，提高调查实验的质量和水平。

3. 调查实验形成的证据材料具有一定特殊性，条件允许时，要尽量要求被调查人、被害人、证人参加，以提升调查实验的公正性、客观性和证明力。

4. 要高度重视调查实验笔录的制作。调查实验前，要结合实验流程制作好笔录提纲，避免笔录中出现遗漏或其他缺陷；调查实验结束时，笔录制作组要现场组织参加实验的人员签字确认，及时固定好调查实验内容。

5. 进行调查实验过程中，要确保合法、正当，充分保障调查实验相关人员的合法权利，禁止一切足以造成危险、侮辱人格的行为。如审核发现存在类似行为，需要求案件承办部门作出合理解释，不能作出合理解释的应予排除。需要注意的是，如造成危险、侮辱人格的行为系不可抗力或者意外事件等原因导致，也不宜简单将调查实验笔录排除，应综合研判、审慎认定。

【关联规范】

《刑事诉讼法》第 133 条、第 135 条；《监察法实施条例》第 136 条至第 138 条；《人民检察院刑事诉讼规则》第 196 条、第 197 条、第 200 条、第 201 条、第 205 条。

第三十条 【鉴定措施】监察机关在调查过程中，对于案件中的专门性问题，可以指派、聘请有专门知识的人进行鉴定。鉴定人进行鉴定后，应当出具鉴定意见，并且签名。

【法条主旨】

本条是关于监察机关采取鉴定措施对案件中的专门性问题进行调查的规定。

【修改提示】

本条内容未作修改。

【法条解读】

鉴定通常是指办案机关为了解决案件中的专门性问题，指派或聘请具有专门知识的人，就案件中某些专门性问题进行鉴别和判断的活动。[①]《监察法》与《监察法实施条例》分别规定了监察调查中的鉴定措施，这标志着我国继司法鉴定、行政鉴定方式用于解决专门性问题之后，又产生了解决专门性问题的监察鉴定方式。这也意味着在监察调查中通过监察鉴定形成的鉴定意见是法定证据之一，监察鉴定是适用于职务犯罪案件专门性问题复杂多变新情况的科学应对举措。[②] 本条规定的主要目的是解决案件中的专门性问题，对案件事实作出科学的判断，从而准确地查明案情。

本条规定主要包括四个方面内容：

一、关于"专门性问题"的解读

进行鉴定的目的是解决案件中的"专门性问题"。本条规定的"专门性问题"，主要是指监察机关在调查过程中遇到的必须运用专门的知识和经验作出科学判断的问题。实践中，对一些专门性问题进行的鉴定主要包括：（1）法医类鉴定，包括法医病理鉴定、法医临床鉴定、法医精神病鉴定、法医物证鉴定和法医毒物鉴定；（2）物证类鉴定，包括文书鉴定、痕迹鉴定和微量鉴定；（3）声像资料鉴定，包括对录音带、录像带、磁盘、光盘、图片等载体上记录的声音、图像信息的真实性、完整性及其所反映的情况过程进行的鉴定和对记录的声音、图像中的语言、人体、物体作出种类或者同一认定。此外，有的案件还需要会计鉴定，包括对账目、表册、单据、发票、支票等书

[①] 秦前红主编：《〈中华人民共和国监察法实施条例〉解读与适用》，法律出版社2021年版，第221页。

[②] 拜荣静：《监察鉴定立法的规范分析与程序完善——以司法鉴定制度为参照》，载《中国司法鉴定》2024年第1期。

面材料进行鉴别判断；技术问题鉴定，包括对涉及工业、交通、建筑等科学技术方面进行鉴别判断等。①

二、关于鉴定人的选任及相关要求

鉴定人，是指取得鉴定人资格，在鉴定机构中从事法医类、物证类、声像资料、司法会计鉴定以及心理测试等工作的专业技术人员。鉴定人应当按照依法、科学、公正、独立的原则开展鉴定工作。

关于鉴定人的选任方式。一种是指派方式。监察机关可以指派内部具有相关专业知识的工作人员进行鉴定。这种方式适用于问题相对简单、内部已有专业力量可以胜任的情形。一般而言，可以指派的鉴定人员有以下几类：一是本单位具备资质的专业人员；二是系统内其他单位专业人员；三是政府部门专业技术人员等。另一种是聘请方式。对于复杂问题或监察机关内部无相关专业力量的情形，可以聘请外部具有专门知识的个人或机构进行鉴定。聘请鉴定人时，应当遵循以下原则：专业性原则，鉴定人应当具备相关领域的专业资质和丰富的实践经验；独立性原则，鉴定人应当与案件无利害关系，能够独立、公正地开展鉴定工作；合法性原则，聘请的鉴定机构或个人应当依法登记备案，具有合法执业资格。一般而言，可以从以下机构选聘鉴定人员：一是司法鉴定机构；二是专业技术机构；三是高等院校专家；四是其他具有专门知识的人员。

关于鉴定人的资质要求。鉴定人的资质要求分为基本条件和特殊要求两个层面。基本条件有：（1）具备相关专业知识。鉴定人必须在其所从事的领域具备扎实的专业知识和技能。例如，财务审计领域的鉴定人员应熟悉会计准则和审计规范，工程造价领域的鉴定人员应掌握工程预算和造价评估的专业知识。（2）具有相应执业资格。根据不同领域的要求，鉴定人应当持有相关的执业资格证书或资质证明。例如，司法鉴定人需依法取得司法行政机关颁发的执业证书，工程领域的鉴定人员需具备注册工程师资格，医学领域的鉴定人员需具备执业医师资格等。（3）具备独立鉴定能力。鉴定人应当能够独立开展鉴定工作，具备独立分析问题、判断事实和作出结论的能力。（4）无利害关

---

① 中共中央纪律检查委员会 中华人民共和国国家监察委员会法规室编写：《〈中华人民共和国监察法〉释义》，中国方正出版社2018年版，第151页。

系回避事由。鉴定人必须与案件无直接或间接的利害关系，以确保鉴定工作的公正性和客观性。如果鉴定人员与案件当事人存在亲属关系、经济利益关系或其他可能影响公正性的关系，应当主动申请回避。监察机关在选任鉴定人员时，也应严格审查其与案件的关联性，避免因利益冲突影响鉴定结果的可信度。特殊要求有：（1）涉密案件的保密资质。对于涉及国家秘密或商业秘密的案件，鉴定人员必须具备相应的保密资质。（2）特殊领域的执业许可。例如，涉及核技术、航空航天技术等高精尖领域的案件，鉴定人员需具备相关领域的特殊执业许可或认证资质，以确保其能够胜任复杂的技术鉴定任务。（3）重大案件的业务水平。监察机关应优先选任具有丰富实践经验和较高专业声誉的专家型鉴定人员，确保鉴定结论的权威性和科学性。例如，重大经济案件中，鉴定人员应熟悉国际会计准则和跨境资金流动规则，以应对复杂的财务问题。

关于鉴定人的权利义务及法律责任。（1）鉴定人依法享有以下权利：了解与鉴定有关的案件情况，要求委托单位提供鉴定所需的资料；进行必要的勘验、检查；查阅与鉴定有关的案件材料，询问与鉴定事项有关的人员；对违反法律规定委托的案件、不具备鉴定条件或者提供虚假鉴定资料的案件，有权拒绝鉴定；对与鉴定无关问题的询问，有权拒绝回答；与其他鉴定人意见不一致时，有权保留意见；法律、法规规定的其他权利。鉴定人参与鉴定的主要目的是帮助专门机关查清案件事实。因此，鉴定人应当履行下列义务：严格遵守法律、法规和鉴定工作规章制度；保守案件秘密；妥善保管送检的检材、样本和资料；接受委托单位与鉴定有关问题的咨询；出庭接受质证；法律、法规规定的其他义务。（2）形成的鉴定意见应当由鉴定人签名，以确定相应的责任。如果是多名鉴定人，应当分别签名。对有多名鉴定人的，如果意见一致应当写出共同的鉴定意见；如果意见不一致，可以分别提出不同的鉴定意见。鉴定人故意作虚假鉴定的，应当依法追究其法律责任。构成犯罪的，应当依法追究其刑事责任。虚假鉴定，是指出示不符合事实的鉴定意见，即鉴定人作出了与自己的知识或技能所得到的结论相反的结论。由于不了解情况，或粗心大意、业务水平低而提供了错误的鉴定，同样属于作虚假鉴定，该鉴定意见不应予以采信，但不属于故意范畴，所以不应按照"故意作虚假鉴定"进行处罚。

三、关于鉴定意见的审查

鉴定人在运用科学技术或专门知识进行鉴别、判断后，应当出具鉴定意见。鉴定意见是证据之一，经审查核实后，即可作为定案依据。调查人员应对鉴定意见进行审查，必要时，可以提出补充鉴定或者重新鉴定的意见。被调查人对鉴定意见有异议的，可以申请补充鉴定或者重新鉴定。在审查鉴定意见时，一要审核鉴定意见的形式要件是否完备，是否注明提起鉴定的事由、鉴定委托人、鉴定机构、鉴定要求、鉴定过程、鉴定方法、鉴定日期等相关内容，是否由鉴定机构加盖鉴定专用章并由鉴定人签名、盖章，鉴定意见是否明确等。二要审核实质要件，如鉴定机构和鉴定人是否具有法定资质，鉴定是否超过鉴定机构业务范围和技术条件，检材来源、取得、保管、送检是否符合法律及相关规定，鉴定的程序、方法、分析过程是否符合专业的检验鉴定程序和技术方法要求，鉴定人是否存在回避情形等。三要审核鉴定意见能否与在案的其他证据相互印证，有无明显冲突。如果出现冲突，能否有合理的解释。

四、关于鉴定程序的规范性

监察机关在决定启动鉴定程序时，应当制作鉴定委托书，明确鉴定事项、要求和期限，并将相关材料移交鉴定人。

鉴定过程中，鉴定人应当严格按照委托书的要求开展鉴定工作，对鉴定材料和过程严格保密，不得泄露案件信息。监察机关应当为鉴定人提供必要的协助，但不得干预鉴定人的独立判断。监察机关在调查过程中的鉴定权为监督鉴定权，这意味着监察机关在鉴定过程中不直接进行鉴定工作，而是需要依照法律法规委托送交具有鉴定资格的鉴定机构、鉴定人进行鉴定。在委托鉴定时，监察机关要主动配合，并力所能及地为鉴定提供必要条件，主动向鉴定人送交有关检材和对比样本等原始材料，介绍与鉴定有关的情况。并且调查人员应当明确提出要求鉴定事项，不能对鉴定人进行技术上的干预，更不能强迫或暗示鉴定人或鉴定机构作出某种不真实的倾向性结论。

鉴定人完成鉴定后，应当及时向监察机关提交书面鉴定意见。监察机关应当对鉴定意见进行审查，必要时，可以要求鉴定人补充说明或重新鉴定。补充鉴定是指为使鉴定结论更加充实完善，而在原鉴定的基础上对案件中某些遗漏的专门性问题进行鉴别和判断并得出结论的一种活动。应当补充鉴定的情形包括下列五种：鉴定内容有明显遗漏的；发现新的有鉴定意义的证物的；对鉴定证物有新的鉴定要求的；鉴定意见不完整，委托事项无法确定的；其他需要补充鉴定的情形。重新鉴定是监察机关经过审查后认为原鉴定结论难以采信时，委托原鉴定人以外的鉴定机构和鉴定人对同一专门性问题进行再次鉴定的行为。重新鉴定的主体是监察机关，监察机关启动重新鉴定程序需要经过事先审查。经审查具有下列情形之一的，应当重新鉴定：鉴定程序违法或者违反相关专业技术要求的；鉴定机构、鉴定人不具备鉴定资质和条件的；鉴定人故意作出虚假鉴定或者违反回避规定的；鉴定意见依据明显不足的；检材虚假或者被损坏的；其他应当重新鉴定的情形。

【关联规范】

《刑事诉讼法》第48条、第146条；《全国人民代表大会常务委员会关于司法鉴定管理问题的决定》第1条、第2条、第8条、第9条、第17条；《司法鉴定程序通则》第11条至第17条；《人民检察院刑事诉讼规则》第332条；《监察法实施条例》第145条至第152条；《中国共产党纪律检查机关监督执纪工作规则》第34条、第40条、第47条。

第三十一条　【技术调查措施】 监察机关调查涉嫌重大贪污贿赂等职务犯罪，根据需要，经过严格的批准手续，可以采取技术调查措施，按照规定交有关机关执行。

批准决定应当明确采取技术调查措施的种类和适用对象，自签发之日起三个月以内有效；对于复杂、疑难案件，期限届满仍有必要继续采取技术调查措施的，经过批准，有效期可以延长，每次不得超过三个月。对于不需要继续采取技术调查措施的，应当及时解除。

【法条主旨】

本条是关于监察机关采取技术调查措施调查案件的规定。

【修改提示】

本条内容未作修改。

【法条解读】

职务犯罪通常具有高智能性、高隐蔽性的特点，常规调查手段往往力所不及，此时就需要借助技术调查措施。技术调查措施，是指利用现代科技手段，秘密收集、获取犯罪证据的各种调查措施的总称，一般包括电话监听、电子监控、秘密拍照或录像、邮件检查等方式。因为技术调查措施具有技术性、隐蔽性等特点，会在一定程度上损害到被调查对象的隐私权，所以需要在打击职务犯罪与保障合法权益之间保持恰当平衡。规定本条的主要目的是规范监察机关技术调查权限以及采取技术调查措施的程序和要求，有利于有力打击重大贪污贿赂等职务犯罪，也有利于保护被调查人的合法权利。本条分两款：

一、具体规定了监察机关采取技术调查措施的案件范围、程序、执行主体

第一款具体规定了监察机关采取技术调查措施的案件范围、程序、执行主体，主要包括以下四个方面内容：

一是技术调查措施的案件范围只能限定于重大贪污贿赂等职务犯罪。"重大"，一般是指犯罪数额巨大、情节严重，造成严重损失，产生恶劣影响，或者案情复杂难辨等，具体包括以下三种情形：（1）案情重大复杂，涉及国家利益或者重大公共利益的；（2）被调查人可能被判处10年以上有期徒刑、无期徒刑或者死刑的；（3）案件在全国或者本省、自治区、直辖市范围内有较大影响的。在实际判断时，需要结合案件情况，从犯罪行为、危害后果、社会影响、调查难度等方面予以综合考量。此外，"职务犯罪"不限于贪污贿赂犯罪，对于滥用职权、玩忽职守等其他职务犯罪，如果确有必要，监察机关也可以采用技术调查手段。

二是监察机关对上述案件是否采取技术调查措施要"根据需要"。也就是说，虽然本条规定了监察机关对上述犯罪案件可以采取技术调查措施，但并不意味着监察机关只要办理上述犯罪案件，都可以采取技术调查措施，而是要结合案件实际情况，在审慎、严肃的评估之后，确有需要的，才可以采取技术调查措施。采取技术调查措施是打击职务犯罪的需要，同时也涉及公民、组织的基本权利。因此，对于案情简单的重大贪污贿赂等职务犯罪，如果采取常规调查手段即可达到调查目的的，则不能采取技术调查措施。①

三是必须按照规定的权限和程序报经批准。这是一项程序性条件。监察机关采取技术调查措施，需要履行严格的批准程序，从而对是否满足上述两个实体条件作进一步审查。要审查采取技术调查措施对调查这一案件是不是必需的，对既可以采取技术调查措施，又可以通过其他的调查途径解决问题的，应当采取其他的调查途径解决。批准程序包括：（1）提出申请：调查组根据案件需要提出申请，说明采取技术调查措施的理由、种类、适用对象及预期效果；（2）内部审核：监察机关内部对申请进行审核，评估其必要性和合法性；（3）批准决定：由具有批准权限的负责人作出批准决定，并签发相关文件。

四是本款规定的案件采取技术调查措施，要按照规定交公安机关执行，监察机关不能自己执行。技术调查措施对专业性具有一定要求，需要专门的工具和技能，交由有关机关执行，可以保证技术调查的顺利进行，也有助于保护公民的隐私权、个人信息权等。同时，也可以通过机关之间的配合、制约，来规范技术调查措施的使用，避免监察机关直接介入技术操作，确保调查工作的独立性。除了委托公安机关，也可以根据案件情况，委托其他国家有关执法机关，如国家安全机关等采取技术调查措施。

---

① 秦前红主编：《〈中华人民共和国监察法实施条例〉解读与适用》，法律出版社2021年版，第235页。

二、规定了技术调查批准决定的内容、延长及解除要求

第二款规定了技术调查批准决定的内容、延长及解除要求，主要包括以下三个方面内容：

一是要根据调查犯罪的需要，在批准决定中明确采取技术调查措施的种类和适用对象。批准决定要明确采取哪一种或哪几种具体的调查手段，而不是只笼统地批准可以采取技术调查措施，不加区分地让所有技术调查手段一起上。同时，还要具体明确对案件中的哪个人采取，而不是笼统地批准对哪个案件采取技术调查措施。[①]

二是采取技术调查措施的期限为三个月，自批准决定签发之日起算。对于复杂、疑难案件期满后，经过批准，可以延长，但每次延长不得超过三个月。应说明的是，"经过批准"还是要履行原来的审批程序。

三是虽然采取技术调查措施的批准决定是三个月内有效，但在三个月有效期内，对于不需要继续采取技术调查措施的，应当及时解除，这是对公民、组织权利的保护。解除程序应当包括：（1）调查组提出解除建议，说明技术调查措施已无必要的理由；（2）监察机关负责人批准解除决定；（3）通知执行机关停止技术调查措施，并妥善处理已获取的相关信息。解除技术调查措施后，监察机关应当对已获取的信息进行分类处理：（1）与案件无关的信息应当及时销毁；（2）涉及案件的重要证据应当依法固定和保存；（3）涉及国家秘密或个人隐私的信息应当严格保密。

【关联规范】

《刑事诉讼法》第 148 条至第 150 条；《监察法实施条例》第 153 条至第 157 条；《中国共产党纪律检查机关监督执纪工作规则》第 34 条第 2 款。

---

① 中共中央纪律检查委员会 中华人民共和国国家监察委员会法规室编写：《〈中华人民共和国监察法〉释义》，中国方正出版社 2018 年版，第 155 页。

第三十二条　【通缉措施】 依法应当留置的被调查人如果在逃，监察机关可以决定在本行政区域内通缉，由公安机关发布通缉令，追捕归案。通缉范围超出本行政区域的，应当报请有权决定的上级监察机关决定。

【法条主旨】

本条是监察机关采取通缉措施追捕潜逃的被调查人的规定。

【修改提示】

本条内容未作修改。

【法条解读】

通缉措施是国家机关在追捕在逃犯罪嫌疑人时的重要法律手段。随着职务犯罪案件的复杂化和隐蔽化，部分被调查人可能选择逃匿以规避法律责任，给案件调查和法律追究带来极大困难。本条赋予监察机关在特定条件下采取通缉措施的权力，并明确了通缉的适用范围和程序要求，既保障了案件调查的效率和效果，又有效防止通缉措施的滥用，体现了对国家利益和公民权益的双重保护。在实践中，监察机关应当严格遵守本条规定，合理运用通缉措施，加强与公安机关的协作配合，为职务犯罪案件的查办提供有力支持。

本条规定主要包括三个方面内容：

一是监察机关决定通缉的对象需具备的三个条件。1. 被调查人依法应当留置。通缉措施仅适用于依法应当采取留置措施的被调查人。这意味着：（1）被调查人涉嫌重大职务犯罪，且案件事实和证据已达到留置的法定条件；（2）留置措施的适用符合《监察法》的相关规定。2. 被调查人处于在逃状态。通缉措施的适用前提是被调查人已经逃匿，无法通过常规手段将其控制到案。具体表现为：（1）被调查人下落不明，无法通过传唤、通知等方式到案；（2）被调查人有明确的逃匿行为，如离开住所、单位或其他常住地，且拒绝配合调查。3. 具有通缉的必要性。通缉措施的适用必须符合必要性原则，即只有在其他措施无法有效追捕被调查人时，才能采取通缉措施。例如：（1）被调查人可能继续逃匿，导致案件调查无法正常进行；（2）被调查人可能对社会安全或案件调查造成重大威胁。

二是通缉的决定和执行机关。对于通缉范围仅限于本行政区域内的案件，监察机关可以直接决定通缉，并委托公安机关发布通缉令。对于通缉范围超出本行政区域的案件，监察机关应当报请有权决定的上级监察机关批准后，方可采取通缉措施。通缉的执行程序包括：（1）通缉令的发布。通缉令由公安机关负责发布，内容应当翔实、准确，确保公安机关和社会公众能够有效识别被调查人，包括被调查人的基本信息、涉嫌罪名、逃匿情况及追捕要求等。（2）通缉令的传播。通缉令应当通过公安机关的内部网络和社会媒体进行传播，确保相关部门和公众知晓。（3）追捕行动的组织。公安机关根据通缉令组织追捕行动，采取技术侦查、信息比对、社会协查等手段，尽快将被调查人抓捕归案。（4）通缉结束后的事项。被调查人被抓捕归案后，监察机关应当及时解除通缉措施，并对案件调查工作进行总结。例如：通知公安机关撤销通缉令；对追捕行动中获取的信息进行整理和分析；总结通缉措施的适用经验，为后续案件提供参考。

三是监察机关和公安机关应当加强协调配合。两者的职责分工如下：监察机关的职责：（1）决定通缉措施的适用；（2）提供被调查人的基本信息和案件材料；（3）协助公安机关开展追捕行动。公安机关的职责：（1）发布通缉令并组织追捕行动；（2）利用技术侦查手段查找被调查人的下落；（3）将被调查人抓捕归案后，移交监察机关处理。对于跨行政区域的通缉案件，监察机关应当与上级监察机关和相关地方公安机关建立协调机制，确保通缉措施的顺利实施。例如：（1）明确各方职责分工；（2）建立信息共享平台；（3）定期通报追捕进展。

【关联规范】

《刑事诉讼法》第29条；《监察法实施条例》第158条至第161条；《人

民检察院刑事诉讼规则》第 514 条;《公安机关办理刑事案件程序规定》第 274 条至第 277 条、第 280 条、第 281 条。

第三十三条　【限制出境措施】 监察机关为防止被调查人及相关人员逃匿境外,经省级以上监察机关批准,可以对被调查人及相关人员采取限制出境措施,由公安机关依法执行。对于不需要继续采取限制出境措施的,应当及时解除。

【法条主旨】

本条是关于监察机关采取限制出境措施的规定。

【修改提示】

本条内容未作修改。

【法条解读】

职务犯罪案件中,被调查人及相关人员往往具有较强的反侦查能力,部分人员可能选择外逃以规避法律责任,给案件调查和法律追究带来极大困难。赋予监察机关采取限制出境措施的权限,主要目的是保障调查工作的顺利进行,防止因被调查人及相关人员逃匿境外,而不能掌握违法犯罪事实及证据,导致调查工作停滞。[①] 本条通过明确限制出境措施的适用对象、审批程序、执行机制等,为监察机关在调查职务犯罪案件中依法防止被调查人及相关人员外逃提供了法律依据。这一规定既保障了案件调查的效率和效果,又有效防止限制出境措施的滥用,体现了对国家利益和公民权益的双重保护。在实践

[①] 中共中央纪律检查委员会 中华人民共和国国家监察委员会法规室编写:《〈中华人民共和国监察法〉释义》,中国方正出版社 2018 年版,第 158 页。

中,监察机关应当严格遵守本条规定,合理运用限制出境措施,加强与公安机关的协作配合,为职务犯罪案件的查办提供有力支持。同时,要注重程序正义,保障被调查人及相关人员的合法权益,实现执法效果与社会效果的统一。

本条规定包含适用对象、审批程序、执行主体、延长和解除四个方面内容。

一是适用对象。既包括涉嫌职务违法犯罪的被调查人,也包括涉嫌行贿犯罪或者共同职务犯罪的涉案人员,以及与案件有关的其他相关人员。实践中,并不是对所有涉嫌职务违法犯罪的被调查人都采取限制出境措施,而是应当把握必要性原则,即只有在案件调查中确有必要,且其他措施无法有效防止外逃时,才能采取限制出境措施。具体表现为:(1)被调查人或相关人员有外逃的现实可能性;(2)被调查人或相关人员的外逃可能对案件调查造成重大影响;(3)其他措施(如传唤、留置等)不足以防止外逃。

二是审批程序。监察机关在决定采取限制出境措施前,应当对其必要性和合法性进行充分评估,并提出书面申请,说明以下内容:被调查人或相关人员的基本信息;案件调查的基本情况;采取限制出境措施的理由和法律依据;预期达到的效果。限制出境措施的适用需经省级以上监察机关批准。这一规定体现了对限制出境措施的严格管理,确保其适用符合层级管理要求。审批机关在批准时,应当重点审查以下内容:是否符合适用条件;是否存在必要性和比例性;是否履行了申请程序。

三是执行主体。限制出境措施的执行涉及监察机关与公安机关的协作配合。监察机关的职责:(1)决定限制出境措施的适用;(2)提供被调查人及相关人员的基本信息和案件材料;(3)协助公安机关开展执行工作。公安机关的职责:(1)根据监察机关的决定依法执行限制出境措施;(2)将被调查人及相关人员的信息录入出入境管理系统;(3)在限制出境措施解除后,及时更新相关信息。公安机关在执行限制出境措施时,应当确保信息的准确性和及时性。例如:核实被调查人及相关人员的身份信息;将限制出境措施的信息录入出入境管理系统;在被调查人或相关人员试图出境时,及时采取措施予以阻止。

四是延长和解除。限制出境措施期限届满后可以延长,但仍须按照原程序报批，由省级以上监察机关审批。对于不需要继续采取限制出境措施的，应当及时解除。解除限制出境措施的具体情形有三：(1) 三个月限制期限届满，到期自动解除；(2) 审查调查目的已经实现，监察机关主动解除；(3) 监察机关决定的具体期限届满，到期自动解除。监察机关在决定解除限制出境措施时，应当及时通知公安机关，由公安机关依法办理解除手续，并将结果反馈监察机关。

【关联规范】

《监察法实施条例》第 162 条至第 167 条；《中国共产党纪律检查机关监督执纪工作规则》第 34 条第 2 款；《关于对配偶子女均已移居国（境）外的国家工作人员加强管理的暂行规定》；《关于加强国家工作人员因私事出国（境）管理的暂行规定》。

第三十四条 【对被调查人提出从宽处罚建议】 涉嫌职务犯罪的被调查人主动认罪认罚，有下列情形之一的，监察机关经领导人员集体研究，并报上一级监察机关批准，可以在移送人民检察院时提出从宽处罚的建议：

（一）自动投案，真诚悔罪悔过的；

（二）积极配合调查工作，如实供述监察机关还未掌握的违法犯罪行为的；

（三）积极退赃，减少损失的；

（四）具有重大立功表现或者案件涉及国家重大利益等情形的。

【法条主旨】

本条是关于监察机关对涉嫌职务犯罪的被调查人提出从宽处罚建议的规定。

【修改提示】

本条内容未作修改。

【法条解读】

党的十八届四中全会决定明确提出要完善刑事诉讼中认罪认罚从宽制度，2016年9月，全国人大常委会作出决定，授权最高人民法院、最高人民检察院在北京、浙江、福建、山东、广东、重庆、陕西等14个省、市的18个地区开展刑事案件认罪认罚从宽制度试点。2018年5月，最高人民法院印发《关于全面深入推进刑事案件认罪认罚从宽制度试点工作的通知》，对全面深入推进试点作出部署。本条规定体现了认罪认罚从宽制度的内容，是与刑事诉讼认罪认罚从宽制度的有效衔接，旨在鼓励被调查人为获得从宽处理而积极配合监察机关的调查工作，尽早认罪悔罪，这有利于监察机关顺利查清案件，提高惩治腐败犯罪的力度和广度，节省人力、物力和财力，提高反腐败工作效率，优化配置监察资源，同时也更好地贯彻惩前毖后、治病救人，惩戒与教育相结合的基本原则，能更高层次、更高水平上实现职务犯罪调查的政治效果、纪法效果和社会效果的统一。[①]

当然，本条所规定的监察机关从宽处罚建议适用条件相较于刑事诉讼中适用的认罪认罚从宽制度更为严格：一是实体条件更为严格，本条规定的从宽建议制度不仅要求被调查人主动认罪认罚，还必须符合本条规定的四种情形之一，而刑事诉讼中的认罪认罚从宽制度只要求犯罪嫌疑人、被告人认罪认罚；二是审查认定程序更为严格，不仅要求监察机关经领导人员集体研究，还要求报上一级监察机关批准才能适用，而刑事诉讼认罪认罚从宽制度没有这个要求。依照本条规定，适用认罪认罚从宽制度应符合以下三个方面条件：

[①] 潘金贵、王霈：《职务犯罪监察调查中的从宽处罚建议制度研究》，载《重庆社会科学》2021年第1期。

一、主观条件

主观条件即是"主动认罪认罚"。对于主观条件，要注意把握：

一是被调查人认罪认罚的"主动性"，即被调查人主观上意识到自己的行为已构成违法犯罪，积极交代问题，认罪悔罪，愿意接受刑事处罚。

二是被调查人要符合认罪认罚的条件，既要认罪，同时也要认罚，只认罪不认罚，或虚假认罪认罚、被动认罪认罚，都不符合适用的条件。所谓"认罪"，指被调查人自愿如实供述自己的罪行，对涉嫌犯罪事实没有异议。承认涉嫌主要犯罪事实，仅对个别事实情节提出异议，或者虽然对行为性质提出辩解但表示接受监察机关认定意见的，不影响"认罪"的认定。"认罚"，是指被调查人真诚悔罪，愿意接受处罚。被调查人虽然表示"认罚"，却暗中串供、干扰证人作证、毁灭、伪造证据或者隐匿、转移财产，有能力而不赔偿损失，则不能适用认罪认罚从宽制度。

二、客观条件

被调查人具有如下五种具体的客观表现行为之一的：

一是"自动投案，真诚悔罪悔过的"。所谓"自动投案"，是指被调查人在未接到调查机关的询问或被采取相关措施前，主动、直接向调查机关投案的。主要包括：职务犯罪问题未被监察机关掌握，向监察机关投案的；在监察机关谈话、函询过程中，如实交代监察机关未掌握的涉嫌职务犯罪问题的；在初步核实阶段，尚未受到监察机关谈话时投案的；职务犯罪问题虽被监察机关立案，但尚未受到讯问或者采取留置措施，向监察机关投案的；因伤病等客观原因无法前往投案，先委托他人代为表达投案意愿，或者以书信、网络、电话、传真等方式表达投案意愿，后到监察机关接受处理的；涉嫌职务犯罪潜逃后又投案，包括在被通缉、抓捕过程中投案的；经查实确已准备去投案，或者正在投案途中被有关机关抓获的；经他人规劝或者在他人陪同下投案的；虽未向监察机关投案，但向其所在党组织、单位或者有关负责人员投案，向有关巡视巡察机构投案，以及向公安机关、人民检察院、人民法院投案的；其他应当视为自动投案的情形的。被调查人自动投案后不能如实交代自己的主要犯罪事实，或者自动投案并如实供述自己的罪行后又翻供的或又逃跑的，不能认定为自动投案真诚悔罪。

二是"积极配合调查工作，如实供述监察机关还未掌握的违法犯罪行为"，是指被调查人投案后，能够按照监察机关的要求，积极主动地予以配合，除了如实供述监察机关已掌握的违法犯罪行为之外，还应当如实供述监察机关不知道、还未掌握的其他违法犯罪行为。①尽管监察机关所掌握线索针对的犯罪事实不成立，但被调查人主动交代其他罪行的，或主动交代监察机关尚未掌握的犯罪事实，不管该犯罪事实是否与监察机关已掌握的犯罪事实属同种罪行的，或监察机关掌握的证据不充分，被调查人如实交代有助于收集定案证据的，这些都属于被调查人积极配合调查工作。

三是"积极退赃，减少损失"，是指被调查人及其亲友在监察机关调查过程中尽最大能力将违法犯罪所得赃款赃物主动全部或大部分予以退还，并积极采取措施避免或减少因犯罪行为而造成的损失，具体情况表现为：全额退赃的；退赃能力不足，但被调查人及其亲友在监察机关追缴赃款赃物过程中积极配合，且大部分已追缴到位的；犯罪后主动采取措施避免损失发生，或者积极采取有效措施减少、挽回大部分损失的。

四是"具有重大立功表现"，是指被调查人有检举、揭发他人重大犯罪行为或提供其他重大案件的线索并查证属实的，或阻止他人重大犯罪活动，协助司法机关抓捕其他重大犯罪嫌疑人（包括同案犯）对国家和社会有其他重大贡献等表现的。被调查人要具备"重大立功"，必须满足以下条件：一是被调查人有检举、揭发他人重大犯罪行为或提供其他重大案件的线索，或阻止他人重大犯罪活动的，或协助抓捕其他重大职务犯罪案件被调查人、重大犯罪嫌疑人（包括同案犯）的。这里的"重大犯罪"一般是指依法可能被判处无期徒刑以上刑罚的犯罪行为；"重大案件"一般是指在本省、自治区、直辖市或者全国范围内有较大影响的案件。二是被调查人所揭发他人犯罪行为或提供其他重大案件的线索必须对侦破或调查案件具有实际作用，且必须查证属实。"查证属实"一般是指有关案件已被监察机关或者司法机关立案调查、侦查，被调查人、犯罪嫌疑人被监察机关采取留置措施或者被司法机关采取强制措施，或者被告人被人民法院作出有罪判决，并结合案件事实、证据进行判断。如果揭发他人犯罪时没有指明具体犯罪事实，揭发的犯罪事实与查

---

① 参见中共中央纪律检查委员会 中华人民共和国国家监察委员会法规室编写：《〈中华人民共和国监察法〉释义》，中国方正出版社2018年版，第162页。

实的犯罪事实没有关联性，或提供的线索或协助行为对于其他案件的侦破或其他犯罪嫌疑人的抓捕不具有实际作用的，不能认定为有立功表现。值得注意的是，如果被调查人通过贿买、暴力、胁迫等非法手段，或者羁押后与律师、亲友会见过程中违反监管规定，获取他人犯罪线索并"检举揭发"的，不能认定为有立功表现。被调查人如果将本人以往查办案件职务活动中掌握的，或者从负有查办犯罪、监管职责的国家工作人员处获取的他人犯罪线索予以检举揭发的，也不能认定为有立功表现。

五是"案件涉及国家重大利益"，是指案件涉及国家主权和领土完整、国家安全、外交、社会稳定、经济发展等国家重大利益等情形的。

三、程序审查条件

程序审查条件即要"监察机关经领导人员集体研究，并报上一级监察机关批准"。本条规定监察机关从宽建议制度的适用采用了更严格的审批程序，不仅要求监察机关遵循领导人员集体研究决定规定，而且要求报上一级监察机关批准，体现了审批决定的民主性与严肃性，防止认罪认罚从宽建议制度被滥用，保证了本制度适用的公平公正性与合理性。

另外，要准确把握"从宽处罚的建议"。"从宽处罚"包括从轻处罚、减轻处罚和免除处罚。这里的建议只能是一种概括性的建议，而不是具体量化的量刑建议。

【关联规范】

《刑事诉讼法》第15条；《监察法实施条例》第213条、第214条、第215条、第216条、第217条；《刑法》第68条；最高人民法院《关于处理自首和立功具体应用法律若干问题的解释》（法释〔1998〕8号）第1条、第7条；最高人民法院、最高人民检察院《关于办理职务犯罪案件认定自首、立功等量刑情节若干问题的意见》（法发〔2009〕13号）第1条、第2条；最高人民法院《关于处理自首和立功若干具体问题的意见》（法发〔2010〕60号）第1条、第3条、第4条、第5条；《中国共产党纪律处分条例》第17条。

第三十五条 【对涉案人员提出从宽处罚建议】 职务违法犯罪的涉案人员揭发有关被调查人职务违法犯罪行为，查证属实的，或者提供重要线索，有助于调查其他案件的，监察机关经领导人员集体研究，并报上一级监察机关批准，可以在移送人民检察院时提出从宽处罚的建议。

【法条主旨】

本条是关于监察机关对职务违法犯罪的涉案人员可以提出从宽处罚建议的规定。

【修改提示】

本条内容未作修改。

【法条解读】

职务违法犯罪，严重危害国家政治稳定、经济健康发展和社会公平正义，败坏党风和社会风气，降低国家和政府的声誉，给公私财产造成严重损失，任何人都有责任和义务对此类违法犯罪进行检举揭发，并提供查处的线索。公职人员利用职权实施贪污、受贿等职务犯罪，一般是比较隐蔽性的犯罪，有关犯罪线索和证据的收集都有一定困难，若被调查人不主动交代问题，会给监察机关调查被调查人的违法犯罪行为带来较大障碍，不利于贪腐犯罪的打击。本条规定旨在鼓励职务犯罪的涉案人员能够积极检举揭发被调查人的犯罪行为，提高有关犯罪信息与证据，为监察机关查清被调查人的违法犯罪行为提供有力条件，节省人力物力，提高反腐工作的效率。[1] 本条规定是继本

---

[1] 参见中共中央纪律检查委员会 中华人民共和国国家监察委员会法规室编写：《〈中华人民共和国监察法〉释义》，中国方正出版社2018年版，第165页。

法第三十四条规定监察机关在移送人民检察院起诉时从宽处罚建议制度的又一重要内容。

本条适用应注意以下几个方面：

一、适用主体的要求

本条所指的职务犯罪的涉案人员，主要是指涉嫌行贿犯罪或共同职务犯罪的涉案人员。[1] 依据本法第十五条规定，国家监察的对象主要是"公职人员"，但值得注意的是，除"公职人员"外，还包括"有关人员"，这主要是因为监察机关在办理监察事项的过程中，有时不可避免地会涉及虽然不是公职人员但因为各种原因与监察事项相关的人员[2]，即监察机关调查公职人员的违法职务犯罪过程中，还会涉及其他有关人员，如在受贿犯罪案件中，必然会涉及行贿人，行贿人在受贿案中是一种利害关系人，属于本条规定的涉案人员。还有就是共同职务犯罪案件中的同案犯，同案犯之间也是利害关系人，同案犯对被调查人而言即是涉案人员，当然本条的适用对象为涉嫌贪污贿赂等职务犯罪的从犯。[3]

二、涉案人员的态度

本条虽然没有要求涉案人员"主动"，但涉案人员的态度，即涉案人员是否积极配合监察机关的调查工作，主动揭发有关被调查人职务违法犯罪行为，或者提供重要线索；是否揭发了自己所知道的全部情况，还是有所隐瞒，同样是监察机关对涉案人员符合本条从宽建议条件要参考的因素。[4]

三、涉案人员要有检举揭发或提供调查案件线索的客观行为

检举揭发或提供调查案件线索的客观行为主要表现在以下几个方面：

第一，涉案人员要揭发所涉案件以外的被调查人职务犯罪行为，且经查证属实。

首先，揭发对象必须是被调查人。如果揭发的对象不是职务违法犯罪中的被调查人，而是其他一般的违法犯罪人，则不适用本条规定。本法第一条

---

[1] 中共中央纪律检查委员会 中华人民共和国国家监察委员会法规室编写：《〈中华人民共和国监察法〉释义》，中国方正出版社2018年版，第135页。

[2] 马怀德主编：《中华人民共和国监察法理解与适用》，中国法制出版社2018年版，第72页。

[3] 马怀德主编：《中华人民共和国监察法理解与适用》，中国法制出版社2018年版，第137页。

[4] 参见中共中央纪律检查委员会 中华人民共和国国家监察委员会法规室编写：《〈中华人民共和国监察法〉释义》，中国方正出版社2018年版，第165页。

即明确了本法目的是深化国家监察体制改革，加强对所有行使公权力的公职人员的监督，监察、规范国家公权力的行使，查处职务犯罪，因此非职务犯罪行为人不在本法监察、查处范围之内。故若揭发的对象，不是涉嫌职务违法犯罪被调查人，而是其他一般的违法犯罪行为人，则不适用本条规定。

其次，揭发内容必须是职务违法犯罪行为，而且是所涉案件以外的被调查人职务犯罪行为。揭发的违法犯罪行为是职务违法犯罪行为，即是被调查人利用职权实施的违法犯罪行为，若检举揭发的是职务违法犯罪行为以外的一般违法犯罪行为，则不适用本条之规定。同时，揭发的是监察机关尚未掌握的职务违法犯罪行为，若监察机关已掌握职务违法犯罪行为，则也不适用本条规定。而且根据最高人民法院《关于处理自首和立功具体应用法律若干问题的解释》第五条"犯罪分子到案后有检举、揭发他人犯罪行为，包括共同犯罪案件中的犯罪分子揭发同案犯共同犯罪以外的其他犯罪，经查证属实……应当认定为有立功表现"之规定，揭发同案犯共同犯罪事实被排除在"立功"之外，故本条的适用，不包括揭发同案犯的共同违法犯罪事实。

最后，揭发内容必须查证属实。光有揭发行为，但查证不属实的，则不符合从宽处罚建议的条件。查证属实一般指被揭发内容已被监察机关立案调查，或已被进入司法程序被追究相应法律责任等，但作出有罪判决或相应政务处理并不是"查证属实"的必要条件。

第二，涉案人员要提供重要线索，有助于调查其他案件。案件涉案人员与案件有着直接的、间接的、必然的联系，对被调查人的情况更清楚，更熟悉，故涉案人员是监察机关查处被调查人的其他案件信息的重要来源。为了鼓励涉案人员积极配合监察机关的调查工作，为监察机关调查被调查人的其他违法犯罪行为提供重要线索，监察机关可以做出对其从宽处罚建议，但涉案人员不能为了立功赎罪而提供一些捕风捉影、道听途说的违法犯罪信息，而应实事求是，且提供的信息必须是未被监察机关掌握的，对监察机关调查案件能够起到重要作用，能够帮助监察机关顺利查清相关违法犯罪案件，如有关赃款赃物的去向、关键证人等线索和信息。具体来说，主要体现在以下两个方面：一是提供的重要线索指向具体的职务犯罪事实，对调查其他案件起到实质性推动作用，即要求提供的重要线索指向明确具体，可以据此直接确定待调查的事实和对象，[①] 不能含混不清，指向不明。二是提供的重要线索有助于加快其他案件办理进度，或者对其他案件固定关键证据、挽回损失、追逃追赃等起到积极作用。

四、从宽建议需要经过严格的审批程序

提出从宽处罚建议的程序和要求与《监察法》第三十四条关于对被调查人主动认罪认罚提出从宽处罚建议的规定一致。

【关联规范】

《刑法》第68条；《监察法实施条例》第218条、第219条；最高人民法院《关于处理自首和立功具体应用法律若干问题的解释》（法释〔1998〕8号）第5条；最高人民法院、最高人民检察院《关于办理职务犯罪案件认定自首、立功等量刑情节若干问题的意见》（法发〔2009〕13号）第2条；最高人民法院《关于处理自首和立功若干具体问题的意见》（法发〔2010〕60号）第4条、第5条；《中国共产党纪律处分条例》第17条。

第三十六条　【监察证据规则】 监察机关依照本法规定收集的物证、书证、证人证言、被调查人供述和辩解、视听资料、电子数据等证据材料，在刑事诉讼中可以作为证据使用。

监察机关在收集、固定、审查、运用证据时，应当与刑事审判关于证据的要求和标准相一致。

以非法方法收集的证据应当依法予以排除，不得作为案件处置的依据。

【法条主旨】

本条是关于监察机关所收集的证据的法律效力，取证的要求和标准，以

[①] 秦前红主编：《〈中华人民共和国监察法实施条例〉解读与适用》，法律出版社2021年版，第330页。

及非法证据排除规则的规定。

【修改提示】

本条内容未作修改。

【法条解读】

"以事实为根据,以法律为准绳"是监察机关调查职务违法犯罪和司法机关追诉犯罪应遵循的一项基本原则,充分体现了实事求是的思想路线和维护社会主义法治统一的精神,是实现公平正义的重要基础,而证据则是准确认定案件事实的基石。在国家监察制度改革中,监察证据与刑事证据的有效衔接,对于规范调查取证,准确认定案件事实,进一步深化法治反腐,实现社会公平正义都有重要意义。本条规定即是监察证据与司法证据衔接的集中体现。赋予监察证据刑事证据效力,规范监察机关收集、固定、审查、运用证据的要求和标准,是监察机关实现"法法衔接"的重要方面。[1]

一、关于监察机关收集的证据材料在刑事诉讼中作为证据使用的规定

本条第一款是关于监察机关收集的证据材料在刑事诉讼中作为证据使用的规定。根据《刑事诉讼法》第五十条规定,可以用于证明案件事实的材料都是证据,那么监察机关调查收集的物证、书证、证人证言、被调查人供述和辩解、视听资料、电子数据等证据材料,只要其能够揭示和反映案件事实真相,就可以作为证据来证明职务违法犯罪事实,可以作为刑事诉讼中的证据。本款规定承认各种类型的监察证据无须经过转化即可在刑事诉讼中作为证据使用,符合证据的自然属性,即能够证明案件事实的证据,无论是在监察机关调查阶段,还是在刑事诉讼程序追诉犯罪阶段,都能够证明案件事实。同时,承认监察证据无须转化而直接进入刑事诉讼程序,也是有效契合监察

---

[1] 参见中共中央纪律检查委员会 中华人民共和国国家监察委员会法规室编写:《〈中华人民共和国监察法〉释义》,中国方正出版社2018年版,第167页。

机关对职务犯罪调查权的法律属性①。本法第五条规定，国家监察工作严格遵照宪法和法律，遵守法定程序，公正履行职责，监察机关收集证据查明案件事实，也是要依法依规进行，即说明监察证据已具有了证据的法律属性，完全与《刑事诉讼法》第五十二条"审判人员、检察人员、侦查人员必须依照法定程序，收集能够证实犯罪嫌疑人、被告人有罪或者无罪、犯罪情节轻重的各种证据"相契合。将监察证据直接进入刑事诉讼中作为刑事证据适用，避免了重复取证，节约了资源，提高了效率，符合国家监察体制改革的重要目标。

本款规定在刑事诉讼中可以作为证据使用的监察证据种类包括物证、书证、证人证言、被调查人供述和辩解、视听资料、电子数据等。所谓物证，是指以其内在属性、外部形态、空间方位等客观存在的特征证明案件事实的物体和痕迹；书证是指以文字、符号、图形等方式记载的内容来证明案件事实的文件或其他物品；证人证言，是指证人就自己所知道的案件真实情况，向监察机关所做的陈述；被调查人供述和辩解指被调查人就有关案件的事实情况向监察机关所作的陈述；视听资料又称音像证据，是指以录音、录像、电子计算机及其他电磁方式等现代技术手段记录存储的音像信息证明案件事实的证据；电子数据是案件发生过程中形成的，以数字化形式存储、处理、传输，能够证明案件事实的数据。物证、书证、证人证言、视听资料、电子数据等证据种类和名称与《刑事诉讼法》中规定的证据种类和名称完全一致，而被调查人供述和辩解虽然与《刑事诉讼法》中的犯罪嫌疑人、被告人的供述与辩解的名称不一致，但对于职务犯罪案件而言，被调查人与犯罪嫌疑人、被告人即为同一主体，只是不同阶段的不同称谓而已，因此被调查人的供述和辩解进入到刑事诉讼程序中即与犯罪嫌疑人、被告人的供述和辩解一致。

本款规定只是赋予了监察证据进入到刑事诉讼中作为刑事证据的资格，但并不是说监察证据就一定是刑事案件定案的根据。证据必须经过查证属实，才能作为定案根据，在法庭审判阶段未经当庭出示、辨认、质证等法庭调查程序查证属实，不得作为定案的根据。监察证据如果经查证属非法证据，或

---

① 谢登科：《监察证据在刑事诉讼中的使用——兼论〈监察法〉第33条的理解与适用》，载《中共中央党校学报》2018年第5期。

不属实，则应当予以排除，不能作为定案根据。证据的审查认定，应当结合案件的具体情况，从证据与待证事实的关联程度、各证据之间的联系、是否依照法定程序收集等方面进行综合审查判断。

二、关于与刑事审判对证据的要求和标准相衔接的规定

本条第二款是关于与刑事审判关于证据的要求和标准相衔接的规定。本款要求监察机关在收集、固定、审查、运用证据时，应当与刑事审判关于证据的要求和标准相一致。监察机关调查、收集证据时，首先应该严格依照《监察法》规定的程序执行，当《监察法》及其有权解释未对取证程序予以明确时，则参照《刑事诉讼法》规定的取证程序执行；当两法皆无明确规定时，应参照2021年《刑诉解释》关于证据的审查认定规范对调查措施进行调整，以保证所取得的证据符合审判的标准和要求。[1] 监察机关在职务犯罪调查中收集的证据直接关系到司法机关在刑事诉讼中对案件事实的查明和刑事责任的认定，故要求监察证据与刑事审判关于证据的要求和标准相一致，既是确保案件认定准确，避免出现冤假错案的要求，也体现了监察机关办理职务违法和职务犯罪案件应当遵循与审判机关、检察机关、执法部门互相配合，互相制约的原则要求。《刑事诉讼法》第五章、2021年《刑诉解释》第四章中对证据的种类、证据的收集要求、各种证据的审查与认定以及证据的综合审查与认定等都作了详细规定，监察机关除了要按照本法规定进行之外，还要遵循《刑事诉讼法》及相关司法解释之规定。

对于单个证据的要求，证据必须有证据能力，即证据资格，要求必须符合客观性、关联性与合法性三个基本特征。而对于刑事审判证据的总体要求，《刑事诉讼法》第五十五条规定应当事实清楚，"证据确实、充分"。"证据确实、充分"，要求证据要达到如下条件：一是定罪量刑的事实都有证据证明；二是据以定案的证据均经法定程序查证属实；三是综合全案证据，对所认定事实已排除合理怀疑。对此，《监察法实施条例》第六十三条作出了与上述要求和标准完全一样的规定。

当然，《监察法实施条例》考虑到监察机关收集证据查明的事实有违法行

---

[1] 陈卫东、聂友伦：《职务犯罪监察证据若干问题研究——以〈监察法〉第33条为中心》，载《中国人民大学学报》2018年第4期。

为和犯罪行为,对这两个层次事实的证据要求和标准有所差异,故对职务违法事实的认定证据要求和标准表述为"事实清楚、证据确凿",即要求定性处置的事实都有证据证实;定案证据真实、合法;据以定案的证据之间不存在无法排除的矛盾;综合全案证据,所认定事实清晰且令人信服。

三、关于监察机关排除非法证据义务的规定

本条第三款是关于监察机关排除非法证据义务的规定。本款规定既是非法证据排除规则在本法的体现,也是本条第二款监察证据与刑事证据衔接的体现。非法证据排除规则在本法中确立,能够防止监察机关办案人员非法取证行为的发生,有利于树立监察机关的良好形象和权威,同时可以避免刑讯逼供导致屈打成招的冤案发生,切实有效地保障被调查人、证人等参与人的合法权利。

非法证据包括非法言词证据和非法实物证据,对于调查人员采用暴力、威胁以及非法限制人身自由等非法方法收集的被调查人供述、证人证言、被害人陈述等非法言词证据,应当予以排除。这里的"暴力"的方法,是指采用殴打、违法使用戒具等方法或者变相肉刑的恶劣手段,使人遭受难以忍受的痛苦而违背意愿作出供述、证言、陈述;"威胁"的方法,是指采用以暴力或者严重损害本人及其近亲属合法权益等进行威胁的方法,使人遭受难以忍受的痛苦而违背意愿作出供述、证言、陈述。

对于物证、书证等实物证据的收集不符合法定程序,并不是当然予以排除,而是要同时符合两个条件才能排除:一是程序不合法可能严重影响司法公正的;二是不能作出合理解释或不能补正的。

【关联规范】

《刑事诉讼法》第50条、第52条、第55条、第56条;2021年《刑诉解释》第69条、第70条、第71条、第76条、第123条、第125条、第126条;《监察法实施条例》第59条至第65条。

第三十七条 【问题线索移送和监察为主管辖原则】人民法院、人民检察院、公安机关、审计机关等国家机关在工作中发现公职人员涉嫌贪污贿赂、失职渎职等职务违法或者职务犯罪的问题线索，应当移送监察机关，由监察机关依法调查处置。

被调查人既涉嫌严重职务违法或者职务犯罪，又涉嫌其他违法犯罪的，一般应当由监察机关为主调查，其他机关予以协助。

【法条主旨】

本条是关于职务违法犯罪问题线索移送制度和"监察为主"管辖原则的规定。

【修改提示】

本条内容未作修改。

【法条解读】

监察机关依法对所有行使公权力的公职人员进行监察，实现国家监察全面覆盖，即凡是公职人员利用公权力实施的职务违法、职务犯罪行为，都属监察机关监察管辖范围。对公职人员的"监察全覆盖"阐述的是一种严格要求，体现的是全方位、无死角、零容忍的反腐态度，是"严格执法"在监察实践中的具体化。[①] 由于职务违法、职务犯罪案件主要都转移到了监察机关，则自然出现人民法院、人民检察院、公安机关、审计机关等国家机关在工作中发现公职人员涉嫌贪污贿赂、失职渎职等职务违法或者职务犯罪的问题线索该如何处置，以及与职务违法犯罪案件关联互涉案件等如何确定管辖等问题。反腐败是一项系统工程，需要相关职能部门理顺机制、密切配合，案件

---

① 陈伟：《监察全覆盖视域下职务犯罪调查管辖的范围》，载《法律科学》2024年第4期。

线索移送机制是确保违法犯罪行为得到有效追究的重要制度保障，实现了不同机关之间的协作与配合，确保了案件的及时、公正处理。本条就是对上述问题进行明确和规范。本条分两款：

一、第一款规定了公职人员涉嫌职务违法或职务犯罪问题线索移送制度，明确规定向监察机关移送问题线索的主体、移送内容等

一是问题线索移送主体是人民法院、人民检察院、公安机关、审计机关等国家机关。人民法院作为国家的审判机关，负责审判各类行政、刑事及民事案件，其在履行审判职责过程中可能会发现公职人员存在职务违法、职务犯罪的问题线索，一旦发现，则应当移送给监察机关；检察机关作为国家专门法律监督机关，司法工作人员依法依规履职行为是其监督的重要内容，同时其在履职过程中也会发现不属于司法工作人员的职务违法、职务犯罪问题线索；公安机关承担着管理社会治安和侦查刑事案件双重职权，在履职过程中不可避免地会发现一些公职人员的职务违法和职务犯罪的问题线索；审计监督是党和国家监督体系的重要组成部分，国务院各部门和地方各级人民政府及其各部门的财政收支，国有的金融机构和企业事业组织的财务收支，以及其他依法应当接受审计的财政收支、财务收支，都应当接受审计机关的审计监督。因此，审计机关是监察机关查处职务违法犯罪案件问题线索的重要来源。当然，除了上述国家机关之外，市场监督、税务、药品监督等其他行政机关在执法过程中发现的职务违法、职务犯罪的问题线索，也应当及时移交给监察机关。

二是移送内容必须是公职人员涉嫌职务违法或者职务犯罪的问题线索。所谓"公职人员"，即是本法第十五条所确定的六类监察对象；"职务违法或者职务犯罪的问题线索"，即是贪污贿赂、滥用职权、玩忽职守、徇私舞弊、重大责任事故以及公职人员其他违法犯罪的问题线索。

上述国家机关在工作中发现有职务违法或者职务犯罪的问题线索，应当及时移送监察机关。对于故意隐瞒不报、遗漏延误报送、泄密失密，造成严重后果或者不良影响的，依规依纪依法追究相关人员责任。值得注意的是，移送前要对问题线索进行客观评估，判断其真实性和价值，以及是否需要移送，评估后确认其有价值再将问题线索移送给监察机关，避免虚假移送或误导监察机关。

二、第二款规定了监察机关对同时涉嫌严重职务违法犯罪和其他违法犯罪的被调查人案件的管辖权

"监察机关为主调查，其他机关予以协助"即是确立了"监察为主"管辖原则。"监察为主"并不能理解为由监察机关替代包办其他机关职能管辖权限范围内的案件，仍应由监察机关和其他机关分别依职权立案，监察机关发现依法由其他机关管辖的违法犯罪线索，应当及时移送有管辖权的机关。为主调查的监察机关承担组织协调职责，包括协调调查和侦查工作进度、协商重要调查和侦查措施使用等重要事项。实践中情况复杂多变，也会出现不适宜由监察机关为主调查的情形，应该遵循原则性与灵活性相结合，由监察机关与其他机关沟通后，分别依照法定职权开展工作并加强沟通协作。

"其他机关予以协助"主要体现在：一是在证据的收集方面，公安机关、人民检察院等应为监察机关收集、调取证据材料提供协助；二是在留置、管护措施的适用上，与公安机关、人民检察院适用的刑事强制措施相衔接，公安机关、人民检察院应该予以配合和协助；三是在移送起诉时，应该做到同步。监察机关立案调查的职务违法犯罪案件与公安机关等其他机关立案侦查的案件，需在监察机关的统筹协调下、公安机关等协助下，待双方均调查、侦查终结后，同步将案件移送检察机关审查起诉。

遵循"监察为主"原则，符合反腐工作的特性。职务违法犯罪案件主体身份特殊，主要为公职人员，而且其中很大一部分是共产党员，犯罪手段隐蔽，案件内容涉及大量国家秘密、国家安全和国家利益，而当前我国监察体制改革已将党的纪委与国家监委合署办公，由监察机关调查为主，便于在查处职务违法犯罪之前可以先进行党内违纪审查，这是党和国家自我监督的一种方式，除查清违法犯罪问题外，还可通过深入细致的思想政治工作去感化被调查人，促使其讲清问题、认识错误，体现"惩前毖后、治病救人"的精神[1]，也让"纪在法前"和"党管干部"原则得到贯彻和落实。

---

[1] 参见中共中央纪律检查委员会 中华人民共和国国家监察委员会法规室编写：《〈中华人民共和国监察法〉释义》，中国方正出版社2018年版，第172-173页。

【关联规范】

《监察法实施条例》第 32 条、第 51 条;《中国共产党纪律处分条例》第 28 条、第 31 条。

第五章　监察程序

第三十八条　【对报案、举报的处理】 监察机关对于报案或者举报，应当接受并按照有关规定处理。对于不属于本机关管辖的，应当移送主管机关处理。

【法条主旨】

本条是关于监察机关处理报案、举报的规定。

【修改提示】

本条内容未作修改。

【法条解读】

人民群众对职务违法犯罪的报案和举报，一直是监察机关发现和查处职务违法犯罪行为的重要线索来源。① 人民群众通过来信、来电、来访和网络举报等渠道积极反映揭发职务违法犯罪线索，不仅为监察机关开展反腐败工作提供重要支撑，而且充分表明了其参与反腐败斗争的主动性，也彰显了中国共产党深入推进党的自我革命、健全党和国家监督体系的重要决心。《监察法》通过该条文对监察机关处理报案、举报作出规定，明确监察机关接受报案或者举报的法定义务，有利于充分保障人民群众的主体地位，增强人民群

---

① 《坚持用改革精神和严的标准管党治党 坚决打好反腐败斗争攻坚战持久战总体战》，载《人民日报》2025年1月7日，第1版。

众参与反腐败斗争的积极性和能动性。本条规定主要涉及两个方面的内容：

一、明确监察机关具有接受报案或者举报的法定义务

"报案"和"举报"是人民群众向监察机关提供职务违法和职务犯罪线索的两种重要方式。"报案"一般是指有关单位或者个人（包括案件当事人）发现职务违法犯罪事实但不确定违法犯罪嫌疑人，向纪检监察机关报告和揭露的行为。"举报"则是指案件当事人以外的有关单位或者个人将其发现的职务违法犯罪事实以及职务违法犯罪嫌疑人，向纪检监察机关报告和揭露的行为。两者的不同之处在于报案的主体包括案件的被害人而且主要是案件的被害人，而举报的主体则是案件当事人以外的有关单位和个人。相较于报案，举报通常提供的职务违法犯罪信息更全面、更具体，也更便于监察机关开展初步核实及调查工作。《宪法》第四十一条规定，"中华人民共和国公民对于任何国家机关和国家工作人员，有提出批评和建议的权利；对于任何国家机关和国家工作人员的违法失职行为，有向有关国家机关提出申诉、控告或者检举的权利"。因此，报案或者举报是人民群众依法行使参与权、表达权和监督权的重要体现，也是保障人民群众当家作主的制度表达。根据本条的规定，监察机关对于人民群众的报案或者举报具有接受的法定义务。检举控告人可以通过邮寄信件，到指定接待场所当面反映，也可以拨打检举控告电话，或向检举控告网站、微信公众平台、手机客户端等网络举报平台发送电子材料以及其他渠道提出检举控告。

在我国纪检监察制度体系中，纪检监察机关信访举报部门归口受理本机关管辖监察对象涉嫌职务违法和职务犯罪问题的检举控告，统一接收有关监察机关以及其他单位移送的相关检举控告。同时，县级以上纪检监察机关应当设置接待群众的场所，公开检举控告地址、电话、网站等信息，公布有关规章制度。纪检监察机关应当负责任地接待来访人员，耐心听取其反映的问题，做好解疑释惑和情绪疏导工作，妥善处理问题，增进来访人员对纪检监察机关的理解和信任。信访举报部门对属于受理范围的检举控告，应当进行编号登记，按规定录入检举举报平台。对检举控告人使用本人真实姓名或者本单位名称，有电话等具体联系方式的实名检举控告，应当优先办理、优先处置，依法给予答复；虽有署名但不是检举控告人真实姓名（单位名称）或者无法验证的检举控告，按照匿名检举控告办理。对属于本机关受理的实名检举控告，应当在收到检举控告之日起十五个工作日内按规定告知实名检举控告人受理情况，并做好记录。此外，监察机关还要建立健全检举控告保障制度，对检举控告人的基本信息和检举控告内容严格保密，对违法违规泄露检举控告人个人基本信息和打击报复检举控告人等行为予以严厉惩治，充分保障检举控告人的合法权益。

二、规定监察机关对报案或者举报的移送职责

监察机关对于报案或者举报的移送主要包括两种情形：其一，对于属于监察事项但不属于本监察机关管辖的报案或者举报，应当移送有管辖权的监察机关处理；其二，对于不属于监察事项，应当由其他机关管辖的报案或者举报，则应移送有关机关处理。《监察法》规定监察机关的移送职责，主要是为了防止监察机关怠于履行法定职权，从而方便人民群众报案或者举报，保障其合法权益。因为，人民群众很多时候并不知晓各级监察机关以及其他国家机关的管辖权限，很难严格区分并找到有管辖权的国家机关进行报案或者举报。本条明确监察机关移送报案、举报线索的职责，有利于疏通报案、举报的管道，保障人民群众的参与权和监督权。申言之，人民群众如果发现职务违法犯罪线索，可以向任意层级监察机关报案或者举报。监察机关不得以报案或者举报的问题线索不属于监察事项或者不属于本机关管辖范围为由拒绝接受或者不予处理。

【关联规范】

《监察法实施条例》第168条至第172条；《纪检监察机关处理检举控告工作规则》第8条至第10条、第14条、第17条至第19条。

第三十九条 【监察机关内控机制】监察机关应当严格按照程序开展工作，建立问题线索处置、调查、审理各部门相互协调、相互制约的工作机制。

监察机关应当加强对调查、处置工作全过程的监督管理，设立

相应的工作部门履行线索管理、监督检查、督促办理、统计分析等管理协调职能。

【法条主旨】

本条是关于监察机关严格按照法定程序开展工作和强化内控机制的规定。

【修改提示】

本条内容未作修改。

【法条解读】

程序是法治的基石。正当法律程序是人治与法治的分水岭，是法治进步的时代标志和基本推动力。作为现代法治的重要组成部分，法律程序不仅具有保障法律目标实现的工具价值，而且承载着促进公权力正确行使、为其划定运行轨道的独立价值。职权分离是正当法律程序的一项重要原则，它要求公权力运行的各个环节应当由不同的部门和人员承担，从而形成分工负责、相互制约的工作机制。监察权作为一项重要的国家权力，它的运行必须严格遵守法律规定的监察程序。监察程序的设置应当贯彻职权分离的理念，建立问题线索处置、调查、审理各部分相互协调、相互制约的工作机制，同时还要设立专门的监督管理部门，加强监察机关内部的自我监督和管理协调。本条规定主要涉及三个方面的内容：

一、监察机关应当严格按照法律程序开展工作

树立法治思维，强化程序观念，既是现代法治的基本要求，也是监察工作长期稳定开展的重要保障。首先，监察机关严格遵守法律程序是以法治思维和法治方式开展反腐败工作的必然要求。法治是党领导人民治国理政的基本方式。全面推进依法治国是着眼于实现中华民族伟大复兴中国梦、实现党和国家长治久安的长远考虑。程序法治作为现代法治的核心要求，具有促进

民主、保障权利、控制权力、实现正义以及保障效率等价值和功能。在此意义上，严格要求监察机关按照监察程序行使职权，不仅关乎监察工作的有序开展，而且关乎监察体制改革成效以及廉政建设与反腐败工作的政治效果和社会效果。其次，规范监察程序是加强监察机关内部监督制约的有效途径。所谓监察程序，即是监察机关行使国家监察权应当遵循的方式、步骤、顺序和时限。科学合理的监察程序设置不仅具有促进监察目标实现的工具价值，而且具有规范监察权行使、对监察权进行约束和控制、促进监察活动正确性的独立价值。由此，严格规范的监察程序本身其实就是一套行之有效、监督约束监察权行使的控权机制。监察机关严格遵守法定的监察程序开展工作可以在很大程度上防止监察权的恣意行使，从而实现把权力关进制度的笼子里的法治目标。最后，监察机关严格按照监察程序开展工作还有利于保障监察对象的合法权益，提升监察工作的认可度。为了保障监察工作的顺利开展，《监察法》赋予监察机关诸多职权。这些职权的行使对于监察目标的实现无疑具有重要意义，但是如果缺乏有效的规范和约束，那么就会对监察对象的合法权益造成侵害。长此以往，便会损害监察机关的权威，影响监察机关在人民心中的形象。为此，《监察法》第五章专门对监察程序作出规定，将监察程序作为监察工作开展的基本遵循，促使监察工作程序化、规范化。这不仅有利于保障监察对象的合法权益，而且有助于维护监察机关的权威、提升监察工作的认可度。

二、建立各部门相互协调、互相制约的工作机制

遵循职权分离的原则建立监察机关各部门相互协调、相互制约的工作机制，既可以明晰权责，保障监察机关各部门各司其职、高效运转，又能够强化监察机关的内部监督和制约，防止监察权过于集中、缺乏约束，导致监察权滥用。党的十八大以来，纪检监察机构改革成为纪检监察体制机制改革的重要内容。经过长期探索，纪检监察机关已经初步形成问题线索处置、调查、审理各部门相互协调、相互制约的工作机制。具体而言，是由信访举报部门归口受理本机关管辖监察对象涉嫌职务违法和职务犯罪问题的检举控告，统一接收有关监察机关以及其他单位移送的相关检举控告，移交本机关监督检查部门或者相关部门，并将移交情况通报案件监督管理部门。案件监督管理部门对问题线索实行集中管理、动态更新，定期汇总、核对问题线索及处置

情况，按照程序移送承办部门并进行综合协调和监督管理。监督检查部门负责结合问题线索所涉及地区、部门、单位总体情况进行综合分析，提出处置意见并制订处置方案，经审批按照谈话、函询、初步核实、暂存待查、予以了结等方式进行处置，或者按照职责移送调查部门处置。审查调查部门履行执纪审查和依法调查处置职责，承办涉嫌严重违纪或者职务违法、职务犯罪问题线索的初步核实和立案审查调查，以及其他比较重要或者复杂案件的初步核实、审查调查，并提出处理建议、监察建议等。案件审理部门成立 2 人以上的审理组，全面审理审查调查部门移送的案卷材料，在集体审议基础上提出最终的审查处置意见，对于事实不清、证据不足或者需要补充完善证据的，可以将案件退回调查部门重新调查或补正。这种相互协调、相互制约的工作机制，克服了过去监察机关工作部门权力过于集中、权责不清、边界不明、缺乏监督等问题，开启了监察机关各部门各司其职、协调配合但又相互制约的新局面。

三、设立专门的工作部门履行监督管理协调职能

监察机关作为行使国家监察职能的专责机关，其履职过程也是行使公权力的过程。《监察法》立足信任不能代替监督、监督是为了支撑信任的理念，将监察实践中行之有效的自我监督经验上升为法律规范。除建立问题线索处置、调查、审理各部门相互协调、相互制约的工作机制外，《监察法》第三十九条还要求设立专门的工作部门履行监督管理协调职能，进一步加强监察机关的内部监督。从监察实践来看，监察机关内部专门承担线索管理、监督检查、督促办理、统计分析等管理协调职能的工作部门是案件监督管理部门。案件监督管理部门对问题线索实行集中管理、动态更新，定期汇总、核对问题线索及处置情况，向监察机关主要负责人报告，并向相关部门通报。为规范监察调查和处置工作，案件监督管理部门有权对其他部门的履职情况进行全过程监督，并可以提出改进的意见和建议。对于上级监察机关交办的案件、领导批示交办的与案件有关的事项、根据批示需要转交下级监察机关或者派驻机构办理的案件以及其他需要督办的事项，案件监督管理部门可以通过电话、发函、现场指示、约谈通报等方式督促有关机关、部门严格按照法定程序和要求办结相关案件和事项。此外，案件监督管理部门还负责对案件办理和有关专项工作进行跟踪研判、统计分析。通过设立专门工作部门强化监察机关内部监督，有利于形成监察机关内设机构协调配合、相互制约的工作机制，从而防止因缺乏有效监督和约束导致有案不查、以案谋私等问题的发生。

【关联规范】

《监察法实施条例》第 173 条；《中国共产党纪律检查机关监督执纪工作规则》第 11 条、第 12 条、第 22 条至第 25 条；《纪检监察机关处理检举控告工作规则》第 19 条。

第四十条 【问题线索处置】监察机关对监察对象的问题线索，应当按照有关规定提出处置意见，履行审批手续，进行分类办理。线索处置情况应当定期汇总、通报，定期检查、抽查。

【法条主旨】

本条是关于问题线索处置程序和要求的规定。

【修改提示】

本条内容未作修改。

【法条解读】

问题线索的处置是监察机关开展反腐败工作的起点和源头。正确高效地处置职务违法犯罪线索，不仅关系到监察工作开展的广度和深度，也在一定程度上决定了反腐败斗争的成效。因此，健全监察机关对问题线索的处置程序有利于后续核实和调查等工作的开展，提升反腐败效能。《监察法》对问题线索处置的具体程序和要求作出规定，旨在提高监察机关的工作效率，强化问题线索处置各环节的监督和制约，推进反腐倡廉工作的高质量发展。具体而言，理解和适用本条主要包括三个方面：

第一，监察机关对监察对象的问题线索应当按照有关规定进行处置。《监察法实施条例》第一百六十八条至第一百七十五条细化了监察机关各职能部门对问题线索的处置程序。具体而言，信访举报部门归口受理本机关管辖监察对象涉嫌职务违法和职务犯罪问题的检举控告，统一接收有关监察机关以及其他单位移送的相关检举控告，移交本机关监督检查部门或者相关部门，并将移交情况通报案件监督管理部门；案件监督管理部门统一接收巡视巡察机构和审计机关、执法机关、司法机关等其他机关移送的职务违法和职务犯罪问题线索；监督检查部门、调查部门在工作中发现的相关问题线索，属于本部门受理范围的，应当报送案件监督管理部门备案。

问题线索承办部门在收到案件监督管理部门移交的问题线索后，应当指定专人负责管理线索，逐件编号登记、建立管理台账。线索管理处置各环节应当由经手人员签名，全程登记备案，及时与案件监督管理部门核对。监督检查部门应当结合问题线索所涉及地区、部门、单位总体情况进行综合分析，提出处置意见并制订处置方案。对没有实质内容的检举控告或者属于其他纪检监察机关受理的检举控告，在沟通研究、经本机关分管领导批准后，按程序退回信访举报部门处理；对属于本级受理的检举控告，应当结合日常监督掌握的情况，进行综合分析、适当了解，经集体研究并履行报批程序后，以谈话函询、初步核实、暂存待查、予以了结等方式处置，或者按规定移送审查调查部门处置。监察机关对于问题线索的处置应当提高政治站位，从全局出发，运用系统思维，把握好"树木"与"森林"的关系。既要研究分析被反映公职人员的个人情况，还应结合关注问题线索涉及地区、部门、单位的总体情况，并在综合分析的基础上，按照实事求是的精神，准确、审慎、严谨地提出处置意见。

第二，监察机关对问题线索的处置应当履行审批手续，进行分类办理。以类型化对问题线索进行处置不仅有利于提高监察机关的工作效率，也有助于监察机关进一步开展调查工作。监察机关对问题线索的处置不得拖延和积压，处置意见应当在收到问题线索之日起 1 个月内提出，并制订处置方案，履行审批手续。监察机关对问题线索的处置方式主要有四种方式，包括：谈话函询、初步核实、暂存待查和予以了结。谈话函询是以约谈、发函的形式对问题线索进行处置，其主要适用于问题线索笼统、问题线索可能不实需要澄清以及问题线索具有一般性只需给予劝诫或者批评教育等情形。初步核实是通过调查、查阅资料等方式对问题线索进行初步核查、证实，其主要适用于问题线索具有可能性和可查性的情形。暂存待查是指线索反映的问题虽然具有一定的可查性，但由于时机、现有条件、涉案人员一时难以找到等原因，暂不具备核查的条件而存放备查。予以了结主要是对反映问题失实或者没有核查可能性的问题线索进行处置的方式，如情节轻微不需要追究法律责任、已建议有关单位进行适当处理、涉案人员已经死亡等情形。

第三，问题线索处置情况应当定期汇总、通报，定期检查、抽查。案件承办部门应当定期汇总问题线索的处置情况，及时向案件监督管理部门通报，并定期对本部门的问题线索处置情况进行自查。案件监督管理部门也要对问题线索及其处置情况进行定期汇总、核对核查，围绕问题线索台账建设、动态监管、及时处置通报等重要事项开展问题线索处置情况的检查、抽查，并向本机关相关负责人报告。通过对监察问题线索处置情况的汇总，能够使监察机关进一步了解相关部门、行业和地区的反腐败情况，有助于监察机关依据问题线索，开展下一阶段的反腐败工作。因此，监察机关各部门需要做好问题线索处置归档工作，归档材料应当完整齐全，并载明领导批示和处置过程。

【关联规范】

《监察法实施条例》第168条至第179条；《中国共产党纪律检查机关监督执纪工作规则》第21条、第27条、第29条至第31条；《纪检监察机关处理检举控告工作规则》第17条。

第四十一条 【初步核实】需要采取初步核实方式处置问题线索的，监察机关应当依法履行审批程序，成立核查组。初步核实工作结束后，核查组应当撰写初步核实情况报告，提出处理建议。承办部门应当提出分类处理意见。初步核实情况报告和分类处理意见报监察机关主要负责人审批。

【法条主旨】

本条是关于监察机关采取初步核实方式处置问题线索程序的规定。

【修改提示】

本条内容未作修改。

【法条解读】

监察工作中，问题线索的来源和渠道多种多样。这些来源和渠道包括但不限于监察机关自己发现、其他国家机关移送、人民群众检举控告等。监察机关掌握的众多问题线索并不一定都具有可查性。唯有具有可查性的问题线索，才需要通过初步核实的方式，进一步判断相关线索的真实性，决定是否开展立案调查。本条对问题线索的初步核实程序作出规定，明确初步核实的具体要求，保障初步核实工作的正确、顺利开展。

本条规定主要涉及四个方面的内容：

第一，初步核实的定位。初步核实是监察机关对问题线索进行处置的重要方式之一，是指监察机关对受理和发现反映监察对象职务违法犯罪的问题线索进行初步核查和验证的活动。初步核实是监察机关调查工作的重要环节，主要任务是了解问题线索反映的职务违法犯罪是否真实、准确，是否符合立案调查的标准。虽然初步核实工作只是对问题线索进行的初步核查和验证，但由于其是立案调查的基础和依据，因此其必须以事实为依据，做到客观公正，不能存在先入为主、"有罪推定"的主观偏见。在初步核实中，监察机关应当结合问题线索进行调查，注重收集客观性证据，确保问题线索的真实性和准确性。

第二，初步核实的审批。监察机关采取初步核实方式处置问题线索的，应当报监察机关相关负责人，履行审批程序。被核查人为下一级党委（党组）主要负责人的，监察机关应当报同级党委主要负责人批准。经批准后，案件承办部门应当制订工作方案，成立核查组。初步核实方案一般包括初步核实工作的依据，核查组人员的组成，需要核实问题线索的基本情况，初步核实的具体内容，初步核实的范围、方法、步骤、时限，以及初步核实的注意事项等。初步核实工作由监察机关成立的核查组负责实施。核查组成员主要由案件承办部门工作人员组成，必要时，也可从相关部门抽调。核查组的人数根据反映问题的范围和性质来确定，但不得少于两人。对案情复杂、性质严重、工作量大的，可以适当增配人员。初步核实工作方案应当报承办部门主要负责人和监察机关分管负责人审批。在初步核实过程中，如果发现受理被核查人新的具有可查性的问题线索的，应当经审批纳入原始方案开展核查。

第三，初步核实的方法。初步核实是为立案调查提供依据的前置性工作，不同于立案后对案件进行的全面调查。因此，在初步核实工作中，核查组既需要突出重点，抓住主要问题，收集关键证据，同时还要严格保密、尽量缩小影响，避免"跑风漏气"，使相关人员得知信息，影响案件办理。为查清主要事实、掌握关键证据，核查组经批准可以采取必要措施进行初步核实。这些措施主要包括：与相关人员谈话了解情况，要求相关组织作出说明，调取个人有关事项报告，查阅复制文件、账目、档案等资料，查核资产情况和有关信息，进行鉴定勘验等。对被核查人及相关人员主动上交的财物，核查组应当予以暂扣。需要采取技术调查或者限制出境等措施的，监察机关应当根据《监察法》第三十三条的规定，严格履行审批手续，经省级以上监察机关批准，交由公安机关依法执行。

第四，初步核实的处理。初步核实工作由核查组具体负责办理，核查组是初步核实工作的直接责任主体。在初步核实工作结束之后，由核查组负责撰写初步核实情况报告。初步核实情况报告应当列明被核查人的基本情况、反映的主要问题、办理依据以及初步核实结果、存在疑点、处理建议，由核查组全体人员签名备查。核查组完成初步核实情况报告后，案件承办部门应当在综合分析、研判的基础上提出处理意见。案件承办部门的处理意见应当根据初步核实的不同情况分类提出：（1）经初步核实，对于已经掌握监察对象涉嫌职务违法或者职务犯罪的部分事实和证据，认为需要追究其法律责任的，应当按规定报批后，依法立案调查。（2）对于反映问题失实或者无证据证明问题存在的，予以了结。（3）对于违法情节轻微，不需要追究法律责任但需要谈话提醒的，可以提出谈话提醒的处理意见。（4）对于尚不能完全排除问题存在可能性，但在现有条件下难以进一步开展工作的，可以提出暂存待查的处理意见。（5）对于不属于本机关管辖或者需要其他机关、部门进行处理的，可以提出移送有关机关或部门处理的意见。案件承办部门提出的分类处理意见需要按照批准初步审核的程序报批。一般情况下应当报监察机关主要负责人审批，但被调查人为下一级党委（党组）主要负责人的，则应当报同级党委主要负责人批准。

【关联规范】

《监察法实施条例》第 176 条至第 179 条；《中国共产党纪律检查机关监督执纪工作规则》第 32 条至第 35 条。

第四十二条　【监察立案】 经过初步核实，对监察对象涉嫌职务违法犯罪，需要追究法律责任的，监察机关应当按照规定的权限和程序办理立案手续。

监察机关主要负责人依法批准立案后，应当主持召开专题会议，研究确定调查方案，决定需要采取的调查措施。

立案调查决定应当向被调查人宣布，并通报相关组织。涉嫌严重职务违法或者职务犯罪的，应当通知被调查人家属，并向社会公开发布。

【法条主旨】

本条是关于监察机关立案的条件和程序，以及立案后处理的规定。

【修改提示】

本条内容未作修改。

【法条解读】

立案作为监察机关调查程序的重要一环，保障其严格依法进行是遵守和落实《监察法》程序法定、人权保障等原则的必然要求。本条规定的主要目的是规范监察机关的立案工作，保证其依法、及时、有效处理职务违法和职务犯罪案件，保障被调查人及其家属和社会公众的知情权。

理解和适用本条应当注意以下五个方面：

一是存在涉嫌职务违法和职务犯罪的事实。经监察机关核实后，掌握和发现了相关事实和证据，证明公职人员有违反法律规定的贪污受贿、失职渎职等行为的发生，这是监察机关立案程序的首要条件。需要注意的是，这里的"职务违法犯罪事实"，仅是指初步核实和确认的部分事实，并不需要监察机关弄清全部实施违法或犯罪的事实，以及违法犯罪行为的全过程和详细情节。全部案件事实需要监察机关在立案后进一步调查认定。

二是需要追究法律责任。仅存在职务违法犯罪并不是立案的全部条件，还需要明确是否需要追究法律责任。这里的"法律责任"，是指监察对象因违反法定义务或违法行使权力，所承担的不利后果，既包括行政违法责任，也包括刑事违法责任。如果因为情节显著轻微或未满足法律责任的构成要件，那么监察机关则不能予以立案。

三是按照规定权限和程序办理立案手续。这里的按照规定权限和程序，主要是指《监察法实施条例》第一百八十一条至第一百八十三条所规定的立案程序，其包括监察机关的普通立案报批程序、特殊立案程序、立案和移送审理一并报批程序以及立案宣布、通知程序等。例如，《监察法实施条例》第一百八十一条规定，监察机关需要对涉嫌行贿犯罪、介绍贿赂犯罪或者共同职务犯罪的涉案人员立案调查的，应当一并办理立案手续；对单位涉嫌职务犯罪，需要追究法律责任的，需对该单位办理立案调查手续等。细化立案程序规定有助于规范监察机关的立案权力,使其能够依法办案。

四是监察机关立案后对调查措施和调查方案的确定。在监察机关立案以后,监察机关主要负责人应该召开专题会议,制订调查方案。一般而言,调查方案包括调查对象及涉案人员的情况,立案依据,初步查明的问题以及需要调查的主要问题,调查方式、步骤,拟采取的调查措施的实施安排,工作要求和纪律等。[①] 同时,根据《监察法实施条例》第一百八十六条的规定,监察机关在确定调查方案后,应按照调查方案执行,不能随意扩大调查范围、变更调查对象等,对重要事项应当及时请示报告。

五是监察机关在作出立案调查决定后,应当向被调查人宣布,并通报被调查人所在单位等有关组织。在立案后,将调查决定和相关调查信息向被调查人告知是落实监察正当程序的必然要求。同时,《监察法实施条例》第一百八十四条规定应当将《立案通知书》送达至被调查人所在单位以及向所在单位的主要负责人通报,这能够让所在单位积极配合监察机关调查工作。对于被调查人涉嫌严重职务违法或者职务犯罪的,还应当通知其家属,并向社会公开发布。如此规定,一方面,是因为对涉嫌严重职务违法或犯罪的案件,监察机关所采取的措施较为严格,如留置措施,对这类案件应当保障当事人家属以及社会公众的知情权,使监察机关办案能够为社会所监督;另一方面,通过向社会公布,也能够形成一定的威慑效应,在社会上营造反腐败斗争的良好氛围。

【关联规范】

《监察法实施条例》第181条、第182条、第183条、第186条。

第四十三条　【调查取证】监察机关对职务违法和职务犯罪案件,应当进行调查,收集被调查人有无违法犯罪以及情节轻重的证

[①] 中共中央纪律检查委员会 中华人民共和国国家监察委员会法规室编写:《〈中华人民共和国监察法实施条例〉释义》,中国方正出版社2022年版,第299页。

据，查明违法犯罪事实，形成相互印证、完整稳定的证据链。

调查人员应当依法文明规范开展调查工作。严禁以暴力、威胁、引诱、欺骗及其他非法方式收集证据，严禁侮辱、打骂、虐待、体罚或者变相体罚被调查人和涉案人员。

监察机关及其工作人员在履行职责过程中应当依法保护企业产权和自主经营权，严禁利用职权非法干扰企业生产经营。需要企业经营者协助调查的，应当保障其人身权利、财产权利和其他合法权益，避免或者尽量减少对企业正常生产经营活动的影响。

【法条主旨】

本条是关于监察机关调查取证工作的规定。

【修改提示】

本条内容在 2018 年《监察法》第四十条第二款的基础上，进行了如下修改：一是在本条第二款中增加"调查人员应当依法文明规范开展调查工作"的规定；二是在本条第二款中增加"暴力"作为非法收集证据的方式之一；三是本条增加第三款，对监察机关应当依法保护企业产权和自主经营权进行了规定。

【法条解读】

在职务违法和职务犯罪调查案件中，收集证据是查明违法犯罪事实，了解案件真相的必然要求。监察机关在调查取证中，要恪守法治思维和法治方法，一方面要积极和全面查找涉及案件事实的证据，力求还原案件事实真相；另一方面也要遵守法定程序，依法文明地开展调查工作，保护被调查人以及相关企业的合法权益。只有这样，监察机关办案才能够经得起历史和人民的检验。理解和适用该条应当注意以下三个方面：

一、要注重证据收集的全面性、客观性和关联性，使证据之间能够相互印证并形成完整的证据链

首先，调查人员要全面地收集被调查人员的涉案证据，既包括能证明被调查人违法犯罪和情节严重的证据，也包括能证明被调查人无罪或情节轻微的证据。同时，也要收集可以证明案件事实的所有材料，包括物证、书证、证人证言等。其次，监察机关应根据所收集的证据进行仔细比较、鉴别真伪、排除矛盾，以查明证据与事实之间的客观联系，从而根据证据来认定案件事实，这是落实《监察法》第五条所规定的"以事实为根据，以法律为准绳"原则的基本要求。再次，监察机关调查人员不能只轻信被调查人陈述或供述的言词证据，由于言词证据的主观性较强，不确定性因素也较大。因此，监察机关要注重各类证据的关联性和稳定性，当只有被调查人言词证据而没有其他证据时，便不能以此认定案件事实；反之，就算没有被调查人的言词证据，而其他证据符合法定标准的，依然可以作为认定案件事实的依据。最后，根据《监察法实施条例》第六十二条的规定，监察机关调查终结的案件的证据应当符合"证据确凿"的标准，包括四项要求：定性处置的事实都有证据证实；定案证据真实、合法；证据之间不存在无法排除的矛盾；根据全案证据所认定的事实应清晰且令人信服。

二、收集证据应当依法文明规范，严禁以非法方法收集证据

调查人员在调查案件，收集证据时应当从积极和消极两个方面做到依法文明规范。从积极方面而言，监察机关在采取如管护、留置等监察强制措施，收集证据时，应当保障被调查人员基本合法权益，保证其基本生活需要以及休息时间等；如果是冻结财产，则应当为被调查人及其所扶养的亲属保留必需的生活费用等。从消极方面而言，严禁调查人员以暴力、威胁、引诱、欺骗等非法手段，以及采用冻、饿、长时间不让睡眠等虐待方式，向被调查人和涉案人员收集证据，并使人遭受难以忍受的痛苦而违背意愿作出供述、证言、陈述。如果调查人员采用上述方法收集被调查人和证人的言词证据的，应当依法予以排除。同时，对于不能排除调查人员有以非法方法收集证据的情形，也应当对有关证据予以排除。此外，对于收集物证、书证不符合法定程序的，并可能严重影响案件公正处理的，调查人员应当予以补正或作出合理解释，否则，也应对相关证据予以排除。

三、应当保护企业的合法权益

党的二十届三中全会决定明确指出，营造市场化、法治化、国际化一流营商环境。企业作为经济发展中的重要力量，保障企业合法权益是优化营商环境的必然要求。该条第三款所称的"企业"，既包括国有企业、集体企业，也包括民营企业和外资企业等，这体现和落实了党中央、国务院关于依法平等保护各种所有制企业的要求和精神。同时，监察机关在调查职务违法犯罪案件时，需要企业经营者协助调查的，应当严格按照法定权限、规则和程序开展调查工作，依法保障企业以及企业经营者的合法权益。在调查过程中，监察机关也不能利用自身职权违法插手和干预企业正常的生产经营活动，并将调查工作对企业正常生产经营活动的影响降到最低。

【关联规范】

《监察法实施条例》第61条至第63条、第65条、第271条。

第四十四条　【调查措施的程序性规定】 调查人员采取讯问、询问、强制到案、责令候查、管护、留置、搜查、调取、查封、扣押、勘验检查等调查措施，均应当依照规定出示证件，出具书面通知，由二人以上进行，形成笔录、报告等书面材料，并由相关人员签名、盖章。

调查人员进行讯问以及搜查、查封、扣押等重要取证工作，应当对全过程进行录音录像，留存备查。

【法条主旨】

本条是关于监察机关采取调查措施的程序性规定。

【修改提示】

本条内容在 2018 年《监察法》第四十一条第一款的基础上,新增了"强制到案""责令候查""管护"三项调查措施。

【法条解读】

监察机关作为反腐败的专责机关,《监察法》第二十条至第三十三条赋予了监察机关一系列的监察调查措施的权力,与此同时,为了保证监察机关监察调查措施权力的行使,也应当通过一系列程序要求予以规范。因此,本条旨在对监察机关采取调查措施的程序提出明确要求,规范调查措施及取证工作,防止权力滥用,保护被调查人合法权益。

理解和适用本条第一款应当包括以下方面:

一是出示证件,亮明身份。由于监察调查取证工作本质上是调查人员代表国家公权力机关行使调查职责的行为,因此调查人员应当具有法定身份和调查资格,否则就不能产生相应的法律效力。这不仅有利于调查人员依法履职,还有利于被调查人员和相关单位积极主动参与配合调查,推动调查取证工作的顺利进行。

二是出具书面通知。除了出示有效身份证明,调查人员还应当现场出示书面通知,告知被调查人员调查决定和有关事项,以证明调查人员所采取的调查措施具有合法性。例如,调查人员在采取搜查措施时,就应当向被搜查人或其家属、见证人出示《搜查证》。又如,调查人员对于采取留置措施的被调查人员,应当向其宣布《留置决定书》。对于不出具书面通知或相关证明文件即采取调查措施,属于严重违反法定程序、滥用职权,相关人员和单位有权拒绝配合。

三是由两人以上进行。在监察机关采取监察调查措施的过程中,要求不少于两人,主要目的是保证监察调查取证工作的全面、真实和客观。相较于一人,两名以上人员进行调查取证工作,一方面有利于调查人员之间相互配合,采取调查措施共同收集并固定证据;另一方面也有助于调查人员之间相互制约，避免和防止个别调查人员滥用职权，以及发生个人徇私舞弊或刑讯逼供、诱供等非法调查行为。

四是形成笔录、报告等书面材料，并由相关人员签名、盖章。监察机关在监察调查取证工作中，需要客观真实地记录调查情况，并形成笔录、报告等书面材料，这是固定证据，推动监察机关进一步开展工作的客观需要。例如，调查人员在讯问被调查人和询问证人时，应当将了解、核实有关问题的案件情况记录下来，由其进行当面核对。同时，为了防止调查人员弄虚作假、主观臆断或歪曲相关人员真实意图的情况，被调查人员及相关人员应当进行签字、盖章等。如果相关人员拒绝签名、盖章或有其他理由的（如在搜查时，被搜查人或其家属不在场），调查人员应当在文书上记明。

本条第二款明确了监察机关在实施讯问和搜查、查封、扣押等重要取证工作中，必须实行全程录音录像制度。本条规定该制度的目的包括以下三个方面：一是保证监察机关依法调查取证，防止和避免调查人员以非法方法获取证据；二是以录音录像的形式能够更加全面地展示调查人员的取证过程，并能够与笔录、报告等书面材料相互印证，形成完整的证据链条，增加证据的可信度；三是有利于保障调查人员的合法权益，防止一些被调查人诬告调查人员有人身侮辱、刑讯逼供等行为。

根据《监察法实施条例》第五十六条的规定，监察机关全程录音录像应包括以下两个方面：一是要保持录音录像资料的完整性。即录音录像一方面不能被人为地剪辑、破坏，另一方面也要求监察机关妥善保管，防止资料的完整性受到损害。二是人民检察院、人民法院需要调取同步录音录像的，监察机关应当予以配合，经审批依法予以提供。全程同步录音录像资料对于证明取证行为的合法性和被调查人供述的真实性具有重要意义，审判机关、检察机关在办理案件中可以依法向监察机关调取。同时，根据《人民检察院刑事诉讼规则》第二百六十三条规定，对于监察机关移送起诉的案件，人民检察院认为需要调取有关录音、录像的，可以商监察机关调取。这里所称的"需要调取同步录音、录像"的情况，主要是指司法机关在审判过程中，为证实相关证据的真实性、排除非法取证的情形，调取与指控、认定犯罪有关，且与证据合法性审查相关的同步录音录像资料。[1]

【关联规范】

《监察法实施条例》第 8 条、第 56 条、第 74 条、第 83 条、第 87 条、第 97 条、第 98 条、第 105 条、第 113 条、第 116 条、第 138 条、第 140 条；《人民检察院刑事诉讼规则》第 263 条。

第四十五条　【严格执行调查方案】 调查人员应当严格执行调查方案，不得随意扩大调查范围、变更调查对象和事项。

对调查过程中的重要事项，应当集体研究后按程序请示报告。

【法条主旨】

本条是关于严格执行调查方案的规定。

【修改提示】

本条内容未作修改。

【法条解读】

监察法赋予监察机关采取调查措施的权限，为以法治方式反腐败提供了重要的法律支撑。同时，要求监察机关采取措施时以法治方式开展工作，在赋权的同时予以严格限权。调查工作既是监察机关推进反腐败斗争的重要环节，也是容易发生权力滥用风险的环节。因此，监察机关应从源头上对调查

---

[1] 中共中央纪律检查委员会 中华人民共和国国家监察委员会法规室编写：《〈中华人民共和国监察法实施条例〉释义》，中国方正出版社 2022 年版，第 101 页。

工作予以规范。本条旨在规范调查人员权力行使，严格执行调查方案，强化程序意识，按程序工作，严格请示报告制度和集体研究，杜绝个人专断，以案谋私。具体而言，理解适用本条主要包括两个方面：

一是调查工作必须严格按照调查方案执行。调查方案是由监察机关主要负责人召开专题会议研究确定的，是调查人员采取调查措施、收集证据、查明事实的行动指南和依据。一般而言，调查方案包括调查对象及涉案人员的情况，立案依据，初步查明的问题以及需要调查的主要问题，调查方式、步骤，拟采取的调查措施的实施安排，工作要求和纪律等。[①] 同时，根据《监察法实施条例》第一百八十六条规定，调查方案由监察机关主要负责人依照法定程序批准确定，旨在强化其责任担当，充分履行领导职责。对于调查方案所确定的调查范围、对象和事项，调查人员在开展工作时必须严格执行，不得随意扩大或变更。

二是对调查过程中的重要事项实行请示报告制度。监察机关重要事项集体研究制度是民主制在国家监察领域的具体化成果，而集中制对应的是监察机关重要事项请示报告制度。[②] 请示报告制度不仅有利于严明调查工作纪律，也有助于加强党对监察工作的统一领导。调查人员对调查过程中的重要事项，应当集体研究后按程序请示报告。报告的内容不仅包括案件调查结果，也包括案件调查过程。同时，调查人员在调查工作期间，未经批准也不得单独接触任何涉案人员及其特定关系人，更不得擅自采取调查措施。这样能够在一定程度上防止调查人员违法违规泄露案情，以案谋私。此外，职务违法犯罪行为的复杂性决定了调查方案不可能预料到调查过程中的所有情况，对方案中没有预见的新情况，调查人员在按程序请示后，可以根据实际调查工作的需要进行适当调整，以便更好地查清案件事实。

【关联规范】

《监察法实施条例》第 6 条、第 186 条。

[①] 中共中央纪律检查委员会 中华人民共和国国家监察委员会法规室编写：《〈中华人民共和国监察法实施条例〉释义》，中国方正出版社 2022 年版，第 299 页。

[②] 喻少如、唐成余：《论监察法上的集体讨论制度》，载《河北法学》2024 年第 8 期。

第四十六条　【强制到案、责令候查、管护措施的审批和期限】

采取强制到案、责令候查或者管护措施，应当按照规定的权限和程序，经监察机关主要负责人批准。

强制到案持续的时间不得超过十二小时；需要采取管护或者留置措施的，强制到案持续的时间不得超过二十四小时。不得以连续强制到案的方式变相拘禁被调查人。

责令候查最长不得超过十二个月。

监察机关采取管护措施的，应当在七日以内依法作出留置或者解除管护的决定，特殊情况下可以延长一日至三日。

【法条主旨】

本条是关于强制到案、责令候查和管护措施的审批和期限的规定。

【修改提示】

本条是新增条文。

【法条解读】

根据反腐败工作需要和监察工作特点，修改后的《监察法》增加了三种监察措施，即强制到案、责令候查和管护，加上原有的留置措施，共有四种监察强制措施，形成了轻重结合、配套衔接的监察强制措施体系。增加强制到案措施旨在解决监察实践中存在的部分被调查人经通知不到案的难题，增强监察执法权威性；增加责令候查措施，旨在"解决未被采取留置措施的被调查人缺乏相应监督管理措施的问题，同时减少留置措施适用，彰显本法总则关于尊重和保障人权、维护监察对象和相关人员合法权益的基本原则"①；增加管护措施的目的是确保调查的顺利进行，防止被调查人干扰调查或逃避调查。

理解适用本条，关键是准确把握采取强制到案、责令候查和管护措施的决定程序和时限。

一、强制到案、责令候查和管护措施的决定程序

强制到案是指监察机关经依法审批对涉嫌严重职务违法或者职务犯罪的被调查人强制其到案接受调查的一种监察强制措施，其类似于刑事诉讼程序中的拘传。责令候查是指监察机关对涉嫌严重职务违法或者职务犯罪的被调查人，要求其在规定的时间内等待进一步调查或审查的一种强制措施，其类似于刑事诉讼程序中的取保候审。管护是指监察机关对存在逃跑、自杀等重大安全风险的被调查人员，将其约束至留置场所内接受调查的一种强制措施，其类似于刑事诉讼程序中的拘留。从执行对象的违法程度上看，管护的对象是涉嫌严重职务违法或者职务犯罪人员，拘留的对象是现行犯或者重大犯罪嫌疑人，被执行人的违法程度相当；从执行地点上看，管护和《刑事诉讼法》中的拘留都要求在强制措施实施单位的指定地点，不能选择被执行人家中。可见，强制到案、责令候查属于限制人身自由的非羁押性监察强制措施；管护属于限制人身自由的羁押性监察强制措施。由于三者属于限制人身自由的法定监察强制措施，所以需要准确理解其适用条件，避免因适用不当而侵犯监察对象和相关人员的合法权益。

第一，适用主体法定。有权适用强制到案、责令候查和管护措施的主体是国家监察机关，其他任何机关、团体或个人都无权采取上述监察强制措施。在《监察法》赋予国家机关开展调查工作的监察措施中，强制到案、责令候查、管护与留置一起构成了监察强制措施体系。强制到案、责令候查、管护具有明显的限制人身自由属性，直接影响被调查人基本权利，特别是人身权，只有将实施主体限定为国家监察机关，且不得委托给其他机关或个人，才能有效保障前述措施运用的科学化和规范化，防止监察调查权的滥用。

---

① 《关于〈中华人民共和国监察法（修正草案）〉的说明——2024年9月10日在第十四届全国人民代表大会常务委员会第十一次会议上》，载中国人大网，http://www.npc.gov.cn/c2/c30834/202412/t20241225_442031.html，最后访问日期：2025年1月19日。

第二，程序法定。对于符合采取强制到案、责令候查和管护措施适用条件的，监察机关负责承办职务违法犯罪案件的部门应当制作采取强制到案、责令候查和管护措施审查呈批报告，报监察机关主要负责人批准，未经审批或者不同意审批的，不得采取强制到案、责令候查和管护措施。

第三，目的正当。其适用目的是保证调查的顺利进行，以及防止被调查人逃避调查或实施毁灭、伪造证据，或者逃跑、自杀等妨碍调查的行为。基于此，强制到案、责令候查和管护措施的性质是预防性措施，而不是惩戒性措施。如果其适用中缺乏预防必要性，便不符合目的正当性，应当予以纠正。

二、强制到案、责令候查和管护措施的期限

根据本条的规定，准确适用强制到案、责令候查和管护措施的期限，需要满足以下两点要求：

第一，准确把握强制到案、责令候查和管护措施期限的计算起始时间。由于强制到案是监察机关强制被调查人到案接受调查的一种监察强制措施，只有被调查人到案，监察机关才能顺利地对其开展讯问等调查工作，所以，强制到案的期限应当从被调查人到达监察机关指定的地点开始计算。由于责令候查和管护是限制人身自由的监察强制措施，当监察机关向被调查人宣布责令候查或管护决定书时，其人身自由即开始受到限制，因此，我们认为责令候查和管护的期限计算起始时间应当为向被调查人宣布责令候查或管护决定书之日。

第二，准确把握强制到案、责令候查和管护措施期限的时长。一是关于强制到案。其持续的时间不得超过十二小时，具体是指从强制被调查人到监察机关指定地点开始计算，到强制性措施结束，不得超过十二小时。经调查，如果监察机关认为被调查人依法需要采取管护或者留置措施的，强制到案持续的时间最长不得超过二十四小时，即在二十四小时内要作出采取管护或者留置措施的决定。二是关于责令候查。由于被采取责令候查措施的被调查人在其所居住的直辖市、设区的市的城市市区或者不设区的市、县的辖区内可以自由活动，对其自由限制较少，所以，其适用时间在四个监察强制措施中是最长的，即最长不得超过十二个月。三是关于管护。由于管护是将被调查人约束至留置场所内接受调查的一种强制措施，其具有剥夺人身自由的性质，因此，管护的时效应该严格限制，通常情况下不得超过七日，特殊情况下可以延长一日至三日。此外，由于管护是对被调查人是否决定适用留置措施的一种临时性羁押强制措施，因此，监察机关采取管护措施的，通常情况应当在七日内依法作出留置或者解除管护的决定，特殊情况可以延长期限的，应该在十日内依法作出留置或者解除管护的决定。

【关联规范】

《刑事诉讼法》第85条、第86条、第91条、第119条。

第四十七条 【留置措施的决定、批准、备案】监察机关采取留置措施，应当由监察机关领导人员集体研究决定。设区的市级以下监察机关采取留置措施，应当报上一级监察机关批准。省级监察机关采取留置措施，应当报国家监察委员会备案。

【法条主旨】

本条是关于留置措施的决定、批准、备案的规定。

【修改提示】

本条内容未作修改。

【法条解读】

留置，是指监察机关依法将涉嫌严重职务违法或者职务犯罪的被调查人限制在特定场所的一种监察强制措施。在《监察法》所规定的监察措施中，留置是最严厉的一项监察强制措施，具有限制人身自由的强制属性，其在适用效果上与刑事诉讼程序中的审前羁押类似。① 因此，准确把握留置措施适用条件，明确监察机关领导人员集体研究决定程序、设区的市级以下监察机关采取留置措施的报批程序和省级监察机关采取留置措施的备案程序，做到对留置措施的审慎稳妥适用，对于监察机关依法履行监察权和推动监察调查工作的顺利开展具有重要意义。根据本条的规定，留置措施的决定程序必须符合以下要件：

一、必须由监察机关领导人员集体研究决定

集体研究是一项具备科学决策、民主决策等制度优势的决策机制。《宪法》第三条第一款规定："中华人民共和国的国家机构实行民主集中制的原则。"《中国共产党章程》第十条对党的民主集中制的基本原则进行了规定，凡属重大问题都要按照集体领导、民主集中、个别酝酿、会议决定的原则，由党的委员会集体讨论，作出决定。《监察法实施条例》第六条规定，监察机关坚持民主集中制，对于线索处置、立案调查、案件审理、处置执行、复审复核中的重要事项应当集体研究，严格按照权限履行请示报告程序。监察机关采取留置措施必须经过监察机关领导人员集体研究决定，是民主集中制原则在国家监察领域的具体体现，对于增强留置措施适用的科学性和规范性具有重要意义。《监察法》虽然赋予了各级监察机关根据案件调查情况依法采取留置措施的权力，但是由于留置是监察法中最严厉的一种监察强制措施，实行集体研究决定制度才能确保正确、谨慎使用，防止监察权力滥用。因此，监察机关采取留置措施必须经本机关领导人员集体研究后作出决定，不能以个人意志代替集体决策、以少数人意见代替多数人意见。② 凡是未经过集体研究决定的留置措施，因其不符合法定程序要件而无效。

二、必须履行批准或备案程序

我国监察机关实行上下级领导体制，为了保障上级监察机关领导、监督下级监察机关严格依法适用留置措施，上级监察机关对下级监察机关采取留置措施应当进行必要的审查。根据适用留置措施的监察机关的层级不同，《监

---

① 董邦俊、张扬：《监察留置措施之法治化进路研究》，载《中国人民公安大学学报（社会科学版）》2021年第1期。

② 中共中央纪律检查委员会 中华人民共和国国家监察委员会法规室编写：《〈中华人民共和国监察法〉释义》，中国方正出版社2018年版，第197页。

察法》规定了事前审批和事后备案两种审查模式,即设区的市级以下监察机关采取事前审批模式,省级监察机关采取事后备案模式。具体而言,设区的市级监察机关和县级监察机关采取留置措施,应当报上一级监察机关批准;省级监察机关采取留置措施,应当报国家监察委员会备案。对设区的市级监察机关和县级监察机关采取留置措施适用事前审批模式,其目的是通过提高层级强化对留置措施的监督制约,防止下级机关适用留置措施的随意性。之所以对省级监察机关采取留置措施适用事后备案模式,主要有三个方面的考虑,一是省级监察机关相对于设区的市级和县级监察机关而言,具有较高的专业水平,通常能够较为准确把握留置措施的适用;二是省级监察机关采取留置措施适用事后备案模式能够保证监察效率;① 三是事后备案模式并不是对留置措施的适用放任不管,根据《现代汉语词典》的解释,"备案"的含义是"把情况用书面形式报告给主管部门,供存档备查"。② 可见,国家监察委员会仍然可以对报送存档的留置案件进行审查,对留置措施适用存在瑕疵或错误的案件可以给予补救或纠正。

【关联规范】

《宪法》第 3 条;《监察法实施条例》第 6 条;《中国共产党章程》第 10 条。

第四十八条 **【留置措施的期限、变更、解除】** 留置时间不得超过三个月。在特殊情况下,可以延长一次,延长时间不得超过三个月。省级以下监察机关采取留置措施的,延长留置时间应当报上一级监察机关批准。监察机关发现采取留置措施不当或者不需要继续采取留置措施的,应当及时解除或者变更为责令候查措施。

---

① 秦前红、石泽华:《监察委员会留置措施研究》,载《苏州大学学报(法学版)》2017 年第 4 期。

② 中国社会科学院语言研究所词典编辑室:《现代汉语词典》(第 7 版),商务印书馆 2016 年版,第 56 页。

对涉嫌职务犯罪的被调查人可能判处十年有期徒刑以上刑罚，监察机关依照前款规定延长期限届满，仍不能调查终结的，经国家监察委员会批准或者决定，可以再延长二个月。

省级以上监察机关在调查期间，发现涉嫌职务犯罪的被调查人另有与留置时的罪行不同种的重大职务犯罪或者同种的影响罪名认定、量刑档次的重大职务犯罪，经国家监察委员会批准或者决定，自发现之日起依照本条第一款的规定重新计算留置时间。留置时间重新计算以一次为限。

【法条主旨】

本条是关于留置措施的期限、变更、解除的规定。

【修改提示】

本条第一款在 2018 年《监察法》第四十三条第二款的基础上，进行了如下修改：一是增加"或者不需要继续采取留置措施"，作为留置措施解除或变更的条件之一；二是增加"或者变更为责令候查措施"，明确留置措施向责令候查措施的变更。增加两款，作为第二款、第三款，分别对再次延长留置期限、重新计算留置时间的情形进行了规定。

【法条解读】

从留置措施的实际功能来看，其与刑事强制措施十分接近，因此其功能定位于保证监察调查程序顺利进行的强制措施，并且属于羁押性强制措施，具有限制人身自由的属性。因此，有必要对其适用期限加以严格规定，防止其在适用中被滥用。基于此，修改后的《监察法》增加了"不需要继续采取留置措施的，应当及时解除或者变更为责令候查措施"。同时，在《监察法》实施的过程中，有些案件留置期限紧张，影响办案质量和效果。此次修改

《监察法》，根据反腐败斗争的新形势新任务，进一步授予监察权限，优化留置期限，打通理顺制度堵点难点，有利于依法解决实践中反映出来的突出问题，进一步提高监督执法工作的精准性、实效性，为以零容忍态度反腐惩恶，坚决打赢反腐败斗争攻坚战持久战，一体推进不敢腐、不能腐、不想腐提供法制保障。①

一、留置期限

准确把握留置期限可以从一般留置期限和留置期限的延长两个方面展开。

1. 一般留置期限。一般留置期限为三个月，自向被留置人员宣布之日起算。为了明确留置的起始时间，当监察机关决定采取留置措施时，调查人员应当向被留置人员宣布《留置决定书》，并要求其在《留置决定书》上签名、捺指印、注明日期。如果被留置人员拒绝签名、捺指印的，调查人员应当在文书上记明情况，并注明宣布日期。

2. 留置期限的延长。根据本条第一款和第二款的规定，留置期限的延长分为特殊情况的延长和特定情形的再次延长。

一是特殊情况的延长。在实践中，有些案件具有特殊情况，超过三个月的留置期限仍有问题需要继续调查，或者解除留置措施不利于国家利益或公共利益的，此种情况，国家监察委员会可以决定延长留置期限一次，省级以下监察机关经上一级监察机关批准后，可以延长留置期限一次，但延长时间均不得超过三个月。根据《监察法实施条例》第一百零一条的规定，可以延长留置期限的特殊情况主要有：案情重大，严重危害国家利益或者公共利益的；案情复杂，涉案人员多、金额巨大，涉及范围广的；重要证据尚未收集完成，或者重要涉案人员尚未到案，导致违法犯罪的主要事实仍须继续调查的；其他需要延长留置时间的情形。但是，由于留置措施在功能定位上属于保证监察调查程序顺利进行的强制措施，监察机关发现采取留置措施不当或者不需要继续采取留置措施的，应当及时解除或者变更为责令候查措施。

二是特定情形的再次延长。特定情形的再次延长，是指对涉嫌职务犯罪的被调查人可能判处十年有期徒刑以上刑罚，依照本条第一款的规定延长期

---

① 《关于〈中华人民共和国监察法（修正草案）〉的说明——2024 年 9 月 10 日在第十四届全国人民代表大会常务委员会第十一次会议上》，载中国人大网，http：//www.npc.gov.cn/c2/c30834/202412/t20241225_442031.html，最后访问日期：2025 年 1 月 19 日。

限届满，仍不能调查终结的，经国家监察委员会批准或者决定，可以再延长二个月。留置期限的再次延长需要满足以下条件：

第一，被调查人涉嫌职务犯罪，且可能判处十年有期徒刑以上刑罚。由于犯罪是具有严重危害社会性、刑事违法性和应受刑罚处罚性的行为，严重职务违法不一定具有刑事违法性和应受刑罚处罚性，因此，如果被调查人的职务违法行为不构成犯罪，对其不能适用留置期限的再次延长。"可能判处十年有期徒刑以上刑罚"是指根据被调查人的犯罪事实、情节和法律规定，其可能被判处十年有期徒刑以上刑罚，而不是指其涉嫌犯罪的法定刑包括十年有期徒刑以上的刑罚。比如，公职人员甲涉嫌贪污罪被采取留置措施，如果根据其贪污的事实和情节，应当判处三年以上十年以下有期徒刑，对其就不能适用留置期限的再次延长，而不能以贪污罪的最高法定刑为死刑，对甲适用留置期限的再次延长。

第二，被调查人的留置延长期限届满，但案件仍不能调查终结。一方面，被调查人在留置期限届满后已经被延长留置一次，这是适用留置期限再次延长的前提条件。另一方面，被调查人的留置延长期限届满后，案件仍然达不到调查终结的标准，即职务违法案件，达不到事实清楚、证据确凿；职务犯罪案件，达不到事实清楚，证据确实、充分，有必要继续留置调查。如果案件已经符合调查终结的标准，就不能启动留置期限再次延长的程序。这也是比例原则的内在要求。比例原则要求权力的行使要目的正当、妥当、必要，且权衡公共利益和权利损害大小之间的比例。[①] 留置作为限制人身自由的强制措施，其适用以调查案件确实需要为必要条件。

第三，必须经国家监察委员会批准或者决定。为了防止留置期限的再次延长制度被随意适用，《监察法》规定其批准或者决定权由国家监察委员会行使，即国家监察委员会在办理案件时根据调查案件的需要可以自行决定适用留置期限的再次延长，其他监察机关想要适用留置期限的再次延长，必须层层上报国家监察委员会审批。

第四，留置期限的再次延长最长不得超过二个月。在启用留置期限的再次延长程序后，留置时间可延长至八个月。比如，甲涉嫌重大职务犯罪被采

---

① 汪海燕：《比例原则在监察调查制度中的适用》，载《行政法学研究》2022年第5期。

取留置措施，留置三个月期限届满，发现有特殊情况的，可以延长三个月；如果甲可能判处十年有期徒刑以上刑罚，延长期限届满仍不能调查终结的，经国家监察委员会批准或者决定，可以再延长二个月，此种情况下，甲的留置期限最长可延长八个月。

二、留置期限的重新计算

在监察实践中，部分特别复杂或重大的案件留置期限较为紧张，比如，监察机关在被调查人留置期间发现了其他重大职务犯罪，现有的留置期限内难以对新的犯罪调查达到事实清楚，证据确实、充分，如果放弃新罪的调查就会放纵犯罪，但是延长留置期限又于法无据。为了化解此类案件留置期限紧张的问题，修改后的《监察法》增设了留置期限重新计算制度。根据本条第三款的规定，留置期限的重新计算须符合以下条件：

第一，省级以上监察机关在调查期间发现被调查人有其他重大职务犯罪。这里的监察机关包括省级监察机关和国家监察委员会，不包括设区的市级或县级监察机关。之所以如此规定，是因为省级以上监察机关立案调查的案件往往案情复杂或涉案人员多、金额较大或涉及范围广，如果在调查期间又发现被调查人有其他重大职务犯罪，就需要较长的时间调查犯罪事实和收集证据。

第二，监察机关发现了被调查人另有与留置时的罪行不同种的重大职务犯罪或者同种罪行但影响罪名认定、量刑档次的重大职务犯罪。"罪行不同种的重大职务犯罪"是指罪名不同的重大职务犯罪。比如，省级监察机关在调查甲涉嫌贪污罪期间，又发现了甲涉嫌行贿罪或挪用公款罪等其他重大职务犯罪。所谓同种罪行是指性质相同或罪名相同的犯罪行为。需要注意，并非发现所有的同种罪行都可以启动留置时间重新计算的程序，而是限定为影响罪名认定或影响量刑档次的同种罪行，且属于重大职务犯罪。比如，法官甲收受乙五万元而徇私枉法，导致他人的严重罪行逃避刑事处罚，甲构成受贿罪和徇私枉法罪的牵连犯，按照先前查明的事实和情节，徇私枉法罪处罚较重，应按徇私枉法罪论处。但是省级监察机关在调查甲的犯罪行为过程中，又发现了甲有其他重大的受贿行为，其罪行涉及徇私枉法罪和受贿罪的数罪并罚，影响了罪名的认定。本案中，监察机关在调查期间另外发现甲有其他重大受贿行为，就属于发现另有同种罪行但影响罪名认定的重大职务犯罪。

第三，必须经国家监察委员会批准或者决定。省级以上监察机关在调查期间发现被调查人有其他重大职务犯罪，需要启动留置期限重新计算的程序时，必须上报国家监察委员会批准，没有批准的，留置期限不能重新计算。如果国家监察委员会在调查期间发现被调查人有其他重大职务犯罪，在符合前述两个条件时，可以自行决定留置期限的重新计算。

第四，重新计算留置的起始时间是发现被调查人有其他重大职务犯罪之日。本条第三款规定，留置时间重新计算以一次为限，即同一个被调查人，其留置时间重新计算只能启动一次。

根据本条的规定，即使启动重新计算留置时间的，留置期限最长不得超过十六个月。比如，甲涉嫌重大职务犯罪被采取留置措施，留置三个月期限届满，又发现有特殊情况的，可以延长三个月；如果甲可能判处十年有期徒刑以上刑罚，延长期限届满仍不能调查终结的，经国家监察委员会批准或者决定，可以再延长二个月。此种情况下，甲的留置期限最长不得超过八个月。如果监察机关在调查期间发现甲另外有其他重大职务犯罪，根据本条第三款的规定，留置期限可以重新计算，但重新计算仍然要受本条第一款和第二款的限制，即重新计算的留置期限最长也不得超过八个月。

【关联规范】

《监察法实施条例》第 101 条、第 102 条。

第四十九条 【监察强制措施的执行与配合】 监察机关采取强制到案、责令候查、管护、留置措施，可以根据工作需要提请公安机关配合。公安机关应当依法予以协助。

省级以下监察机关留置场所的看护勤务由公安机关负责，国家监察委员会留置场所的看护勤务由国家另行规定。留置看护队伍的管理依照国家有关规定执行。

【法条主旨】

本条是关于强制措施执行与配合的规定。

【修改提示】

本条内容在 2018 年《监察法》第四十三条第三款的基础上,针对监察机关采取新增强制措施,赋予了其提请公安机关配合的权力;增加了第二款,对省级以下监察机关与国家监察委员会留置场所看护勤务的责任机关,以及留置看护队伍的组建进行了规定。

【法条解读】

根据 2018 年《宪法修正案》和《监察法》,在新的国家机构体系中,科学构设"监审关系""监检关系"和"监警关系"是攸关监察权顺畅运行的核心问题。[①]《宪法》对新的国家权力结构关系作出了统一的原则性规定。《宪法》第一百二十七条第二款规定:"监察机关办理职务违法和职务犯罪案件,应当与审判机关、检察机关、执法部门互相配合,互相制约。"《监察法》第四条第二款、第三款规定:"监察机关办理职务违法和职务犯罪案件,应当与审判机关、检察机关、执法部门互相配合,互相制约。监察机关在工作中需要协助的,有关机关和单位应当根据监察机关的要求依法予以协助。"《中国共产党纪律检查机关监督执纪工作规则》第十一条第二款规定:"纪检监察机关在工作中需要协助的,有关组织和机关、单位、个人应当依规依纪依法予以协助。"此外,2024 年《中共中央关于进一步全面深化改革 推进中国式现代化的决定》明确指出:"健全监察机关、公安机关、检察机关、审判机关、司法行政机关各司其职,监察权、侦查权、检察权、审判权、执行权相互配合、相互制约的体制机制,确保执法司法各环节全过程在有效制约监督

---

① 江国华、张硕:《监察过程中的公安协助配合机制》,载《法学研究》2019 年第 2 期。

下运行。"本条规定是对监察机关与公安机关间"相互配合、相互制约"原则性关系在强制到案、责令候查、管护、留置等强制措施实施层面的具体化。

具体而言，本条规定了监察机关与公安机关在强制到案、责令候查、管护、留置等强制措施实施过程中的四项主要内容：

一、赋予监察机关提请公安机关配合的权力

监察机关是行使国家监察权的专责机关，依法行使宪法和监察法赋予的监察权。监察权具有权威性、法定性和强制性，监察机关依法执行公务时，有关单位和个人应当配合。监察机关依法采取监察强制措施是监察权行使的具体表现，但监察机关没有配备类似检察院、法院"法警"那样的强制执行队伍，对于强制措施的执行亦缺乏专门的队伍保障。公安机关是人民民主专政的重要工具，人民警察是武装性质的国家治安行政力量和刑事司法力量，承担依法预防、制止和惩治违法犯罪活动，保护人民，服务经济社会发展，维护国家安全，维护社会治安秩序的一般职责。因此，为保证留置等强制措施的顺利实施，监察机关需要公安机关的协助配合。具体而言，公安机关协助监察机关执行监察强制措施主要包括三种情况：一是对被采取强制措施的人员进行控制；二是将被采取强制措施的人员带至强制措施的执行场所，如留置场所；三是负责强制措施执行期间的看护工作，如监察机关决定采取留置措施并提请公安机关协助时，公安机关应当根据监察机关要求立即组建看护专班，包括带班领导、监控人员、看护人员等，统一进驻监察机关留置场所实施看护。

监察机关提请公安机关配合应满足一定的程序规则。在协助启动上，原则上只要监察机关认为案件性质满足申请公安机关协助配合的条件，就可单方启动申请程序。在协助对象上，《监察法实施条例》第九十九条第一款规定，"县级以上监察机关需要提请公安机关协助采取留置措施的，应当按规定报批，请同级公安机关依法予以协助"。也即监察机关原则上只能提请同级公安机关予以协助，而不能直接向同级公安机关的上级机关提请配合。此外，需要提请异地公安机关协助采取强制措施的，应当按规定报批，向协作地同级监察机关出具协作函件和相关文书，由协作地监察机关提请当地公安机关依法予以协助。在协助形式上，应向公安机关发出协助函或其他用于申请协助的法律文书，列明提请协助的具体事项和建议，协助采取措施的时间、地点等内容，并附上所采取强制措施的决定书复印件。

二、明确公安机关依法配合的强制性义务

本条规定，对于监察机关提出的配合请求，"公安机关应当依法予以协助"。从文义上看，该条对公安机关协助义务的履行提出了两项要求：一是应当协助。公安机关的协助义务是一项强制性义务，只要监察机关提出配合请求，公安机关不得拒绝，均应予以配合。二是依法协助。这里的"依法"具有两层含义，一方面，监察机关提出的配合请求应当符合法律规定，对于明显违法的配合请求，公安机关可以不予以配合；另一方面，公安机关应当严格依照法定权限和程序履行配合义务。监察机关要求公安机关实施协助函载明事项以外的内容或超出公安机关职权范围的，公安机关不负有协助义务。

三、明确留置场所看护勤务的责任机关

留置场所的看护勤务工作是留置措施执行的重要组成部分。实践中，留置场所的看护勤务工作存在层次差异，省级监察留置看护工作是由驻地的武警负责执行，地市级监察留置看护的组织力量根据当地实际情况而定，还存在监委干部自行执行监察留置看护的模式。本条规定将留置场所看护勤务工作的责任主体分为两个层次：一是省级以下监察机关留置场所的看护勤务统一由公安机关负责；二是国家监察委员会留置场所的看护勤务由国家另行规定。总的来说，由公安机关负责留置场所的看护勤务工作是普遍的实践做法，本条规定将实践做法上升为法律规定，为公安机关开展留置场所的看护勤务工作提供明确、充分的法律依据，解决了实践中留置场所看护勤务工作的层级差异问题。

四、依法组建留置看护队伍

留置场所的看护勤务工作具有政治性、保密性强的显著特征，应当组建专业化的留置看护队伍，加强队伍培训，强化看护人员的安全意识、底线意识、责任意识、保密意识，确保留置对象的绝对安全。本条对留置看护队伍的管理作出原则规定，为今后出台留置看护队伍的专门规定提供法律依据和制度空间。

【关联规范】

《宪法》第127条;《监察法实施条例》第99条;《中国共产党纪律检查机关监督执纪工作规则》第11条。

第五十条　【被管护人员、被留置人员的权利保障】 采取管护或者留置措施后,应当在二十四小时以内,通知被管护人员、被留置人员所在单位和家属,但有可能伪造、隐匿、毁灭证据,干扰证人作证或者串供等有碍调查情形的除外。有碍调查的情形消失后,应当立即通知被管护人员、被留置人员所在单位和家属。解除管护或者留置的,应当及时通知被管护人员、被留置人员所在单位和家属。

被管护人员、被留置人员及其近亲属有权申请变更管护、留置措施。监察机关收到申请后,应当在三日以内作出决定;不同意变更措施的,应当告知申请人,并说明不同意的理由。

监察机关应当保障被强制到案人员、被管护人员以及被留置人员的饮食、休息和安全,提供医疗服务。对其谈话、讯问的,应当合理安排时间和时长,谈话笔录、讯问笔录由被谈话人、被讯问人阅看后签名。

被管护人员、被留置人员涉嫌犯罪移送司法机关后,被依法判处管制、拘役或者有期徒刑的,管护、留置一日折抵管制二日,折抵拘役、有期徒刑一日。

【法条主旨】

本条是关于被管护人员、被留置人员权利保障的规定。

【修改提示】

本条内容在 2018 年《监察法》第四十四条第一款的基础上,将被管护人员纳入本条的调整对象,统筹安排被管护人员与被留置人员的各项权利保障;增列"隐匿、毁灭"这两项有碍调查的情形,与"伪造"证据并列,增加了监察机关在解除管护或者留置措施时的通知义务;增加了第二款,对被管护人员、被留置人员及其近亲属申请变更管护、留置措施的权利和程序进行了规定;在 2018 年《监察法》第四十四条第二款的基础上,对被强制到案人员及被管护人员的合法权益进行了明确规定;在 2018 年《监察法》第四十四条第三款的基础上,对管护措施的刑期折抵制度进行了规定。

【法条解读】

尊重和保障人权是宪法的基本原则,本次修法在监察工作原则中增加"尊重和保障人权",将"保障当事人的合法权益"修改为"保障监察对象及相关人员的合法权益",充分彰显依法全面保障人权的鲜明立场。管护措施与留置措施作为限制被调查人人身自由的强制措施,应当充分保障被管护人员、被留置人员的各项合法权益。具体而言,本条规定可以分为以下四个部分:

一、被管护人员、被留置人员所在单位或者家属的知情权与监察机关的通知义务

本条第一款规定采取管护或者留置措施后,应当在二十四小时以内,通知被管护人员、被留置人员所在单位和家属。管护、留置属于暂时性剥夺人身自由的强制措施,被调查人员被采取管护或留置措施将会失去与外界的联系,极大影响其基于家庭成员、单位成员等身份关系所必需的社会活动,为避免对其正常的社会活动造成不必要的负面影响,应赋予被管护人员、被留置人员所在单位或者家属的知情权,并明确监察机关的义务。但是,这一规定存在例外情形,即若通知被管护人员、被留置人员所在单位或者家属将有碍调查,可暂时不予通知。所谓"有碍调查"主要包括可能伪造、隐匿、毁灭证据,干扰证人作证或者串供等情形。伪造证据,是指编造、制造实际根

本不存在的证据或者将现存证据加以篡改、歪曲、加工、整理以违背事实真相；隐匿证据，是指在发现证据后，采取各种手段将其隐藏起来，以避免被他人发现；毁灭证据，是指湮灭、消灭证据，既包括使证据从形态上完全消失，如将证据烧毁、撕坏、浸烂、丢弃等，又包括虽保存证据形态但使其丧失或部分丧失其证明力，如玷污、涂改证据使其无法反映其证明的事实等。另外，一旦有碍调查的情形消失，监察机关仍应立即通知被管护人员、被留置人员所在单位或者家属，以降低对其社会活动的影响。

二、被管护人员、被留置人员及其近亲属具有申请变更管护、留置措施的权利

管护、留置措施的目的在于保证监察调查活动的顺利进行，保障被调查人的人身权利。与此同时，管护、留置措施具有强烈的限权性特征，因此《监察法》第二十四条和第二十五条对管护、留置措施的适用条件作出了明确规定。一旦被管护人员、被留置人员不满足管护、留置措施的法定适用条件，管护、留置措施即应变更或解除。根据启动主体不同，管护、留置措施的变更（解除）分为依职权变更（解除）和依申请变更（解除）。《监察法》第四十八条第一款规定了留置措施的依职权解除，即监察机关发现采取留置措施不当或者不需要继续采取留置措施的，应当及时解除或者变更为责令候查措施。本条第二款系依申请变更管护、留置措施的规定，"变更"应包括管护、留置措施的解除。具体而言，变更管护、留置措施申请主体包括被管护人员、被留置人员及其近亲属。被管护人员、被留置人员及其近亲属认为管护或留置措施实施不当或不需要继续采取的，应向决定采取管护或留置措施的监察机关提出变更申请，监察机关收到申请后，应当在三日以内作出决定；同意变更措施的，应告知申请人，不同意变更措施的，在告知申请人的同时，说明不同意的理由。

三、被强制到案人员、被管护人员以及被留置人员的基本权利保障

监察机关应当保障被强制到案人员、被管护人员以及被留置人员的饮食、休息、安全、医疗服务等基本条件，既是监察工作尊重和保障人权基本原则的具体体现，也有利于监察工作的顺利进行。通过节制饮食、限制休息等违法手段取得的证据应当经过非法证据排除。对被强制到案人员、被管护人员以及被留置人员进行谈话、讯问也应安排合理时间和合理时长，确保谈话和讯问内容的真实性和合法性。此外，谈话笔录与讯问笔录等应经被谈话人、被讯问人阅看并签字，才能满足证据的合法性。

四、管护、留置措施的刑期折抵

管护与留置措施本质上属于羁押类强制措施，具有与刑罚相同的惩戒性。被管护人员、被留置人员涉嫌犯罪移送司法机关后，被依法判处管制、拘役和有期徒刑的，应适用"一事不二罚"原则进行刑期折抵。根据《刑法》第四十一条规定："管制的刑期，从判决执行之日起计算；判决执行以前先行羁押的，羁押一日折抵刑期二日。"第四十四条规定："拘役的刑期，从判决执行之日起计算；判决执行以前先行羁押的，羁押一日折抵刑期一日。"第四十七条规定："有期徒刑的刑期，从判决执行之日起计算；判决执行以前先行羁押的，羁押一日折抵刑期一日。"管护与留置措施均属于判决以前的先行羁押措施，因此管护、留置一日折抵管制二日，折抵拘役、有期徒刑一日。

【关联规范】

《刑法》第41条、第44条、第47条。

第五十一条　【案件审理程序】 监察机关在调查工作结束后，应当依法对案件事实和证据、性质认定、程序手续、涉案财物等进行全面审理，形成审理报告，提请集体审议。

【法条主旨】

本条是关于监察机关案件审理程序的规定。

【修改提示】

本条为新增条文。

【法条解读】

案件审理是监察程序的重要环节,在保障和提高案件质量中发挥着关键作用。《监察法》第五章监察程序呈现了突出的调查中心主义倾向,即主要围绕监察调查进行程序建构,缺乏对监察机关案件审理程序的相关规定。《监察法实施条例》以第五章第五节专章专节形式对案件审理程序的形式、方式、期限等具体事项作出了补充规定。本条内容系从法律层面确立监察机关案件审理程序的一般性规定,既体现了监察法律程序的完善,也体现了监察实践经验的立法回应。

一、本条规定确立了监察机关案件审理的工作原则

一是依法审理原则。一方面,案件审理部门在查清事实和事实认定时,必须以事实为依据,以法律为准绳。另一方面,案件审理部门在审查过程中要符合法定的程序规则。本条所指向的法律法规主要包括:《监察法》《公职人员政务处分法》《刑法》《刑事诉讼法》,以及有权机关对《刑法》《刑事诉讼法》所作的修改补充规定、修正案、解释,以及审理过程中涉及的其他法律法规。二是全面审理原则。实际上,该项原则已具有较丰富的规范基础。例如,《监察法实施条例》第一百九十二条第二款规定:"案件审理部门对于受理的案件,应当以监察法、政务处分法、刑法、《中华人民共和国刑事诉讼法》等法律法规为准绳,对案件事实证据、性质认定、程序手续、涉案财物等进行全面审理。"《中国共产党纪律检查机关监督执纪工作规则》第五十五条第一款第三项规定:"案件审理部门受理案件后,应当成立由两人以上组成的审理组,全面审理案卷材料,提出审理意见。"所谓"全面审理",具体包括两个方面:一方面,形式上的全面。对于涉及案件事实证据、定性处理、程序手续等有关情况的全部案卷材料,不能遗漏,均应进行审查。同时,也存在一定例外,即对涉及案件背景等情况的问题线索、案件材料,如未作为定案证据,为提高工作效率,可不移送案件审理部门进行审理。另一方面,实质上的全面。严格依照法律法规开展案件审理工作,既要审理事实和性质认定是否准确,也要审理支撑事实的每一份证据是否真实、合法、有证明力;既要审理实体性问题,也要审理程序性问题;既要审理对被审查调查人、涉案人

的处理等"人"的问题,也要审理对涉案财物是否提出处置意见、处置意见是否全面准确等"物"的问题,不能忽视任何可能影响案件质量的细节,要始终做到"事实清楚、证据确凿、定性准确、处理恰当、手续完备、程序合规"。

二、本条规定了案件审理的结果形式为审理报告

案件审理报告,是纪检监察机关案件审理部门对移送审理或呈报审批案件的事实、证据、定性、处理及办案程序等提出审理意见的书面报告。案件审理报告应当包括被审查调查人的基本情况、审查调查简况、主要违纪违法事实、涉案财物情况、被审查调查人的态度和认识、处理意见等内容,要充分体现审理工作的政治性、严肃性,突出党内审查特色,准确概括和评价违纪违法行为的本质和特点。其中,要对主动交代、积极配合审查调查、积极退赃、主动上交违纪所得、检讨悔过和拒不上交或者退赔违纪所得、拒不认错等从轻、减轻、从重、加重情节加以说明。对被审查调查人的处理意见,既包括给予其党纪政务处分意见,也包括给予其他组织处理、移送检察机关审查起诉等意见建议。

三、本条规定了案件审理最终要提请监察机关领导人员集体审议

《宪法》第三条第一款规定:"中华人民共和国的国家机构实行民主集中制的原则。"习近平总书记多次指出:"民主集中制是我国国家组织形式和活动方式的基本原则,是我国国家制度的突出特点。"[①] "民主集中制是我们党的根本组织制度和领导制度。"[②] 民主集中制体现在决策领域即表现为集体讨论。集体讨论制度作为一项决策领导体制,在我国公权力结构体系中得到广泛运用,如立法对法律案中重大问题或重大专门性问题的代表团集体讨论机制、司法中以审委会、法官会议为形式的法院内部案件集体讨论制度以及行政机关的重大行政决策集体讨论制度等。《监察法实施条例》第六条规定:"监察机关坚持民主集中制,对于线索处置、立案调查、案件审理、处置执行、复审复核中的重要事项应当集体研究,严格按照权限履行请示报告程序。"第一百九十三条规定:"审理工作应当坚持民主集中制原则,经集体审

[①] 习近平:《坚持、完善和发展中国特色社会主义国家制度与法律制度》,载《求是》2020 年第 23 期。

[②] 习近平:《贯彻落实新时代党的组织路线 不断把党建设得更加坚强有力》,载《求是》2020 年第 5 期。

议形成审理意见。"监察机关对案件进行集体审议是民主集中制在监察工作中的具体体现。这里的"集体"一般是指纪委常委会会议。

【关联规范】

《宪法》第3条；《监察法实施条例》第6条、第192条、第193条；《中国共产党纪律检查机关监督执纪工作规则》第55条。

第五十二条　【监察处置方式】 监察机关根据监督、调查结果，依法作出如下处置：

（一）对有职务违法行为但情节较轻的公职人员，按照管理权限，直接或者委托有关机关、人员，进行谈话提醒、批评教育、责令检查，或者予以诫勉；

（二）对违法的公职人员依照法定程序作出警告、记过、记大过、降级、撤职、开除等政务处分决定；

（三）对不履行或者不正确履行职责负有责任的领导人员，按照管理权限对其直接作出问责决定，或者向有权作出问责决定的机关提出问责建议；

（四）对涉嫌职务犯罪的，监察机关经调查认为犯罪事实清楚，证据确实、充分的，制作起诉意见书，连同案卷材料、证据一并移送人民检察院依法审查、提起公诉；

（五）对监察对象所在单位廉政建设和履行职责存在的问题等提出监察建议。

监察机关经调查，对没有证据证明被调查人存在违法犯罪行为的，应当撤销案件，并通知被调查人所在单位。

【法条主旨】

本条是关于监察机关案件处置方式的规定。

【修改提示】

本条内容未作修改。

【法条解读】

二十届中央纪委三次全会明确提出："完善问责制度及程序，健全重点领域重点问题问责提级审核、问责案件评查等制度，防止和纠正问责不力、问责泛化、'求快不求准'等问题。"[1] 监察机关案件处置作为监察问责的重要环节，是实现反腐败目标的必然途径。本条对监察机关案件处置程序的设置，主要有两个方面的目的：一是规范和保障监察机关的处置工作，在防止监察机关滥用处置权限的同时，保证监察机关能够依法履行处置职责。二是通过梯度化的监察处置条款，推动行使公权力的公职人员依法履职，保障公职人员能动履职的积极性，从而实现精准问责。具体而言，监察机关依法作出处置的类型包括六个方面：

一、对轻微违法行为人进行提醒、批评教育和诫勉

这类处置决定适用于公职人员有职务违法行为但情节轻微，可以免予处分或承担其他法律责任的情形。对于这类人员的处置，由于主观恶性和客观情节较为轻微，为激发公职人员依法履职担当作为的积极性，应当精准应用监督执纪的"四种形态"，以警示、教育为主，及时纠正相关人员的错误和不当行为。具体而言，"谈话提醒"是针对公职人员的苗头性、倾向性问题，通过谈话促使其警醒，从而防止问题进一步扩大的处理方式；"批评教育"是在严厉指出公职人员错误的基础上，对其提出建议、意见，并希望其能够吸取教训，积极改正；"责令检查"是要求公职人员主动反省自身错误并积极整改的处理方式；"诫勉"则是对公职人员进行谈话规诫、加强管理，并组织跟踪考核的一种处理方式。上述四种方式监察机关可以按照管理权限直接作出，

---

[1] 《李希在二十届中央纪委三次全会上的工作报告》，载新华网，https://www.xinhuanet.com/politics/20240225/9b39b10cd3724dd6b95987d233d76778/c.html，最后访问日期：2025年2月19日。

也可以委托公职人员所在单位、上级主管部门或者上述单位负责人代为作出。对于如何具体适用上述四种方式，则由监察机关根据行为人的一贯表现、行为性质和具体情节进行综合判断。

二、对违法的公职人员进行政务处分

根据《监察法实施条例》第二十三条和第二十四条的规定，此处的"违法"，是指虽然不构成犯罪，但应承担法律责任的情形。它既包括职务违法行为，也包括一般违法行为。《公职人员政务处分法》细化了政务处分的相关规定，包括政务处分的种类、适用、程序、救济等。同时，《公职人员政务处分法》也规定了公职人员任免机关、单位应当按照管理权限，依法给予违法的公职人员处分。当监察机关发现上述机关单位应当给予处分而未给予，或者给予的处分违法、不当的，应当及时提出监察建议。总而言之，监察机关应按照《公职人员政务处分法》所规定的法定程序和适用要件，使公职人员所受的政务处分与其职务违法行为的性质、情节、危害程度相适应。

三、对负有责任的领导人员作出问责决定或向有权机关提出问责建议

党的十八大以来，党和国家高度重视健全及完善针对党政领导干部的监督问责机制。习近平总书记也多次指出："让每名党员、干部行使应有权利、履行应尽责任，做到权责对等、失责必问，压力层层传导，责任环环相扣。"[①]因此，监察机关在开展廉政建设与反腐败工作中，要重点抓好领导干部这个"关键少数"，落实全面从严治党、全面依法治国的监督责任。监察机关作出问责决定或提出问责建议，应当依照下列程序展开：首先，问责的对象是负有管理责任的领导人员，主要包括在各级党政机关担任各级领导职务的人员，以及具有公共事务管理职能单位的领导成员。其次，启动问责机制的原因是相关领导人员不履行或没有正确履行职责。再次，监察机关对领导人员实施问责，可以适用《公职人员政务处分法》《中国共产党纪律处分条例》所规定的问责措施，同时应当坚持权责一致、惩教结合、依法有序的原则。最后，问责的形式既包括监察机关依职权作出问责决定，也包括监察机关向有权作出决定的机关提出问责建议。

[①] 习近平：《健全全面从严治党体系 推动新时代党的建设新的伟大工程向纵深发展》，载《求是》2023年第12期。

四、将涉嫌职务犯罪的人员移送检察机关依法审查、提起公诉

根据《刑事诉讼法》第一百六十九条的规定："凡需要提起公诉的案件，一律由人民检察院审查决定。"因此，监察机关对涉嫌职务犯罪的人员依法调查取证后，认为需要起诉的，应当移送人民检察院处理。监察机关对于移送起诉的案件，应当符合"犯罪事实清楚，证据确实、充分"的起诉标准。同时，监察机关应当制作起诉意见书，连同案卷材料、证据一并移送有管辖权的人民检察院。

五、对监察对象所在单位廉政建设和履行职责存在的问题等提出监察建议

监察建议是指监察机关依法根据监督、调查结果，针对监察对象所在单位廉政建设和履行职责存在的问题等，向相关单位提出的具有一定法律效力的建议。监察建议依据监督、调查结果向有关单位提出，通过个体问题发现共性问题，通过监察建议促进共性问题的解决。同时，监察建议不同于一般的工作建议，其具有法律效力。《监察法实施条例》第三十六条赋予了监察机关应当指导、督促有关单位限期整改，推动监察建议落实到位的权力。因此，相关单位在收到监察建议后，如无正当理由，应当依照监察建议提出的要求积极整改，加强本单位的制度约束，以预防腐败案件的再次发生。

六、监察机关关于撤销案件的条件和程序

监察机关对于没有证据证明实施了违法犯罪行为的被调查人，监察机关应当及时撤销案件，终止调查程序。案件撤销制度不仅有助于规范监察权的行使，还有助于保障监察对象及其相关人员的合法权益。根据本条第二款的规定，监察机关撤销案件，应当遵循以下程序：

第一，需要撤销的案件应当是无法证明被调查人存在相关违法犯罪事实的案件。包括经调查不存在构成职务违法或职务犯罪的事实，没有证据证明被调查人实施了违法犯罪行为，或者虽有违法犯罪事实，但并非被调查人所为等情况。

第二，为充分保障被调查人的合法权益，案件撤销应当及时、有效。监察机关在调查过程中，一旦发现被调查人不存在职务违法或犯罪行为，应当撤销案件，并撤销相应的监察措施。例如，对于已经被留置的人员，监察机关应当立即报告原批准机关，及时解除留置或变更为责令候查措施。

第三，监察机关撤销案件后，应当积极为被调查人消除影响。例如，应当将相关情况告知被调查人所在单位，使被调查人的情况得以澄清。

【关联规范】

《刑事诉讼法》第169条；《公职人员政务处分法》第7条、第23条；《监察法实施条例》第23条、第24条、第36条；《中国共产党纪律处分条例》第130条。

第五十三条　【涉案财物处置】 监察机关经调查，对违法取得的财物，依法予以没收、追缴或者责令退赔；对涉嫌犯罪取得的财物，应当随案移送人民检察院。

【法条主旨】

本条是关于监察机关对涉案财物处置的规定。

【修改提示】

本条内容未作修改。

【法条解读】

涉案财物作为监察调查程序的重要内容，如何对涉案财物进行处置是监察机关依法办案调查的必然要求。本条通过规定监察机关对涉案财物处置的程序要求，旨在防止职务违法的公职人员在经济上获得不正当利益，挽回因职务违法犯罪行为给国家财产、集体财产和公民个人的合法财产造成的损失。具体而言，主要包括两个方面：

一是对于违法取得的财物。《公职人员政务处分法》第二十五条第一款规定，公职人员违法取得的财物和用于违法行为的本人财物，除依法应当由其他机关处置的，由监察机关处置。因此，《监察法》第五十三条的"违法取得"应与《公职人员政务处分法》第二十五条第一款相结合，作体系解释。"违法取得"实际上包括两个方面，一方面是公职人员违法取得的财物，即被调查人实施尚未触犯《刑法》的普通违法行为，所取得的各类财物；另一方面是用于违法行为的本人财物，主要是指供被调查的公职人员进行违法活动而使用的本人财物，这些财物必须与违法行为具有紧密的直接联系，是直接用于实施违法行为之物，且该财物是被调查的公职人员主要或者通常用于故意违法行为的财物。[1] 而对于上述涉案财物，监察机关可以根据实际情况，包括对象或行为性质等方面的不同，分别作出没收、追缴或者责令退赔的决定。"没收"是指将违法取得的财物强制收归国有的行为，没收的财物一律上缴国库。"追缴"是指将违法所得财物勒令缴回的行为，主要适用于贪污、挪用公款等非法侵吞、占用公共财物的行为。追缴回的财物一般退回原所有人或原持有人；依法不应退回的，则上缴国库。"责令退赔"则是指要求被调查人将其已经使用、挥霍或变现的违法所得退还、赔偿给国家或有关单位、个人的行为，无法退赔的，则上缴国库。

二是对于涉嫌犯罪取得的财物，监察机关应当在移送检察机关依法提起公诉时随案移送。人民检察院是国家的法律监督机关，行使国家的检察权，审查起诉是其法定职能之一。对于涉嫌犯罪的财物，应当在案件移送检察机关时一并移送，以保证检察机关顺利开展审查起诉工作。

需要注意的是，在法院依法作出判决后，检察机关应将未认定的涉案财物退回监察机关，监察机关应当视情况作出相应处理，对违法取得的财物，可以依法予以没收、追缴或者责令退赔；对被调查人的合法财物，将原财物予以归还，原财物被消耗、毁损的，用与之价值相当的财物予以赔偿。[2]

---

[1] 参见周岩编写：《公职人员政务处分重点难点解析》，中国方正出版社2021年版，第91页。
[2] 中共中央纪律检查委员会 中华人民共和国国家监察委员会法规室编写：《〈中华人民共和国监察法〉释义》，中国方正出版社2018年版，第39页。

【关联规范】

《公职人员政务处分法》第 25 条；《监察法实施条例》第 207 条至第 209 条；《中国共产党纪律处分条例》第 43 条。

第五十四条　【检察机关对移送案件的处理】 对监察机关移送的案件，人民检察院依照《中华人民共和国刑事诉讼法》对被调查人采取强制措施。

人民检察院经审查，认为犯罪事实已经查清，证据确实、充分，依法应当追究刑事责任的，应当作出起诉决定。

人民检察院经审查，认为需要补充核实的，应当退回监察机关补充调查，必要时可以自行补充侦查。对于补充调查的案件，应当在一个月内补充调查完毕。补充调查以二次为限。

人民检察院对于有《中华人民共和国刑事诉讼法》规定的不起诉的情形的，经上一级人民检察院批准，依法作出不起诉的决定。监察机关认为不起诉的决定有错误的，可以向上一级人民检察院提请复议。

【法条主旨】

本条是关于检察机关依法处理监察机关移送案件的规定。

【修改提示】

本条内容未作修改。

【法条解读】

党的二十届三中全会决定提出："健全监察机关、公安机关、检察机关、审判机关、司法行政机关各司其职，监察权、侦查权、检察权、审判权、执行权相互配合、相互制约的体制机制，确保执法司法各环节全过程在有效制约监督下运行。"《宪法》第一百二十七条第二款明确规定，监察机关办理职务违法和职务犯罪案件，应当与审判机关、检察机关、执法部门互相配合，互相制约。《监察法》第四条第二款、第三款规定："监察机关办理职务违法和职务犯罪案件，应当与审判机关、检察机关、执法部门互相配合，互相制约。监察机关在工作中需要协助的，有关机关和单位应当根据监察机关的要求依法予以协助。"在查处职务犯罪案件的过程中，监察机关主要承担调查取证的职能，而检察机关则主要负责对案件进行审查起诉。因而，监察机关与检察机关的配合、制约关系集中体现在调查程序与审查起诉程序的衔接上。根据《监察法》第五十二条的规定，对涉嫌职务犯罪的，监察机关经调查认为犯罪事实清楚，证据确实、充分的，制作起诉意见书，连同案卷材料、证据一并移送人民检察院依法审查、提起公诉，由此实现了调查程序与审查起诉程序的衔接。为保证检察机关及时、依法履行审查起诉职能，本条明确规定了检察机关在接收移送案件后应当依照《刑事诉讼法》采取的措施及程序，为规范审查起诉行为、确保监察程序与刑事诉讼程序的有序衔接提供了必要保障。

依照本条规定，人民检察院对于监察机关移送的案件，应当根据案件情况，结合《刑事诉讼法》的有关规定，作出以下处理：

一、依法采取强制措施

案件移送检察机关后，正式进入刑事诉讼程序。检察机关应当严格按照《刑事诉讼法》的规定对案件进行审查和处理。对于监察机关移送的被调查人，检察机关可以视情况采取拘留、逮捕、监视居住等刑事诉讼中的强制措施。其中，拘留是指人民检察院在紧急情况下，依法临时剥夺犯罪嫌疑人（监察程序中的被调查人）人身自由的一种强制措施；逮捕是指人民检察院为防止犯罪嫌疑人逃避起诉，进行妨碍刑事诉讼的行为，或者存在社会危险性，而依法剥夺其人身自由、予以羁押的一种强制措施；监视居住则是指人民检察院对犯罪嫌疑人采用的，命令其不得擅自离开住所（无固定住处不得离开指定居所），并对其活动进行监视和控制的一种强制措施。

人民检察院采用上述强制措施，必须严格遵循《刑事诉讼法》所规定的批准权限、适用对象、条件及程序。例如，对犯罪嫌疑人采取监视居住的强制措施，应当符合《刑事诉讼法》第七十四条至第七十九条关于监视居住的适用条件、执行机关、批准权限、通知义务、期限限制等规定。同时，人民检察院所采取的强制措施应当具备合比例性，具体表现为：人民检察院所采取的强制措施能够满足案件查办的目的；在众多强制措施中，人民检察院基于达成目的所采取的强制措施对犯罪嫌疑人的侵害程度相对最小；人民检察院所采取的强制措施在事实查明、证据收集等方面所获得的收益大于采取强制措施所付出的成本。

此外，为保证调查程序与审查起诉程序的有效对接，必须处理好监察措施与刑事诉讼强制措施的衔接与转化。监察措施与刑事诉讼强制措施的衔接及转化主要包括对物强制措施的衔接转化与对人强制措施的衔接转化。所谓对物强制措施的衔接转化，是指对涉及被调查人财产权的查封、扣押、冻结等措施，"若涉嫌犯罪所得且随案移送至检察机关，在经过立案程序之后，应当认为查封、扣押、冻结措施由检察机关作出，具有刑事诉讼行为的意义，受刑事诉讼法规制"[1]；所谓对人强制措施的衔接转化，是指对涉及被调查人人身自由的留置措施，主要针对责令候查与留置等长期限制人身自由的强制措施。检察机关应当在案件移送前对强制措施的实施进行评估，并在移送之日作出决定。例如，对需要审查逮捕的案件，检察机关可以决定先行拘留，对不符合逮捕条件的案件，则可以作出监视居住等决定。上述评估、决定程序在《刑事诉讼法》修改以前，主要通过监察机关书面商请检察机关派员提前介入实现。检察机关在收到书面申请后，应当成立工作小组，提前介入留置案件审理阶段，对证据标准、事实认定、案件定性及法律适用等提出书面意见，对是否需要采取强制措施进行审查、评估。根据《刑事诉讼法》第九十五条，犯罪嫌疑人、被告人被逮捕后，人民检察院仍应当对羁押的必要性

---

[1] 陈卫东：《职务犯罪监察调查程序若干问题研究》，载《政治与法律》2018年第1期。

进行审查。对不需要继续羁押的，应当建议予以释放或者变更强制措施。

二、对符合起诉条件的案件作出起诉决定

根据本条第二款的规定，人民检察院对移送案件进行审查后，认为犯罪事实已经查清，证据确实、充分，依法应当追究职务犯罪嫌疑人的刑事责任，可以对上述起诉要件作如下理解：

第一，事实要件，即犯罪事实已经查清。所谓"犯罪事实已经查清"，包括犯罪的时间、地点，犯罪的动机和目的，实施犯罪的手段、情节和结果等具体犯罪事实。对于属于单一罪行的案件，如果与定罪量刑有关的主要事实已经查清，或者查清的事实足以定罪量刑，一些个别细节无法查清或没有必要查清，且不影响定罪量刑的，应当视为犯罪事实已经查清；对于涉及数个罪行的案件，部分罪行已经查清且符合起诉条件的，即使其他罪行无法查清，也可以就已经查清的事实提起公诉。

第二，证据要件，即证据确实、充分。所谓"证据确实、充分"，根据《刑事诉讼法》第五十五条的规定，是指案件证据具备以下三个条件：（1）定罪量刑的事实都有证据证明；（2）据以定案的证据均经法定程序查证属实；（3）综合全案证据，对所认定事实已排除合理怀疑。

第三，责任要件，即依法应当追究刑事责任。所谓"依法应当追究刑事责任"，是指犯罪嫌疑人不具有能够排除刑事责任的阻却事由，如犯罪嫌疑人属于不能辨认或控制自身行为的精神病人而不具备刑事责任能力，或犯罪嫌疑人的行为属于《刑事诉讼法》第十六条规定的"不追究刑事责任"的情形，检察机关都不应对相应案件提起公诉。

三、对需要补充核实的案件决定退回补充调查或自行补充侦查

退回补充调查与自行补充侦查之间存在先后顺序，考虑到监察机关移送案件的政治性强、比较敏感，检察机关公诉部门审查后认为需要补充证据的，一般应先退回监察机关进行补充调查，必要时才由检察机关自行补充侦查。补充调查行使的仍是监察调查权，在法律适用上必然要适用监察法。检察机关可以自行补充侦查的情形，应当主要适用于只需要对部分次要事实、证据进行补充核实，或由检察机关查证更为便利、高效、更有利于查清案件事实的情况。

2019年通过的《人民检察院刑事诉讼规则》第三百四十三条第二款规

定:"需要退回补充调查的案件,人民检察院应当出具补充调查决定书、补充调查提纲,写明补充调查的事项、理由、调查方向、需补充收集的证据及其证明作用等,连同案卷材料一并送交监察机关。"解决了人民检察院退回补充调查的案卷材料移送问题。同时,该条第三款就强制措施衔接问题作出规定:"人民检察院决定退回补充调查的案件,犯罪嫌疑人已被采取强制措施的,应当将退回补充调查情况书面通知强制措施执行机关。监察机关需要讯问的,人民检察院应当予以配合。"根据该款规定,犯罪嫌疑人已经移送检察机关采取强制措施的,监察机关应在检察机关配合下展开讯问,不再移送回监察机关;对于没有移送检察机关采取强制措施的,可暂缓移送。

在退回补充调查与自行补充侦查的时限上,退回监察机关补充调查、退回公安机关补充侦查的案件,均应当在一个月以内补充调查、补充侦查完毕。补充调查、补充侦查以二次为限。补充调查、补充侦查完毕移送起诉后,人民检察院重新计算审查起诉期限。

四、对符合《刑事诉讼法》规定情形的案件作出不起诉的决定

根据《刑事诉讼法》的规定,不起诉案件主要包括法定不起诉、酌定不起诉、存疑不起诉、附条件不起诉四类,法定不起诉主要包括两种情形:一是犯罪嫌疑人没有犯罪事实,如犯罪行为并非犯罪嫌疑人所为。二是存在《刑事诉讼法》第十六条所规定的六种情形之一。酌定不起诉,是指检察机关对于犯罪情节轻微,依照刑法规定不需要判处刑罚或者免除刑罚的案件是否起诉具有自由裁量权,可以根据具体案情和犯罪嫌疑人的悔罪表现来决定是否提起公诉。附条件不起诉,是指人民检察院对应当负刑事责任的未成年人,认为可以不立即追究刑事责任时,给其设立一定考察期。如果在考察期内积极履行相关社会义务并完成与被害人及检察机关约定的相关义务,足以证实其悔罪表现的,检察机关将依法作出不起诉决定。存疑不起诉,是指经补充调查(侦查)后,人民检察院仍然认为证据不足,不符合起诉条件的,应作出不起诉决定。从适用对象来看,对于监察机关移送的案件,检察机关主要适用法定不起诉、酌定不起诉和存疑不起诉。

此外,鉴于反腐败案件的特殊性,检察机关对于监察机关移送的案件,如要作出不起诉决定,应当适用比普通刑事案件更加严格的审批程序,即必须经上一级人民检察院批准。同时,监察机关认为检察机关作出的不起诉决定确有错误的，还可以通过向上一级检察机关提请复议的方式，纠正错误决定。

【关联规范】

《刑事诉讼法》第 16 条、第 55 条、第 74 条至第 79 条、第 95 条、第 170 条；《人民检察院刑事诉讼规则》第 286 条、第 289 条、第 343 条。

第五十五条 【继续调查与违法所得没收程序】 监察机关在调查贪污贿赂、失职渎职等职务犯罪案件过程中，被调查人逃匿或者死亡，有必要继续调查的，应当继续调查并作出结论。被调查人逃匿，在通缉一年后不能到案，或者死亡的，由监察机关提请人民检察院依照法定程序，向人民法院提出没收违法所得的申请。

【法条主旨】

本条是关于被调查人逃匿、死亡案件的继续调查程序与违法所得没收程序的规定。

【修改提示】

本条内容在 2018 年《监察法》第四十八条的基础上，针对被调查人逃匿、死亡案件的继续调查程序进行了修改，删除了"经省级以上监察机关批准"这一表述。

【法条解读】

党的二十大报告指出，要深化反腐败国际合作，一体构建追逃防逃追赃机制。二十届中央纪委三次全会强调，要推动用好缺席审判和违法所得没收程序。[①] 被调查人逃匿、死亡案件的继续调查程序是确保反腐败斗争有效开展的重要方式，对于震慑腐败分子、提高监察机关和司法机关的办案效率具有重要意义。在反腐败斗争已经进入深水区的背景下，腐败存在系统性、塌方式、家族式等特征，新型腐败和隐性腐败相互交织，政商勾连的腐败仍然存在。通过被调查人逃匿、死亡案件的继续调查程序，既可以查清腐败案件的具体情况，对被调查人是否犯罪依法作出定性，也可以通过调查发现其他与该被调查人相关的职务违法或职务犯罪问题，在提高办案效率的同时还能够增强反腐败斗争的彻底性。被调查人逃匿、死亡案件的违法所得没收程序是避免国家资财流失、维护社会公平的重要方式，对于切断腐败分子的潜逃资金来源、遏制腐败现象蔓延势头具有重要意义。在强化反腐败高压态势的现实要求下，既要紧盯国内权力集中、资金密集、资源富集领域的腐败，还要统筹国际国内两个战场，加大追逃追赃力度，集中整治跨境腐败问题。通过被调查人逃匿、死亡案件的违法所得没收程序，既可以保障反腐败斗争的全方位、无死角开展，也有利于彰显国家对国际反腐败工作的重视，维护党和国家权威。

本条关于被调查人逃匿、死亡案件的继续调查程序的规定，主要包括三个方面的内容，即监察机关依法启动继续调查程序的三个条件。

一、案件类型条件

案件类型条件即涉嫌贪污贿赂、失职渎职等职务犯罪案件。"贪污贿赂犯罪"是指《刑法》分则第八章第三百八十二条至第三百九十六条规定的国家工作人员贪污犯罪和贿赂犯罪，贪污犯罪包括贪污罪、挪用公款罪、巨额财产来源不明罪、隐瞒境外存款罪、私分国有资产罪和私分罚没财物罪，贿赂犯罪包括受贿罪、单位受贿罪、利用影响力受贿罪、行贿罪、对单位行贿罪、介绍贿赂罪、单位行贿罪。"失职渎职犯罪"是指《刑法》分则第九章第三百九十七条至第四百一十九条规定的国家机关工作人员渎职犯罪，包括滥用职权罪、玩忽职守罪、徇私枉法罪等三十七项具体罪名。

---

① 《李希在二十届中央纪委三次全会上的工作报告》，载新华网，https://www.xinhuanet.com/politics/20240225/9b39b10cd3724dd6b95987d233d76778/c.html，最后访问日期：2025年2月19日。

二、被调查人的人身状态条件

被调查人的人身状态条件即被调查人逃匿或者死亡。"逃匿"是指被调查人在实施贪污贿赂、失职渎职犯罪后,为逃避监察调查和刑事追究潜逃、隐匿,或在监察机关调查取证过程中脱逃的情形;被调查人因意外事故下落不明满二年,或者因意外事故下落不明,经有关机关证明其不可能生存的,也按照"逃匿"处理。

三、必要性条件

必要性条件即有必要继续调查。对于是否有必要继续调查的判断,需要从问题线索、证据情况、案件性质和严重程度、社会影响程度等方面进行综合分析,确保继续调查具有在查明被调查人犯罪事实、发现其他职务违法或职务犯罪问题、增强反腐败斗争的彻底性等方面的价值和意义,确保监察机关调查工作的有效开展,避免监察调查资源的浪费。

本条在规定监察机关依法启动继续调查程序的三个条件的基础上,还对监察机关继续调查的工作要求进行规定,即监察机关应当继续调查并作出结论。"应当继续调查"是指在决定是否启动继续调查程序时,若案件满足前述三个条件,监察机关即应启动继续调查程序,没有自由裁量空间。监察机关开展继续调查工作,应当符合《监察法》第四十三条关于监察机关调查取证工作要求的规定,收集被调查人有无违法犯罪以及情节轻重的证据,查明违法犯罪事实,形成相互印证、完整稳定的证据链。"并作出结论"是指监察机关在完成继续调查工作后,应当根据调查情况,作出被调查人有无违法犯罪以及情节轻重相关的结论。

本条关于被调查人逃匿、死亡案件的违法所得没收程序的规定,主要包括三个方面内容,即监察机关提请司法机关依法启动违法所得没收程序的三个条件。

一是案件类型条件,即涉嫌贪污贿赂、失职渎职等职务犯罪案件。

二是被调查人的人身状态条件,即被调查人逃匿,在通缉一年后不能到案,或者死亡的。"通缉"是指经国家监察机关决定,由公安机关发布通缉令,将应当留置而在逃的被调查人追捕归案的调查措施。

三是程序性条件,即由监察机关提请人民检察院依照法定程序,向人民法院提出没收违法所得的申请。具体包括以下三个方面,第一,以监察机关

第五十五条 【继续调查与违法所得没收程序】 205

提请人民检察院为前提，监察机关应当经集体审议，出具《没收违法所得意见书》，连同案卷材料、证据等，一并移送人民检察院依法提出没收违法所得的申请。第二，人民检察院为违法所得没收程序的申请主体，人民检察院提出没收违法所得的申请，应当符合《刑事诉讼法》第二百九十八条的规定，应当提供与犯罪事实、违法所得相关的证据材料，并列明财产的种类、数量、所在地及查封、扣押、冻结的情况。第三，人民法院是违法所得没收程序的实施主体，人民法院没收违法所得，应当符合《刑法》第六十四条的规定，被调查人违法所得的一切财物，应当予以追缴或者责令退赔；对被害人的合法财产，应当及时返还；违禁品和供犯罪所用的本人财物，应当予以没收。没收的财物和罚金，一律上缴国库，不得挪用和自行处理。

需要注意的是，本条关于被调查人逃匿、死亡案件违法所得没收程序的规定与《刑事诉讼法》相关规定的衔接问题。为严厉打击贪污贿赂犯罪、恐怖活动犯罪等重大犯罪案件，《刑事诉讼法》第五编第四章规定了"犯罪嫌疑人、被告人逃匿、死亡案件违法所得的没收程序"，当出现涉嫌实施贪污贿赂、失职渎职等犯罪的被调查人逃匿，且在通缉一年后不能到案，或者被调查人死亡两种情形之一时，监察机关可以提请人民检察院依照《刑事诉讼法》第二百九十九条规定的程序，向犯罪地或被调查人居住地的中级人民法院提出没收违法所得的申请。人民法院受理没收违法所得的申请后，应当发出公告，公告期间为六个月。人民法院在公告期满后对没收违法所得的申请进行审理，人民法院经审理，对经查证属于违法所得及其他涉案财产的，除依法返还被害人的以外，应当裁定予以没收；对不属于应当追缴的财产的，应当裁定驳回申请，解除查封、扣押、冻结措施。对于人民法院依照前款规定作出的裁定，被调查人的近亲属和其他利害关系人或者人民检察院可以提出上诉、抗诉。在审理过程中，在逃的被调查人自动投案或者被抓获的，人民法院应当终止审理。没收被调查人财产确有错误的，应当予以返还、赔偿。

【关联规范】

《刑法》第 64 条、第 382 条至第 396 条、第 397 条至第 419 条；《刑事诉讼法》第 298 条、第 299 条。

第五十六条 【复审、复核】 监察对象对监察机关作出的涉及本人的处理决定不服的，可以在收到处理决定之日起一个月内，向作出决定的监察机关申请复审，复审机关应当在一个月内作出复审决定；监察对象对复审决定仍不服的，可以在收到复审决定之日起一个月内，向上一级监察机关申请复核，复核机关应当在二个月内作出复核决定。复审、复核期间，不停止原处理决定的执行。复核机关经审查，认定处理决定有错误的，原处理机关应当及时予以纠正。

【法条主旨】

本条是关于监察对象对监察处理决定不服提出复审、复核的规定。

【修改提示】

本条内容未作修改。

【法条解读】

二十届中央纪委三次全会工作报告提出，规范化、法治化、正规化是纪检监察工作高质量发展的内在要求和重要保障。[1] 复审、复核程序是防止监察权力滥用，强化对监察权的监督，及时化解监察争议的重要制度保障，对于提高监察工作规范化、法治化、正规化具有重要意义。复审、复核程序既是权利保障程序，也是防错纠错机制。一方面，监察对象的提出复审、复核权，是监察法中一项极为重要的救济权。对监察对象对监察处理决定不服提出复审、复核进行规定，主要目的是明确监察对象对监察机关涉及本人的处理决定不服提出复审、复核的程序和时限，保障监察对象的合法权益。另一方面，

---

[1] 《李希在二十届中央纪委三次全会上的工作报告》，载新华网，https://www.xinhuanet.com/politics/20240225/9b39b10cd3724dd6b95987d233d76778/c.html，最后访问日期：2025 年 2 月 19 日。

复审、复核程序是促进监察机关依法履职、秉公用权，以及确保监察工作开展的精准性和科学性的重要制度设计。如果监察机关在事实认定、法律适用上出现偏差，对被处理人员会造成极大的不公正，给其工作、生活造成严重影响，因此，监察程序中必须设置相应的防错纠错程序。

本条关于监察对象对监察处理决定不服提出复审、复核的规定，主要包括以下四个方面的内容：

一、监察对象提出复审、复核申请的程序

监察对象不服监察机关作出的涉及本人的处理决定，可以通过以下方式寻求救济：一是对原处理决定不服，可以申请复审。"复审"是指监察对象对监察机关作出的涉及本人的处理决定不服，自收到处理决定之日起一个月内，可以向作出决定的监察机关申请复审，作出决定的监察机关依法受理后，应当对原处理决定进行审查核实并作出复审决定。二是对监察机关的复审决定不服，可以申请复核。"复核"是指监察对象对复审决定不服，自收到复审决定之日起一个月内，可以向作出复审决定的监察机关的上一级监察机关申请复核，上一级监察机关依法受理后，对原复审决定进行审查核实并作出复核决定。监察对象申请复审、复核，应当遵循以下程序：首先，复审、复核申请必须在法定期限内提出，即在收到处理决定之日起一个月内或收到复审决定之日起一个月内提出，超过法定期限提出的申请不具备启动复审、复核的法律效力；其次，复审是复核的前置程序，未经复审的，不能提出复核申请；最后，申请复审、复核是监察对象不服监察机关作出的处理决定的最终救济途径，监察对象不能就相关争议向其他机关提出申诉或请求，与行政争议中的司法最终救济原则具有本质区别。

二、监察机关开展复审、复核工作的时限

本条对复审、复核机关的处理期间作了明确规定，即"复审机关应当在一个月内作出复审决定""复核机关应当在二个月内作出复核决定"。"一个月"应当自复审机关收到复审申请之日起计算，这是作出原处理决定的监察机关进行复审工作的期限。"二个月"应当自复核机关收到复核申请之日起计算，这是上一级监察机关进行复核工作的期限。此外，监察机关开展复审、复核工作，应当坚持复审复核与调查审理分离，原案调查、审理人员不得参与复审复核。复审、复核机关承办部门应当成立工作组，调阅原案卷宗，必要时可以进行调查取证。承办部门应当集体研究，提出办理意见，经审批作出复审、复核决定。

三、复审复核期间原处理决定的效力

在监察机关依法受理监察对象提出的申请，并对相关处理决定进行复审、复核期间，不停止原处理决定的执行。规定本条的主要目的是确保监察机关错误的处理决定依法得到纠正，正确的处理决定得到维持，保障监察机关处理决定的法律效力，维护法律的严肃性和公正性。监察机关作为国家专责监督机关，其依法作出的处理决定和复审决定具有法律效力，对监察对象和监察机关具有法律约束力，监察对象和监察机关应当严格执行，非经法定程序不得随意变更或撤销。复审、复核程序是经监察对象对处理决定不服提出申请而启动的，这只是监察对象对监察处理决定是否合法或合理的一种主观判断，不对原处理决定的效力产生实质影响，原处理决定最终是否合法或合理，还需进一步复审或复核。因此，在复审、复核期间，原处理决定仍处于生效状态，不停止其执行，既有利于保障监察机关代表国家作出的处理决定、复审决定的效力，也对于维护监察机关的权威性和监察工作的严肃性具有重要意义。

四、复审、复核机关审查决定的执行

复核机关经审查，认定处理决定有错误的，原处理机关应当及时予以纠正。具体而言，复审、复核机关经审查认定处理决定有错误或者不当的，应当依法撤销、变更原处理决定，或者责令原处理机关及时予以纠正。复审、复核机关经审查认定处理决定事实清楚、适用法律正确的，应当予以维持。复审、复核决定应当送达申请人，抄送相关单位，并在一定范围内宣布。复审、复核决定对监察机关、监察对象、监察对象所在单位均具有相应约束力。由于人对于认识事物本身存在的局限性，以及其他主客观原因的干扰或影响，监察机关及其工作人员在工作中难免发生错误或失误。通过复审、复核程序，依法对有错误或者不当的原处理决定进行撤销、变更，或者责令原处理机关及时予以纠正，能够以事后救济和纠错的方式及时挽回因错误或不当处理决定给监察对象造成的损失，为被作出错误或者不当处理的监察对象澄清正名。对于事实清楚、适用法律正确的原处理决定予以维持，既能够巩固监察机关处理决定的权威性和有效性，也能够通过做好释法说理工作，加深监察对象

对原处理决定的理解和认识，避免日后再次出现违法行为，达到以案促改、以案促治的效果。

需要注意的问题有以下三个方面：

一是提出复审、复核申请的主体只能是监察对象，而不包括监察对象的近亲属。监察机关作出的处理决定所指向的是监察对象本身的权利与义务，只有监察对象本人在认为监察机关作出的涉及其本人的处理决定不合法、不合理时提出的申请，作出处理决定的监察机关才会予以受理。

二是监察对象申请复审的对象，仅限监察机关针对本人作出的原处理决定，申请复核的对象仅限复审机关针对本人作出的复审决定。从监察复审、复核的客体而言，针对的是监察机关作出的涉及本人的处理决定。"涉及本人的处理决定"，须为具有终局性的决定，而不包括过程性决定。监察机关作出的具有终局性的处理决定主要包括：谈话提醒、批评教育、责令检查，或者予以诫勉的处理决定、政务处分决定、问责决定或问责建议。

三是原案调查、审理人员不得参与复审复核。监察机关在开展复审、复核工作时，必须由非原案调查、审理人员的其他监察机关工作人员进行。监察对象的复审申请，系向作出决定的监察机关提出，在受理机关上存在同一性，但在复审主体上必须体现差异性，坚持复审复核与调查审理分离的原则，既要避免出现复审复核与调查审理的同质化现象，也要避免导致复审复核程序的空转和国家监察资源的浪费，充分发挥复审、复核程序的防错纠错功能。

【关联规范】

《公职人员政务处分法》第55条至第58条；《中国共产党纪律检查机关监督执纪工作规则》第59条。

第六章　反腐败国际合作

第五十七条　【统筹协调反腐败国际合作】国家监察委员会统筹协调与其他国家、地区、国际组织开展的反腐败国际交流、合作，组织反腐败国际条约实施工作。

【法条主旨】

本条是关于国家监察委员会统筹协调反腐败国际合作的原则性规定。

【修改提示】

本条内容未作修改。

【法条解读】

党的二十大报告指出，"深化反腐败国际合作，一体构建追逃防逃追赃机制"。二十届中央纪委四次全会提出加大跨境腐败治理力度。[①] 深化反腐败国际合作，是加强"一带一路"廉洁建设和持续深化跨境腐败治理的必然要求，是全球反腐败治理的中国智慧和中国方案，对于增强国际反腐败成效具有重要意义。自国家监察体制改革以来，反腐败国际合作主体及其职能发生重要变化，由中纪委国际合作局负责"统筹协调国（境）外追逃追赃工作，推动

[①] 《中国共产党第二十届中央纪律检查委员会第四次全体会议公报》，载中央纪委国家监委网站，https://www.ccdi.gov.cn/toutiaon/202501/t20250108_399245_m.html，最后访问日期：2025年2月19日。

有关部门和单位建立健全追逃追赃国际合作机制"转变为由国家监察委员会负责"统筹协调反腐败国际交流合作和组织反腐败国际条约实施",国家监察委员会成为统筹协调反腐败国际合作的法定主体。本条对国家监察委员会作为法定反腐败国际合作职能主体的职责进行了规定,明确了国家监察委员会开展反腐败国际交流、合作的对象和方式,为新时代反腐败国际合作高质量发展提供了法律依据,对于提高全球反腐败治理效能具有重要意义。

本条关于国家监察委员会统筹协调反腐败国际合作职责的规定,主要包括以下三个方面的内容:

一是统筹协调反腐败国际合作的主体,即国家监察委员会。该条明确国家监察委员会是统筹协调反腐败国际合作的专门机关。《监察法》第三条规定:"各级监察委员会是行使国家监察职能的专责机关……开展廉政建设和反腐败工作,维护宪法和法律的尊严。"反腐败国际合作是反腐败工作的重要组成部分,决定了监察机关作为反腐败国际交流、合作专责机关的规范合理性。反腐败国际合作属于外交领域,属于中央事权,除了一些特殊地区以外,各国一般都由中央层面的有关机关代表国家来统筹协调。[①] 因此,国家监察委员会是行使反腐败国际合作职权的专门机关,地方各级监察委员会和其他国家机关均无该项职权。

二是统筹协调反腐败国际合作的对象,即"其他国家、地区、国际组织"。当前,中国已同80余个国家缔结引渡条约、司法协助条约、资产返还与分享协定等170余项,国家监察委员会同100多个国家反腐败机构建立工作联系,同30多个国家和地区、国际组织签署40余份合作文件,初步构建起覆盖各大洲和重点国家的反腐败司法执法合作网络。[②]

三是统筹协调与其他国家、地区、国际组织开展的反腐败国际交流、合作,国家监察委员会在党中央集中统一领导下,以系统性、全局性、一体化战略开展反腐败国际合作,以实现国际反腐败资源的优化整合,提高国际反腐败效能。反腐败国际合作是一项复杂的系统性工程,涉及国家主权、国内法与国际法之间的衔接等方面,还在很大程度上受到多双边关系的影响,实

[①] 马怀德主编:《中华人民共和国监察法理解与适用》,中国法制出版社2018年版,第190页。
[②] 王卓、吕佳蓉:《"北京宣言"到"北京共识"为反腐败全球治理贡献中国力量》,载《中国纪检监察报》2024年9月28日,第3版。

践中往往采取"一国一策、一案一策"的工作方针,案件办理通常还会组建专班,需要始终坚持系统思维,发挥好国家监察委员会的牵头抓总作用,统筹协调相关单位职能职责,各司其职、高效协同推进相关工作。例如,《引渡法》第四条规定外交部为指定的引渡联系机关;《国际刑事司法协助法》第六条规定在移管被判刑人案中,司法部承担相应的主管机关职责,第十一条规定对于限制追诉的承诺由最高人民检察院决定,对于量刑的承诺由最高人民法院决定。除了横向协调,国家监察委员会还要统筹协调、督促指导地方各级监察机关开展本地区的反腐败国际追逃追赃等涉外案件办理工作,加强上下联动,形成反腐合力。

组织反腐败国际条约实施工作,是指国家监察委员会要组织国内有关部门研究如何开展对我国签署的反腐败国际条约实施工作,包括如何运用反腐败国际条约开展国际反腐败工作、如何有效衔接反腐败国际条约与我国法律制度、条约涉及的我国重要法律的起草和修改等。"反腐败国际条约"主要是指《联合国反腐败公约》《联合国打击跨国有组织犯罪公约》等,其中《联合国反腐败公约》是联合国历史上通过的第一个指导国际反腐败斗争的法律文件,构建了预防和打击腐败的五大法律机制,即预防机制、刑事定罪和执法机制、国际司法与执法合作机制、腐败资产的追回和返还机制、履约监督机制,倡导的理念和策略已被国际社会所广泛接受。在组织实施过程中,国家监察委员会与最高人民法院、最高人民检察院、公安部、国家安全部等部门形成合力,共同致力于反腐败国际合作和追逃追赃工作,为运用法治思维和法治方式开展国际反腐败斗争提供了有力的法律武器。

【关联规范】

《国际刑事司法协助法》第 2 条、第 6 条;《监察法实施条例》第 234 条至第 237 条。

第五十八条　【反腐败国际执法司法合作和司法协助】 国家监察委员会会同有关单位加强与有关国家、地区、国际组织在反腐败方面开展引渡、移管被判刑人、遣返、联合调查、调查取证、资产追缴和信息交流等执法司法合作和司法协助。

【法条主旨】

本条是关于国家监察委员会会同有关单位加强与有关国家、地区、国际组织在反腐败方面开展执法司法合作和司法协助的规定。

【修改提示】

本条内容在2018年《监察法》第五十一条的基础上，进行了如下修改：一是增加了国家监察委员会"会同有关单位"的规定。二是明确了"在反腐败方面"开展相关工作。三是细化了执法司法合作和司法协助的内容，将"引渡、移管被判刑人"提前，作为首要内容；将"被判刑人的移管"修改为"移管被判刑人"，将"资产追回"修改为"资产追缴"；增加了"遣返、联合调查、调查取证"，作为重要内容写入《监察法》。

【法条解读】

党的二十届三中全会决定提出完善涉外法律法规体系和法治实施体系，深化执法司法国际合作，为我国涉外法治建设和国际刑事司法协助工作指明了方向。本条的修改体现了《监察法》与《刑事诉讼法》《国际刑事司法协助法》的有效衔接，其一，将原"被判刑人的移管"变更为"移管被判刑人"，与《国际刑事司法协助法》的相关表述保持一致，增加"遣返、联合调查、调查取证"措施。其二，将"资产追回"变更为"资产追缴"，与《刑事诉讼法》的犯罪嫌疑人、被告人逃匿、死亡案件违法所得的没收程序，缺席审判程序保持一致。本条对国家监察委员会在反腐败方面开展执法司法合作和司法协助的职责进行了细化，为国家监察委员会深入开展国际反腐败工作提供了坚实的法律支撑，对于提高涉外反腐败案件办理质效具有重要意义。

本条关于国家监察委员会会同有关单位加强与有关国家、地区、国际组织在反腐败方面开展执法司法合作和司法协助的规定，主要包含以下两个方面的内容。

一、执法司法合作和司法协助的主体、方式和对象

执法司法合作和司法协助的主体和方式，是由国家监察委员会会同有关单位进行。"会同"是指国家监察委员会与有关单位形成执法司法合作和司法协助合力，充分发挥各单位职能优势，既各司其职又相互协同，形成统一高效的国际反腐败工作格局。"有关单位"主要是指与执法司法合作和司法协助相关的各部门和单位，如最高人民法院、最高人民检察院、公安部、国家安全部等。执法司法合作和司法协助的对象，即有关国家、地区、国际组织，主要是指与执法司法合作和司法协助相关的国家、地区和国际组织。由于跨境跨国腐败案件具有地域上的特殊性，与案件相关国家、地区、国际组织开展执法司法合作和司法协助是案件查办的重要途径，对于打击跨国犯罪和开展反腐败追逃追赃具有重要意义。

二、执法司法合作和司法协助的内容

国家监察委员会会同有关单位，可以开展引渡、移管被判刑人、遣返、联合调查、调查取证、资产追缴和信息交流等执法司法合作和司法协助。

引渡，是指一国将在该国境内而被他国指控为犯罪或已被他国判刑的人，根据有关国家的请求移交给请求国审判或处罚。引渡是一国司法主权的延伸与体现，是世界各国进行国际刑事司法协助的主要形式之一，具有机制正式、效力稳固、不存在遗留问题等特点。[①] 根据《引渡法》第四十七条的规定，请求外国准予引渡或者引渡过境的，应当由负责办理有关案件的省、自治区或者直辖市的审判、检察、公安、国家安全或者监狱管理机关分别向最高人民法院、最高人民检察院、公安部、国家安全部、司法部提出意见书，并附有关文件和材料及其经证明无误的译文。最高人民法院、最高人民检察院、

[①] 参见王晓东：《反腐败国际追逃追赃中的引渡》，载《法律适用》2022年第4期。

公安部、国家安全部、司法部分别会同外交部审核同意后，通过外交部向外国提出请求。国家监察委员会在采用引渡的方式开展执法司法合作和司法协助时，应当会同相关单位，根据前述关于引渡程序的规定进行。需要注意的是，引渡以与外国缔结或共同参加引渡条约为前提和基础，在没有引渡条约的情况下，请求国应当作出互惠的承诺，对于未签署双边引渡条约或双边引渡条约尚未生效的国家，则无法开展引渡工作。"引渡条约"是指中华人民共和国与外国缔结或者共同参加的引渡条约或者载有引渡条款的其他条约。

移管被判刑人，是指一国（地）将在其境内依据法院生效判决正在服刑的人员，移交给其原籍国（地）继续服刑的法律制度。此项措施便于被判刑人员在熟悉的环境中服刑改造，对其重返社会更为有利。移管被判刑人包含移出和移入两种方式，需要遵循相互尊重主权和管辖权原则、有利于被判刑人原则，并征得被判刑人同意，且符合一定的移管条件。《国际刑事司法协助法》第八章对移管被判刑人相关内容作了专章规定，2023年12月，我国与越南签署《关于移管被判刑人的条约》，对移管事项作了比较详细的规定。

遣返，是指一国单方驱逐非法移民或协助遣送回国的行为。遣返措施是遣返国的自主行为，不需要双方事前有条约协议，程序也相对简便，在反腐败追逃追赃工作中发挥着重要作用。需要注意的是，遣返措施也存在一些障碍，如追逃国的地位相对被动，遣返成功与否很大程度上取决于追逃国和潜逃国之间的双边关系，加之每个国家对遣返的评判标准不同，则更需要追逃国熟悉相关国家的遣返程序和裁判标准。

联合调查、调查取证，是指与其他国家、地区、国际组织联合开展对国际腐败案件的调查以及调查取证工作。《国际刑事司法协助法》第四章对"调查取证"作了专章规定，办案机关需要外国协助调查取证的，应当制作刑事司法协助请求书并附相关材料，经所属主管机关审核同意后，由对外联系机关及时向外国提出请求。随着"一带一路"建设的快速推进，依法惩治境外投资经营中的贪污受贿、失职渎职、利益输送、贿赂外国官员等行为具有现实必要性。同时，"境内办事、境外收钱"的权钱关联割裂化趋势明显，仅靠国内单方面调查取证难以查清案件事实。因此，国家监察委员会与有关国家、地区、国际组织联合调查、调查取证，对于有效查办跨境腐败案件具有重要意义。

资产追缴，是指对行为人因违法行为所获得的赃款、赃物或非法利益，依法强制收回并上缴国库或者退还给受害人的措施。

信息交流，是指反腐败机构之间执法信息的交换。加强与其他国家、地区、国际组织在反腐败信息方面的交流，有助于打破信息孤岛，进一步提升反腐败国际执法的合作效能。

【关联规范】

《刑事诉讼法》第291条至第293条、第298条至第301条；《引渡法》第47条至第51条；《国际刑事司法协助法》第6条、第25条至第30条、第56条至第67条；《监察法实施条例》第239条、第241条至第250条。

第五十九条 【国际追逃追赃和防逃】 国家监察委员会加强对反腐败国际追逃追赃和防逃工作的组织协调，督促有关单位做好相关工作：

（一）对于重大贪污贿赂、失职渎职等职务犯罪案件，被调查人逃匿到国（境）外，掌握证据比较确凿的，通过开展境外追逃合作，追捕归案；

（二）向赃款赃物所在国请求查询、冻结、扣押、没收、追缴、返还涉案资产；

（三）查询、监控涉嫌职务犯罪的公职人员及其相关人员进出国（境）和跨境资金流动情况，在调查案件过程中设置防逃程序。

【法条主旨】

本条是关于国家监察委员会开展反腐败国际追逃追赃和防逃工作的规定。

【修改提示】

本条内容未作修改。

【法条解读】

本条明确了国家监察委员会负责组织协调反腐败国际追逃追赃和防逃工作的具体内容,并且肩负着督促有关单位做好相关工作的职能职责。本条共分三项:

一、第一项规定了"追逃"

反腐败国际追逃工作的前置条件,一是追逃对象涉嫌重大贪污贿赂、失职渎职等职务犯罪案件,且逃匿到国(境)外,这是因为此类案件一般社会影响面大、涉案金额巨大,开展追逃追赃工作尤为必要。二是需要在证据比较确凿的情况下才能实施,反腐败国际追逃追赃工作牵涉面广,通常需要协调多个部门,也涉及追逃人员藏匿地的国家主权,需要通过外交途径联络,具体实施中往往会耗费大量人力物力和财力,如果不弄清楚状况,在没有确切证据的前提下贸然行动,就容易造成不良后果,甚至影响国与国的双边关系。反腐败追逃常见措施有引渡、遣返、劝返、异地追诉等。

二、第二项规定了"追赃"

反腐败国际追赃,是指对贪污贿赂等犯罪嫌疑人携款外逃的,通过提请赃款赃物所在国查询、冻结、扣押、没收、追缴、返还涉案资产,追回犯罪资产。[1] 开展追赃国际合作的手段主要有以下几种:开展引渡、遣返等追逃合作;随附移交赃款赃物;协助赃款赃物所在国(地)根据当地法律启动追缴程序,予以没收和返还;由受害人或受害单位通过民事诉讼方式追回涉案资产;在国内启动违法所得没收程序,并由法院作出没收裁定后,请求赃款赃物所在国(地)承认并予执行返还。[2] 2018年《国际刑事司法协助法》第六

---

[1] 中共中央纪律检查委员会 中华人民共和国国家监察委员会法规室编写:《〈中华人民共和国监察法〉释义》,中国方正出版社2018年版,第231—232页。

[2] 参见陈雷:《反腐败国际合作与追逃追赃实务教程》,中国方正出版社2020年版,第171—174页。

章对向外国查询、扣押、冻结、没收、返还涉案财物作出较为系统的规定，2012年《刑事诉讼法》修正增设了"犯罪嫌疑人、被告人逃匿、死亡案件违法所得的没收程序"，2018年修正又进一步增设"缺席审判程序"，为反腐败国际追赃工作提供了坚实法律依据。追赃工作的顺利推进也能进一步压缩外逃人员的生存空间，为下一步追逃工作取得突破性进展奠定坚实基础。

三、第三项规定了"防逃"

反腐败防逃工作是指通过加强组织管理和干部监督，查询、监控涉嫌职务犯罪的公职人员及其相关人员进出国（境）和跨境资金流动情况，完善防逃措施，防止涉嫌职务犯罪的公职人员外逃。[①] 本条第三项明确国家监委要督促有关单位查询和监控涉嫌职务犯罪的公职人员及其相关人员的进出国（境）和跨境资金流动情况，在调查案件过程中设置防逃程序的职能职责。

【关联规范】

《刑事诉讼法》第292条、第298条至第301条；《国际刑事司法协助法》第39条至第41条、第47条至第49条；《监察法实施条例》第162条至第167条、第238条、第240条、第241条。

[①] 中共中央纪律检查委员会 中华人民共和国国家监察委员会法规室编写：《〈中华人民共和国监察法〉释义》，中国方正出版社2018年版，第233页。

第七章　对监察机关和监察人员的监督

第六十条　【人大监督】各级监察委员会应当接受本级人民代表大会及其常务委员会的监督。

各级人民代表大会常务委员会听取和审议本级监察委员会的专项工作报告，组织执法检查。

县级以上各级人民代表大会及其常务委员会举行会议时，人民代表大会代表或者常务委员会组成人员可以依照法律规定的程序，就监察工作中的有关问题提出询问或者质询。

【法条主旨】

本条是关于各级监察委员会接受本级人大及其常委会监督的规定。

【修改提示】

本条内容未作修改。

【法条解读】

《宪法》第三条第三款规定，国家行政机关、监察机关、审判机关、检察机关都由人民代表大会产生，对它负责，受它监督；第一百零四条规定，县级以上的地方各级人民代表大会常务委员会监督本级人民政府、监察委员会、人民法院和人民检察院。习近平总书记指出："各级人大及其常委会有权监督法律法规的实施、监督国家机关依法履职。这样的制度安排，有利于充分发挥各级人大及其常委会在中国特色社会主义法治体系建设中的职能作用，有利于促进科学立法、严格执法、公正司法、全民守法，有利于不断完善以宪法为核心的中国特色社会主义法律体系，有利于保证宪法法律全面有效实施，有利于维护社会公平正义。"[1] 监察机关作为国家公权力机关，在监督其他国家机关依法履职的同时，也需要接受本级人大及其常委会的正确、有效和依法监督，保证其依法、正当履职。具体而言，国家监察机关接受人大监督主要有以下三种方式：

一、听取和审议专项工作报告

听取并审议监察委员会专项工作报告，是人大对监察委员会监督的常用方式之一。首先，各级人大常委会会每年选择若干关系改革发展稳定大局和群众切身利益、社会普遍关注的重大问题，有计划地安排听取和审议监察委员会的专项工作报告。人大常委会可以通过人民群众来信来访、执法检查、人大代表提出的建议、批评等方式予以确定。其次，监察机关应当在常务委员会举行会议的二十日前，由其办事机构将专项工作报告送交本级人大有关专门委员会或者常委会有关工作机构征求意见；监察机关对报告修改后，在常务委员会举行会议的十日前送交常务委员会。最后，常委会听取的专项工作报告及审议意见，监察机关应对审议意见研究处理情况或者执行决议情况的报告，向本级人民代表大会代表通报并向社会公布。

二、组织执法检查

依据《监督法》第三十一条的规定，各级人大常委会每年选择若干关系改革发展稳定大局和群众切身利益、社会普遍关注的重大问题，有计划地对有关法律、法规或者相关法律制度实施情况组织执法检查。执法检查是监督监察法律法规实施状况的有效方式，特点是将法律监督和工作监督相结合，实践中既有利于发现执法过程中存在的种种问题，又有利于对相关法律法规等制度规范进行修改完善。执法监察的形式包括采取座谈会、实地检查、第三方评估、问卷调查或者抽查等，以便人大常委会能够深入了解情况，广泛听取意见。

---

[1] 习近平：《在庆祝全国人民代表大会成立70周年大会上的讲话》，载《人民日报》2024年9月15日，第2版。

三、询问和质询

询问是指人大常委会组成人员在审议讨论议案和有关报告时，就议案、报告中不清楚、不理解等事项向有关机关提出问题，要求答复。根据《监督法》的规定，人大常委会会议审议议案和有关报告时，监察机关应当派有关负责人员到会，听取意见，回答询问。除了一般询问之外，人大常委会还可以组织专题询问，即围绕关系改革发展稳定大局和群众切身利益、社会普遍关注的重大问题，召开全体会议、联组会议或者分组会议对监察机关负责人进行询问。专题询问可以结合审议专项工作报告、执法检查报告或者其他报告进行。人大常委会在专题询问中对监察机关提出的意见，交由监察机关研究处理。同时，监察机关应当及时向常务委员会提交研究处理情况报告。质询是人大常委会组成人员对监察机关工作中不理解、有疑问的问题，提出疑问和质疑，要求答复。根据《监督法》第 51 条的规定，全国人大常委会组成人员十人以上联名，省级人大常委会组成人员五人以上联名，县级人大常委会组成人员三人以上联名，可以向常务委员会书面提出对本级监察委员会的质询案。质询案包括质询对象、质询的问题和内容。委员长会议或者主任会议可以决定由受质询机关在常务委员会会议上或者有关专门委员会会议上口头答复，或者书面答复。提质询案的常务委员会组成人员的过半数对受质询机关的答复不满意的，可以提出要求，经委员长会议或者主任会议决定，由受质询机关再作答复。

除了前述方式以外，《监督法》还明确了各级人大常委会可以通过规范性文件的备案审查、特定问题调查、撤职等方式对监察机关开展监督。

【关联规范】

《宪法》第 3 条、第 104 条；《监督法》第 11 条至第 17 条、第 31 条至第 37 条、第 38 条、第 40 条至第 42 条、第 46 条至第 54 条；《监察法实施条例》第 251 条至第 254 条。

第六十一条 【监察工作信息公开与外部监督】监察机关应当依法公开监察工作信息，接受民主监督、社会监督、舆论监督。

【法条主旨】

本条是关于监察机关依法公开监察工作信息，接受民主监督、社会监督、舆论监督的原则性规定。

【修改提示】

本条内容未作修改。

【法条解读】

本条规定的是监察机关依法公开监察工作信息及自觉接受民主监督、社会监督、舆论监督等各渠道监督的义务，是落实宪法规定的公民监督权和知情权的重要体现，是监察机关外部监督机制的重要组成部分，有助于监察工作规范化、法治化、正规化建设。

一、依法公开监察工作信息

监察工作信息公开既是保障社会公众知情权的内在要求，也是确保监察权在法治轨道上运行的必然要求。对于监察工作信息公开的范围而言，《监察法实施条例》第二百五十五条予以了细化，包括监察法规、案件调查信息、检举控告地址和电话网站信息等。近年来，各级纪检监察机关高度重视监察信息公开工作，通过官方网站、新闻发布会、新媒体等形式及时公开与监察工作相关的信息，积极回应社会关切。实践中，各级纪检监察机关除公开上述信息外，还积极公开监察规范性文件、机关职能、机构设置等信息。需要指出的是，监察工作具有特殊性，多数案件涉及国家秘密、工作秘密。因此相较于政府信息，其保密性要求更高，在信息公开工作中要坚持公开与保密相协调，把握好公开的范围和边界。

二、接受民主监督

民主监督是人民政协三大职能之一。党的二十大报告作出完善人民政协民主监督制度机制的重要部署；党的二十届三中全会决定进一步指出"健全协商民主机制"，这都为新时期人民政协积极推进民主监督工作指明了方向。民主监督是协商式监督，这一监督方式具有监督主体广泛、监督方式民主的优势，政协委员来自各个党派、团体、界别，人员组成多元丰富，而且协商式监督靠的是民主政治的影响力和感召力，体现"在协商中监督、在监督中协商"，具有聚识性、包容性、建设性等特点，可以调动各界人士更广泛地参与进来，广泛收集社情民意，有利于更好地提出意见、建议。监察机关在履职过程中，要充分运用好民主监督的协商优势，利用好民主监督在委员联系界别群众制度机制方面的优势，有效地收集群众诉求。这有助于监察机关改进自身日常工作，推进纪检监察工作高质量发展。

三、接受社会监督

监察机关接受社会监督，是指人民群众和社会组织对监察机关及其人员的监督。《宪法》第四十一条规定，"中华人民共和国公民对于任何国家机关和国家工作人员，有提出批评和建议的权利；对于任何国家机关和国家工作人员的违法失职行为，有向有关国家机关提出申诉、控告或者检举的权利"。社会监督是非国家权力和法律强制性的监督方式，虽然缺乏直接的制裁性质，但此项监督具有广泛性优势，是监察机关及其工作人员外部监督体系的重要组成部分。纪检监察机关要做好社会监督的工作，需要从以下两个方面入手：一是充分发挥社会公众的监督能力，建立健全社会公众对监察机关监督的机制，延伸监督触角。二是纪检监察机关要主动将社会监督的职责融入日常工作中，通过开展群众点题监督等方式持续深化对监察机关的社会监督。

四、接受舆论监督

舆论监督是指运用新闻媒介的力量，帮助公众了解政府涉及公共利益的事务，并促使其沿着法治轨道和公共准则方向运行的一种监督方式。舆论监督具有公开性、及时性、直接性等特征，具有覆盖面广、可及性强等优势，能形成强大的社会影响力，在对监察机关及其工作人员的监督工作中发挥着重要作用。实践中，纪检监察机关通过发布党员领导干部违纪违法和执纪执法的典型案例，一方面旨在发挥反腐败警示作用，另一方面监察机关也能够接受舆论监督，保障其依法履职。值得注意的是，对监察机关及其工作人员的舆论监督方面会嵌入主体监督工作中，上述方式也是对纪检监察机关监督履责情况的媒体舆论监督，能够增进社会舆论对监察机关反腐败工作的理解和信任。

【关联规范】

《宪法》第 2 条、第 41 条；《监察法实施条例》第 255 条。

第六十二条　【特约监察员制度】监察机关根据工作需要，可以从各方面代表中聘请特约监察员。特约监察员按照规定对监察机关及其工作人员履行职责情况实行监督。

【法条主旨】

本条是关于监察机关聘请特约监察员的规定。

【修改提示】

本条为新增条文。

【法条解读】

本条为监察机关聘请特约监察员提供了法律依据，对进一步深化国家监察体制改革、推动监察机关依法接受民主监督、社会监督、舆论监督提供了重要制度保障。特约监察员是监察机关根据工作需要，按照一定程序优选聘请，以兼职形式履行监督、咨询等相关职责的公信人士。监察机关作为我国行使国家监察职权的专责机关，承担着维护宪法和法律尊严、保证国家权力在阳光下运行的重要职责。然而，随着国家监察体制改革的不断深化，监察机关的工作范围不断扩大，工作任务日益繁重，仅仅依靠机关内部的力量难以实现对其自身的有效监督。因此，从各方面代表中聘请特约监察员，借助社会各方面的力量，对监察机关及其工作人员履行职责情况进行监督，成为监察机关依法履行职责、保障国家权力规范运行的重要途径。

一、特约监察员制度的指导思想、宪法依据与实践意义

2018年8月，中央纪委国家监委印发了《特约监察员工作办法》，对全国的特约监察员工作进行了指导和规范。在此基础上，我国多个地方纪检监察机关根据《特约监察员工作办法》制定了相应的办法。《特约监察员工作办法》规定了特约监察员的聘请范围、任职条件、聘请程序及任期、工作职责、权利义务和履职保障等内容。《特约监察员工作办法》明确规定，特约监察员工作应当坚持以习近平新时代中国特色社会主义思想为指导，着重发挥对监察机关及其工作人员的监督作用，着力发挥参谋咨询、桥梁纽带、舆论引导作用；特约监察员应当坚持中国共产党的领导和拥护党的路线、方针、政策，走中国特色社会主义道路，有较高的业务素质，在各自领域有一定的代表性和影响力，热心全面从严治党、党风廉政建设和反腐败工作。

我国是社会主义国家，我国《宪法》第二条第一款规定，"中华人民共和国的一切权力属于人民"；第四十一条第一款规定，"中华人民共和国公民对于任何国家机关和国家工作人员，有提出批评和建议的权利；对于任何国家机关和国家工作人员的违法失职行为，有向有关国家机关提出申诉、控告或者检举的权利，但是不得捏造或者歪曲事实进行诬告陷害"。我国的国家性质以及宪法的规定，决定了在纪检监察工作中确立特约监察员制度的重要意义。特约监察员制度的实施，对于深化国家监察体制改革、推动监察机关依法接受民主监督、社会监督、舆论监督具有重要意义。其一，增强监督合力。特约监察员来自不同的领域和阶层，具有广泛的代表性和影响力。他们的参与可以增强监督的合力，形成对监察机关及其工作人员的有效监督。其二，提高监督效能。特约监察员具有丰富的专业知识和工作经验，能够针对监察机关及其工作人员的工作情况提出有针对性的意见、建议和批评。这些意见、建议和批评可以帮助监察机关改进工作、提高效能。其三，促进民主监督。特约监察员的参与可以促进民主监督的发展，使监察机关的工作更加透明、公正和高效。同时，特约监察员的意见和建议也可以为政府决策提供参考和借鉴。其四，提升社会信任。特约监察员的参与可以提升社会对监察机关的信任度和满意度。通过特约监察员的监督和反馈，社会可以更加了解监察机关的工作情况和成效，从而增强对监察机关的信任和支持。

二、特约监察员聘请的范围、程序与任期

关于国家监察委员会的特约监察员聘请范围，《特约监察员工作办法》第二条第二款规定："特约监察员主要从全国人大代表中优选聘请，也可以从全国政协委员，中央和国家机关有关部门工作人员，各民主党派成员、无党派人士，企业、事业单位和社会团体代表，专家学者，媒体和文艺工作者，以及一线代表和基层群众中优选聘请。"特约监察员的聘请范围来自社会各个层面，具有非常广泛的代表性以及社会影响力，能够充分反映和传达社会各方面的意见和需求。

特约监察员的聘请需要遵循严格的法律程序，通常包括推荐、考察、确定人选、颁发聘书等关键环节，以确保整个聘请过程的透明度和公正性。《特约监察员工作办法》第六条规定："特约监察员的聘请由国家监察委员会依照下列程序进行：（一）根据工作需要，会同有关部门、单位提出特约监察员推荐人选，并征得被推荐人所在单位及本人同意；（二）会同有关部门、单位对特约监察员推荐人选进行考察；（三）经中央纪委国家监委对考察情况进行研究，确定聘请特约监察员人选；（四）聘请人选名单及意见抄送特约监察员所在单位及推荐单位，并在中央纪委国家监委组织部备案；（五）召开聘请会议，颁发聘书，向社会公布特约监察员名单。"

《特约监察员工作办法》第七条规定了特约监察员的任期，"特约监察员在国家监察委员会领导班子产生后换届，每届任期与本届领导班子任期相同，连续任职一般不得超过两届。特约监察员受聘期满自然解聘"。特约监察员的任期一般与国家监察委员会领导班子的任期保持一致，通常情况下，每届任期为五年。任期届满后，根据监察机关工作的实际需要以及特约监察员在任期内的工作表现和贡献，可以考虑是否连续聘任。为了保持监察队伍的活力和防止长期任职可能带来的懈怠以及利益固化的风险，连续任职一般不得超过两届。这样的规定既确保了特约监察员队伍的相对稳定性，又有效地避免了长期任职可能带来的负面影响，从而保障监察工作的高效和公正。

三、特约监察员的职责与权利

特约监察员的主要职责是对监察机关及其工作人员履行职责情况进行监督，并提出加强和改进监察工作的意见、建议。具体来说，特约监察员的职责包括如下五个方面：（1）对监察机关及其工作人员履行职责情况进行监督。特约监察员有权了解监察机关及其工作人员的工作情况，对其履行职责的合法性、公正性、效率性等方面进行监督，发现问题及时提出意见、建议或批评。（2）提供咨询意见。特约监察员可以参与制定纪检监察法律法规、出台重大政策、起草重要文件、为监察机关提出监察建议等工作，以及帮助监察机关更好地履行职责。这不仅能提升监察工作的科学性和合理性，还能增强监察政策的针对性和可操作性，使监察工作更加符合社会实际和群众期待。（3）参加调查研究、监督检查、专项工作。特约监察员可以参加监察机关组织的调查研究、监督检查、专项工作等活动，深入了解监察机关的工作情况，提出有针对性的意见、建议。（4）宣传纪检监察工作的方针、政策和成效。特约监察员作为连接监察机关与社会公众的桥梁，有责任向公众宣传纪检监察工作的方针、政策和取得的成效，提升公众对监察工作的认知度和信任度。（5）办理监察机关委托的其他事项。根据监察机关的实际需要，特约监察员还可以灵活参与到信访接待、案件调查、专项治理等工作中，为监察机关提供人力支持和智力支持，共同推动监察事业的健康发展。

在履行职责的过程中，特约监察员享有广泛的权利，以确保其能够充分、有效地发挥作用。具体来说，特约监察员的权利包括如下四个方面：（1）了解监察工作情况。特约监察员有权全面了解监察机关及其工作人员的工作情况，包括年度工作计划、阶段性工作进展、重大案件查处情况以及工作成果等。这有助于准确把握监察工作的脉搏，为提出有针对性的意见和建议奠定基础。（2）查阅文件和资料。根据履职需要并按程序报批后，特约监察员有权查阅、获得有关文件和资料，以便更好地了解监察工作的情况和问题。（3）参加会议。特约监察员有权参加或者列席监察机关组织的有关会议，了解会议议题、讨论内容和决策过程。（4）提出意见、建议和批评。作为监察工作的监督者和参与者，特约监察员有权对监察机关及其工作人员的工作提出意见、建议和批评。这些意见、建议和批评可能涉及监察工作的方方面面，如工作流程的优化、工作效率的提升、人员管理的改进等。通过提出这些意见、建议和批评，可以推动监察机关不断完善自身建设，提高工作质量和水平。

四、特约监察员的义务与纪律

依照《特约监察员工作办法》第十一条规定，特约监察员的义务包括如下六个方面：（1）模范遵守宪法和法律。特约监察员应当模范遵守宪法和法律，带头维护法治秩序和社会稳定。他们需要在日常行为中体现出对法律的尊重和遵循，确保自己的行为符合法律规定，为公众树立良好的法治榜样。（2）保守秘密。特约监察员在履行职责的过程中，应当保守国家秘密、工作秘密以及因履行职责掌握的商业秘密和个人隐私，防止信息泄露和滥用。他们必须认识到保密的重要性，确保敏感信息不被未经授权的人员获取，维护国家安全和社会稳定。（3）学习掌握相关知识。特约监察员应当学习、掌握有关纪检监察法律法规和业务知识，提高履职能力和水平。通过不断学习，他们能够更好地理解自己的职责，提升工作效率和质量。（4）遵守工作制度。特约监察员应当遵守监察机关的工作制度，按照规定的权限和程序认真履行职责，不得越权行事或滥用职权。他们需要严格遵循工作流程，确保每项工作都在授权范围内进行，避免权力的不当使用。（5）按照规定申请回避。特约监察员在履行职责的过程中，遇有利益冲突情形时应当主动申请回避，确保履职的公正性和独立性。他们必须在面对可能影响公正判断的情况时，主动退出相关决策或执行过程，以维护监察工作的客观性和公正性。（6）不得谋取私利。特约监察员不得以特约监察员身份谋取任何的私利和特权，不得利用职权谋取个人或他人的不正当利益。他们应当坚守职业道德，拒绝任何形式的贿赂和利益输送，保持个人和职务的清廉。

同时，特约监察员还应当遵守以下纪律：（1）廉洁自律。特约监察员应当廉洁自律，自觉接受监督，不得利用职权谋取私利或从事违法活动。他们需要在工作中保持高标准的道德行为，确保自己的行为符合职业规范和法律法规。（2）接受管理。特约监察员应当接受监察机关的管理和指导，按照监察机关的要求参加相关会议、活动和培训，认真履行职责和义务。他们必须服从组织安排，积极参与必要的培训和活动，以提升自己的专业能力和工作效率。（3）不得擅自发表言论。未经监察机关同意，特约监察员不得以特约监察员身份发表言论、出版著作或参加有关社会活动，防止误导公众或造成不良影响。他们应当在公共场合谨慎发言，避免发表可能引起误解或争议的言论，确保自己的行为不会给监察机关的形象和工作造成负面影响。

【关联规范】

《宪法》第 2 条、第 41 条；《中国共产党纪律检查机关监督执纪工作规则》第 60 条；《特约监察员工作办法》第 2 条、第 6 条、第 7 条、第 9 条至第 14 条。

第六十三条　【内部专门机构监督及监察队伍建设】 监察机关通过设立内部专门的监督机构等方式，加强对监察人员执行职务和遵守法律情况的监督，建设忠诚、干净、担当的监察队伍。

【法条主旨】

本条是关于监察机关内部专门机构监督及监察队伍建设的规定。

【修改提示】

本条内容未作修改。

【法条解读】

监察机关是党的"纪律部队"，是推进全面从严治党的重要力量。习近平总书记强调，纪检监察机关要"整合规范纪检监察工作流程，强化内部权力运行的监督制约"[1]，并多次提出"健全内控机制"。监察机关通过设立专门的内部监督机构等措施，强化内控机制，这是从严从实加强自我约束和监督的必然要求。

---

[1] 习近平：《在新的起点上深化国家监察体制改革》，载《求是》2019 年第 5 期。

自党的十八大以来，习近平总书记高度重视纪检监察干部队伍，始终寄予极大期望，给予极大信任，提出严格要求，连续多年在中央纪委全会上对纪检监察干部队伍建设作出重要部署，推动各级纪检监察机关从严从实加强自身建设，着力打造忠诚干净担当、敢于善于斗争的纪检监察铁军。习近平总书记强调，"打铁必须自身硬，自身硬首先要自身廉"。[1] 党章赋予纪委监委很高权威，党中央对纪检监察机关赋予重任，人民群众对这支队伍充满期待，寄托着捍卫党纪国法、维护公平正义的厚重期望。[2] 纪检监察机关在作风与纪律上的任何偏差，都将严重削弱党风廉政建设和反腐败斗争的成效，与党和人民的要求背道而驰；纪检监察干部一旦出现违纪违法问题，对党的执政根基与公信力的损害远超普通党员。因此，纪检监察机关和纪检监察干部要以彻底的毫不妥协的自我革命精神，牢记执纪者必先守纪、律人者必先律己，带头强化自我监督，确保队伍的纯洁性。本条主要目的是加强监察机关自身建设，严明政治纪律，建设一支让党放心、人民满意的监察队伍。本条规定主要包括以下三个方面的内容：

一、监察机关内部监督方式

打铁必须自身硬，信任不能代替监督。相较于外部监督，内部监督具有贴近监督、熟悉情况的优势，为党的自我革命、全面从严治党和反腐败斗争提供有力支撑。目前内部监督主要有以下三种方式：

（一）设立专门的内部监督机构实施监督

一是设立干部监督室。选配政治过硬、经验丰富、敢于善于斗争的干部专司监察干部监督工作，主要负责处理监察干部的信访件和举报件，审查调查问题线索，并根据调查结果对违规违纪的监察干部进行惩处。[3]

二是设立案件监督管理室。案件监督管理室是监察机关内部负责案件监督管理工作的专门机构，承担着案件线索管理、案件流程监督、涉案财物管理、安全监督、协调沟通、质量评查和信息化管理等多方面的重要职能。通

---

[1] 习近平：《为实现党的二十大确定的目标任务而团结奋斗》，载《求是》2023年第1期。
[2] 《习近平在二十届中央纪委四次全会上发表重要讲话强调 坚持用改革精神和严的标准管党治党 坚决打好反腐败斗争攻坚战持久战总体战》，载《人民日报》2025年1月7日，第1版。
[3] 王立峰、徐天也：《纪检监察内部监督视域下干部监督室制度研究》，载《河南社会科学》2023年第12期。

过设立案件监督管理室，设区的市以上监察机关探索日常监督和案件调查部门分设，各部门建立相互协调、相互制约的工作机制等方式，充分体现了相互制约、合理分工、资源优化。

（二）规定监察人员违纪违法的处理措施

《监察法》明确规定了对监察人员违纪违法行为的处理措施，包括警告、记过、记大过、降级、撤职、开除等处分，以及移送司法机关处理。这些规定为监督监察人员提供了明确的法律依据，确保对违纪违法行为的严肃处理。同时修改后的《监察法》针对监察人员自身出现严重职务违法或者职务犯罪的情况，新增了禁闭措施及相应的实施要求、期限规定等，进一步加强了对监察队伍的纪律约束和内部管理，彰显了对监察人员从严监督和约束的决心。

（三）建立严格的监察官管理和监督制度

为了加强对监察官的管理和监督，保障监察官依法履行职责，维护监察官合法权益，推进高素质专业化监察官队伍建设，推进监察工作规范化、法治化，我国于2021年出台了《监察官法》。《监察官法》对监察官的条件、任免程序、考核和奖励、监督和惩戒等方面进行了较完善的规定，为加强对监察人员执行职务和遵守法律情况的监督提供了制度保障。

二、监察机关内部监督内容

监察机关对监察人员进行内部监督的主要内容是对监察人员执行职务和遵守法律情况的监督。

所谓"执行职务"，是指监察人员在监察工作中依法履行法定职责和法定义务。《监察官法》第九条规定了监察官依法履行职责的范围：（1）对公职人员开展廉政教育；（2）对公职人员依法履职、秉公用权、廉洁从政从业以及道德操守情况进行监督检查；（3）对法律规定由监察机关管辖的职务违法和职务犯罪进行调查；（4）根据监督、调查的结果，对办理的监察事项提出处置意见；（5）开展反腐败国际合作方面的工作；（6）法律规定的其他职责。

《监察官法》第十条规定了监察官应当履行义务的范围：（1）自觉坚持中国共产党领导，严格执行中国共产党和国家的路线方针政策、重大决策部署；（2）模范遵守宪法和法律；（3）维护国家和人民利益，秉公执法，勇于担当、敢于监督，坚决同腐败现象作斗争；（4）依法保障监察对象及有关人员的合法权益；（5）忠于职守，勤勉尽责，努力提高工作质量和效率；（6）保守国家秘密和监察工作秘密，对履行职责中知悉的商业秘密和个人隐私、个人信息予以保密；（7）严守纪律，恪守职业道德，模范遵守社会公德、家庭美德；（8）自觉接受监督；（9）法律规定的其他义务。

"遵守法律"，是指监察人员不论是执行职务还是日常生活中，都应模范遵守国家各项法律法规，以及党内法规和党的纪律。这里的法律应该做广义的理解。

三、监察机关内部监督目的

执纪者必先守纪，律人者必先律己，未有不能自治而治人者。加强监察机关内部监督，其目的就要打造一支忠诚、干净、担当的监察队伍。

一是忠诚。忠诚是纪检监察机关与生俱来的政治基因，是纪检监察干部最鲜明的政治品格。政治忠诚是对监察人员第一位的政治要求，对党绝对忠诚，是党性强的表现。监察人员长期工作在反腐败斗争的第一线，如果没有坚定的信念和坚强的党性，就很容易动摇，对未来失去信心。

二是干净。打铁必须自身硬，自身硬首先要自身廉。党中央始终要求保持监察队伍纯洁，自身廉洁过硬是监督调查处置最大的底气、硬气。监察机关不是"保险箱"，监察人员不是生活在真空里，对腐败也不具有天然的"免疫力"。[1] 随着监察体制改革的深入推进，监察机关的监督范围扩大、权限丰富，监察干部同样会被别有用心的人，尤其是腐败分子拉拢腐蚀，面对的诱惑越来越多、面临的考验越来越大。执法违法犹如监守自盗，危害更甚，一旦监察队伍出现"害马"，性质和影响更为恶劣，负面影响会成倍放大。

三是担当。权力就是责任，责任就要担当。敢于担当是监察人员对党忠诚的具体体现。担当体现在做好本职工作、勇于承担责任上，同时也体现在对监察人员的从严管理、从严监督上。其一，做事需要有担当。监察人员干的是"得罪人"的活，若不得罪腐败分子，就必然辜负党和人民的重托，监察人员必须时刻以党和人民的利益为重，始终以"我不得罪、谁得罪"的职业精神严格履职尽责，以守土有责、守土负责、守土尽责的责任担当，面对大是大非敢于亮剑，面对失误敢于承担责任，面对歪风邪气敢于坚决斗争。

---

[1] 吕永志：《纪检监察干部要做遵规守矩的表率》，载《中国纪检监察》2016年第3期。

监察人员铁面执法、不怕得罪人、敢于担当、敢于监督体现的是对民族、历史负责的担当。如果畏首畏尾、不敢监督、不想监督，对系统内存在的不正之风和腐败现象无动于衷、无所作为，就不配做监察干部，也必然会辜负于党、失信于民。其二，管人也需要有担当。好干部是选出来的，更是管出来的。严管就是厚爱，严格管理干部并不是对干部的打压或不信任，而是出于对干部的真正关心和爱护，是对干部真正负责。尤其是监察机关领导干部要进一步增强责任感、使命感，求真务实、真抓实干，始终为党和国家的事业发展着想，以身作则、严于律己，营造清正廉洁的政治环境，以促进监察工作和监察队伍的共同进步与健康发展。

【关联规范】

《宪法》第53条；《监察官法》第12条至第18条；《干部选拔任用工作监督检查和责任追究办法》第14条；《监察法实施条例》第258条至第262条；《中国共产党纪律检查机关监督执纪工作规则》第11条。

第六十四条　【监察人员禁闭措施】 监察人员涉嫌严重职务违法或者职务犯罪，为防止造成更为严重的后果或者恶劣影响，监察机关经依法审批，可以对其采取禁闭措施。禁闭的期限不得超过七日。

被禁闭人员应当配合监察机关调查。监察机关经调查发现被禁闭人员符合管护或者留置条件的，可以对其采取管护或者留置措施。

本法第五十条的规定，适用于禁闭措施。

【法条主旨】

本条是关于对监察人员采取禁闭措施的规定。

【修改提示】

本条为新增条文。

【法条解读】

习近平总书记强调，纪检监察机关要接受最严格的约束和监督，加大严管严治、自我净化力度，针对自身权力运行机制和管理监督体系的薄弱环节，扎紧织密制度笼子，坚决防止"灯下黑"。① 监察机关肩负着监督执纪问责、监督调查处置的重任，手握公权力，其一举一动关乎党和政府形象、关乎法治尊严、关乎民众信任，监察人员违法犯罪，若不及时有效管控，极易引发恶劣的连锁反应，使民众对监察公正存疑，让腐败分子有机可乘，给监察事业抹黑。从现实维度审视，过往个别监察人员利用职权通风报信、以案谋私等行径时有发生。禁闭措施恰似一道坚固"防火墙"，在紧急关头迅速隔离涉事监察人员，阻断其继续犯错、扩大危害的可能，将负面影响控制在最小范围，全力守护监察事业的干净与纯粹，捍卫法律尊严与民众信赖。增加规定禁闭措施，巩固深化全国纪检监察干部队伍教育整顿成果，体现对监察人员从严监督和约束，以刀刃向内的魄力彰显法治反腐的决心，为整个监察体系的健康运行筑牢根基。

一、禁闭措施的适用

（一）适用对象

在适用对象上，禁闭严格限定于监察人员这一特定群体。这是由监察机关特殊职责与权力属性决定的，监察机关作为监督执纪的一把"利剑"，时刻高悬，震慑四方，监察人员身处其中，手中掌握着沉甸甸的权力，他们的每一个行动、每一项决策，都十分关键。监察工作涉及对公职人员全方位的监督，监察人员的行为影响力巨大，一旦他们自身出现违法犯罪行径，所引发

---

① 《习近平在十九届中央纪委五次全会上发表重要讲话强调 充分发挥全面从严治党引领保障作用 确保"十四五"时期目标任务落到实处》，载《人民日报》2021年1月23日，第1版。

的潜在危害相较于普通公职人员而言，要严重得多。普通公职人员的不当行为可能仅影响局部工作，而监察人员若违法犯罪，将会冲击整个监察体系的公信力，动摇监督执纪的根基，使得民众对监察工作的信任大打折扣。故而，针对监察人员，必须有专属的规制手段来进行精准约束，而禁闭措施便是一项有力且极具针对性的管控方式，以此确保监察人员时刻保持警醒，维护监察队伍的纯洁性与权威性。

有权必有责，用权受监督，失职要问责，违法要追究，此乃权力运行的基本原则。如何有效监督监察机关，以保障国家监察权的规范行使，是当前全社会共同关注的重要问题。监察权作为一种专门用于监督其他公权力的国家权力，其自身更应接受有效的监督制约，之所以要加强对监察机关及其人员的监督，正是出于这一重要考量。以习近平同志为核心的党中央高度重视纪检监察干部队伍建设，信任绝不能替代监督，监督应无任何禁区可言，任何权力都必须置于监督之下，这就要求监督者自身首先要接受严格的监管。国家监察体制改革后，监察机关所肩负的权力与责任均显著增大，故必须以更高的标准、更严的纪律来强化自我监督，并自觉接受来自各方的监督。对于监察人员的违法犯罪行为，要坚决予以查处；对于失职失责的情形，亦要严肃进行问责，以确保监察权的正确行使，维护监察机关的权威性和公信力。

(二) 适用情形

对监察人员采取禁闭措施的条件是，监察人员涉嫌严重职务违法或者职务犯罪，且为防止造成更为严重的后果或者恶劣影响时，监察机关方能经依法审批，对其采取禁闭措施。

所谓严重职务违法，其所涵盖的内容相当广泛。其中包括滥用监察职权，在案件调查进程中，违规插手、干预，以不正当手段扰乱正常的调查秩序；或是出于一己私利，为那些正处于被调查状态下的对象暗中通风报信，将本应严格保密的案情机密泄露出去，让调查工作陷入被动；还有甚者，利用职务之便非法收受财物，将公权力变为谋取个人私利的工具，全然不顾职责所在与法律威严。职务犯罪更是性质恶劣，涉及诸多触犯刑法的行径。贪污行为，将公共财物据为己有，中饱私囊，严重损害国家与集体利益；受贿行为，收受他人给予的贿赂，为行贿者大开方便之门，破坏公平公正的社会环境；渎职行为，在其位却不谋其职，对本职工作敷衍塞责、消极懈怠，导致国家和人民遭受重大损失。并不仅限于《刑法》分则第八章和第九章所列贪污贿赂犯罪和渎职犯罪，而是包括刑法在内的法律规范规定的所有职务性违法犯罪行为。[1] 适用严格限定在"严重职务违法或者职务犯罪"，仅仅是一般违法或者轻微违反相关法律规定不得适用禁闭措施。

当监察人员自身出现涉嫌严重职务违法或者职务犯罪的情形时，监察机关并非能够随意对其采取禁闭措施。只有为切实防止造成更为严重的后果，如可能导致关键证据被销毁，使得后续调查工作陷入僵局，进而影响整个案件公正处理的走向；又或者是为避免产生恶劣影响，如引发公众对监察体系公信力的深度质疑，扰乱正常的监察秩序等状况出现时，监察机关才能够依据严格的法定程序，经过审慎且依法依规的审批流程，对涉事监察人员采取禁闭措施。这表明，从制度设计和执行的严谨逻辑来看，不是所有监察人员的违法犯罪行为都会触发禁闭这一严厉手段，要满足行为性质已然达到严重程度，如涉及受贿金额巨大、故意泄露重大机密信息等恶劣行径，或者存在危害进一步扩大的切实风险，唯有如此，禁闭措施的启用才具有合法性、合理性与必要性。

（三）适用目的

禁闭措施的目的是防止造成更为严重的后果或者恶劣影响，当出现监察人员涉嫌严重职务违法或者职务犯罪的情况时，监察机关需要依据切实可靠的线索、确凿的证据，又或是基于合理且严谨的预判来行事。倘若不即刻对涉事监察人员采取限制行动自由的措施，那么极有可能引发一系列严重后果和恶劣影响。比如，关键证据会被涉事人员迅速销毁，让案件侦破失去重要依托；同案人员得以有机会相互串供，编造虚假信息误导调查方向，使得真相越发扑朔迷离；案件调查工作因此受到重重阻碍，耗费大量人力、物力、财力却难以推进；更有甚者，还可能引发社会舆论一片哗然，公众对监察机关建立起来的信任崩塌，让整个监察体系的公信力大打折扣。在危急情形之下，禁闭措施应找准时机，适时启动，以保障监察工作的公正、严肃与有效推进。

（四）适用程序

禁闭措施的适用必须经过监察机关的审批程序。禁闭作为一种具有限制

---

[1] 马怀德主编：《中华人民共和国监察法理解与适用》，中国法制出版社2018年版，第97页。

人身自由属性的管理手段，应适用较为严格的审批程序，如禁闭措施的适用应经监察机关主要负责人批准。

(五) 适用期限

法条规定禁闭的期限不得超过七日。一方面，聚焦于保障监察人员最为基本的人身权益层面。七日的时限设定旨在坚决防止出现长时间、无节制地过度限制人身自由的恶劣情形，规避类似非法拘禁这般严重的侵权风险。即便处于监察调查的特殊、敏感阶段，被禁闭人员也理应享有基本的人道关怀待遇。

另一方面，从调查工作实际推进出发。七日的时长，于监察机关而言，是经过实践、理论深度权衡后的设计。在有限的七日之内，监察机关足以紧急隔离涉事人员，以最快速度切断其可能与外界串联、销毁证据的途径；同时，调查人员能够初步固定那些关键证据，运用专业技术手段确保证据链的完整性、真实性与合法性，防止危害进一步扩大化，将不良影响扼杀在萌芽状态。不仅如此，七日还能让监察机关集中精力对案件全方位、深层次地展开调查，挖掘隐匿在表象背后的真相。相较于其他监察措施，差异一目了然。相较于留置措施，禁闭措施七日的短期性特征凸显其应急与过渡特质，为后续可能的留置、管护或移送司法等程序争取了缓冲时间，既保障调查连贯性，又避免因长时间未决羁押给监察人员带来过重负担，维持调查与权益保障间的精妙平衡。

二、被禁闭人员的义务与权利

被禁闭人员配合监察机关调查，是其在禁闭期间需履行的核心义务。此配合涵盖多方面内容：如实陈述自身涉嫌违法犯罪行为细节，不得隐瞒、歪曲关键事实；按要求提供与案件相关的各类证据线索，如通信记录、文件资料、证人信息等，助力监察机关还原真相；积极回应调查人员询问，遵循询问流程与时间安排，不得无故拖延、抗拒。

依据监察法相关规定，若被禁闭人员拒不配合，如故意提供虚假供述误导调查、销毁隐匿关键证据、煽动他人干扰调查进程等，违反了《监察法》规定的法定配合义务，将承担相应的法律责任。

本条第三款规定："本法第五十条的规定，适用于禁闭措施。"而《监察法》第五十条是关于有效保障包括被留置人员在内的相关人员的合法权益，主要围绕留置措施实施后的通知规则、权益保护和刑期折抵等问题展开，禁闭措施同样适用，体现了虽处于禁闭状态，但被禁闭人员合法权利仍受法律保护。切实贯彻全面推进依法治国，尊重和保障人权，进一步规范监察机关的调查取证工作，增强禁闭措施的正当性、合法性。

监察机关依法采取禁闭措施后，除存在有碍调查的情形外，原则上应及时通知被禁闭人员所在单位及其家属。第一，有关禁闭决定及相关信息的通知应当及时。原则上应当将相关信息及时告知被留置人员所在单位及其家属，至迟不得超过二十四小时。第二，通知的对象既包括被禁闭人家属，也包括被禁闭人所在单位。第三，以通知为原则，以不通知为例外。只有当存在通知可能妨碍调查的情况下，调查人员才可以不通知被禁闭人员的家属及其所在单位。"有碍调查"主要是指通知后可能发生毁灭、伪造证据，干扰证人作证或串供等情况。但在有碍调查的情形消失后，应当立即通知被禁闭人员所在单位和家属。[1]

被禁闭人员及其近亲属有权申请变更禁闭措施。若被禁闭人员认为禁闭决定有误、调查程序违法、自身权益遭不当侵害，可依规向监察机关申请，要求复查审核，相关部门必须依法受理、公正处置，及时反馈结果，为被禁闭人员提供权利救济渠道，监察机关收到申请后，应当在三日内作出决定；不同意变更措施的，应当告知申请人，并说明不同意的理由。被禁闭人员的近亲属也有权申请变更。

为保证调查工作的合法、有序进行，禁闭期间监察机关应当采取必要措施及手段，保障被禁闭人员的合法权益。第一，保障被禁闭人员的饮食和休息。第二，保障被禁闭人员的安全。监察机关对于被禁闭人员的人身安全负有保障义务。禁闭期间，若调查人员违反规定发生安全事故，或发生安全事故后隐瞒不报、报告失实、处置不当的，不仅要追究直接责任人的责任，还要追究领导责任。此外，对患有疾病或身体不适的被禁闭人员，监察机关应当及时为其提供医疗服务。第三，要合理安排讯问时间和讯问时长，避免疲劳审讯。[2]

---

[1] 秦前红主编：《〈中华人民共和国监察法实施条例〉解读与适用》，法律出版社2021年版，第147页。

[2] 马怀德主编：《中华人民共和国监察法理解与适用》，中国法制出版社2018年版，第190页。

【关联规范】

《监察法》第 24 条、第 25 条、第 47 条、第 48 条、第 50 条；《监察官法》第 42 条至第 43 条；《中国共产党纪律检查机关监督执纪工作规则》第 48 条、第 50 条。

第六十五条　【监察人员守法义务和业务能力要求】 监察人员必须模范遵守宪法和法律，忠于职守、秉公执法，清正廉洁、保守秘密；必须具有良好的政治素质，熟悉监察业务，具备运用法律、法规、政策和调查取证等能力，自觉接受监督。

【法条主旨】

本条是关于对监察人员守法义务和业务能力等方面要求的规定。

【修改提示】

本条内容未作修改。

【法条解读】

本条旨在明确监察人员守法义务以及业务能力的基本要求，规范监察人员行为，促使其更好地履职尽责，不断提高监察工作规范化、法治化、正规化水平。监察人员担负着反腐败的重要职责，是打赢反腐败斗争攻坚战的重要力量。"打铁必须自身硬"，监察工作对规范化、法治化、正规化的要求极高，需要一支忠于法律、忠于人民、具有高尚道德品质、超高政治素养和职业技能的监察干部队伍。本条关于监察人员的守法义务和业务能力的规定主要包括九个方面：

一、模范遵守宪法和法律

"模范遵守宪法和法律"主要是指监察人员作为执法人员要做遵守宪法和法律的标杆。宪法是国家的根本法，是治国安邦的总章程，法律是人民共同意志的体现。遵守宪法和法律是公民的基本义务，监察人员作为我国监察机关中依法行使监察权的工作人员，对公职人员依法履职、秉公用权、廉洁从政从业以及道德操守情况进行监督检查。正人先正己，监察人员只有自身过硬，才能挺直腰杆去监督其他公职人员。因此，监察人员要牢固树立法治意识，增强法律意识，提高遵守法律的自觉性，成为尊法、守法、用法、护法的标杆。

二、忠于职守

"忠于职守"主要是指监察人员必须忠诚地对待自己的职业岗位，尽心尽力地履行自己的工作职责。监察人员必须依照法律法规认真履行监察职责，坚守工作岗位，恪尽职守，对于自己范围内的事要坚持原则、竭尽全力、克服困难、任劳任怨，以对国家、对人民高度负责的精神，圆满完成本职工作。

三、秉公执法

"秉公执法"主要是指监察人员在履行职责时，必须严格依照国家法律、法规和党纪政纪的相关规定，应实事求是，正确运用权力，客观、公正地执行国家法律，不偏袒、不徇私，确保监察工作的公正性和权威性。这要求监察人员在调查取证、审查案件、提出监察建议等各个环节中，都以事实为根据，以法律为准绳，做到公正无私，维护社会的公平正义。

四、清正廉洁

"清正廉洁"主要是指监察人员在履行职责过程中必须廉洁奉公，不得利用职权谋取个人私利。历史经验充分表明，保持干部队伍的清正廉洁，是我们党经受住执政考验、赢得人民群众拥护的重要保证。监察机关的性质和任务决定了监察人员首先要做到廉洁奉公，不贪赃枉法，不以权谋私。当然，"清正廉洁"不仅是对监察人员的要求，更是对所有公职人员的要求。习近平总书记强调，"面对纷繁复杂的社会现实，党员干部特别是领导干部务必把加

第六十五条 【监察人员守法义务和业务能力要求】 | 241

强道德修养作为十分重要的人生必修课"。[1] 我国将对公职人员"清正廉洁"的要求规定在党内法规、法律法规中，使其成为公职人员的一项法定义务。

五、保守秘密

"保守秘密"主要是指监察人员须牢固树立保守党和国家秘密的观念，严格遵守保密工作的法律、纪律和规定，保证纪检监察工作的顺利进行。事以密成，语以泄败，保密工作是党和国家的一项特殊重要工作，直接关系到国家安全、经济发展、社会稳定。保密是由监察机关的特殊性质决定的，监察人员在查办职务违法、职务犯罪案件的过程中，往往会涉及个人隐私、商业秘密，甚至可能会涉及国家秘密，易出现跑风漏气、失密泄密等问题，造成销毁证据、串供等情况，更有甚者使得重要涉案人员潜逃境外，或出现涉案人员自残、自杀等办案安全事件。因此，监察人员必须牢固树立保守党和国家秘密的观念，在履行线索初核和审查、调查、处置等各项职权时，严格遵守保密的道德底线，严格遵守有关保密纪律的规定。

六、具有良好的政治素质

"具有良好的政治素质"主要是指监察人员要提高政治觉悟、严守政治纪律，同党中央保持高度一致，坚决维护党中央权威。党的二十大报告强调，全面建设社会主义现代化国家，必须有一支政治过硬、适应新时代要求、具备领导现代化建设能力的干部队伍。[2]

监察机关是重要的政治机关，《宪法》第一百二十三条规定，"中华人民共和国各级监察委员会是国家的监察机关"，明确了监察机关是行使国家监察职能的专责机关，与党的纪律检查委员会合署办公。监察机关是实现党和国家自我监督的政治机关，其行使的监察权是在党的直接领导下，代表党和国家对所有行使公权力的公职人员进行监督，既调查职务违法行为，又调查职务犯罪行为。同时，监察机关在履行职责过程中，既要加强日常监督、查清职务违法犯罪事实，进行相应处置，又要开展严肃的思想政治工作，进行理想信念宗旨教育，做到惩前毖后、治病救人，实现政治效果、法律效果与社会效果有机统一。

---

[1] 满新英:《习近平总书记强调的"必修课"》，载《学习时报》2021年8月9日，第2版。
[2] 张洋、沈童睿:《全面提高干部现代化建设能力》，载《人民日报》2024年9月18日，第2版。

七、熟悉监察业务

"熟悉监督业务"主要是指监察人员必须掌握监察专业知识及相关业务知识。二十届中央纪委四次全会公报指出"以更高标准、更严要求，打造忠诚干净担当、敢于善于斗争的纪检监察铁军"。① 监察工作内容复杂、涉及面广，同时专业性强，这对检察队伍的专业化建设提出了较高的要求，要求监察人员不仅要具有较高的政治素质、斗争精神和工作热情，而且必须具有较强的业务能力。

八、具备运用法律、法规、政策和调查取证等能力

"具备运用法律、法规、政策和调查取证等能力"主要是指监察人员必须掌握相关法律、法规、政策知识，并善于在调查取证等工作中加以运用。监察人员作为公职人员，承担着对行使公权力的公职人员进行监察的重要职责。因此监察人员必须熟练掌握并灵活运用法律、法规、政策，具备出色的调查取证能力，努力养成严、实、深、细的工作作风。具体而言，监察人员不仅要了解法律、法规和政策的基本内容，还要在实践中准确判断、分析和运用这些规定，确保监察工作的合法性和有效性。同时，调查取证能力也是监察人员必备的专业技能之一，需要通过合法手段收集、固定和审查证据，以支持监察结论和后续处理。

九、自觉接受监督

"自觉接受监督"主要是指监察人员要坚定理想信念，提高政治站位，充分认识到严管就是厚爱。在行使权力、履行职责的过程中，积极主动地接受来自内部或外部的各种形式的监督，包括组织监督、社会监督、舆论监督和群众监督等。增强遵纪守法的自觉性，用实际行动证明，监察人员队伍是一支党和人民信得过、靠得住的队伍，体现对权力运行的透明度和公正性的追求。监察人员自觉接受监督，一方面能够保障监察工作的合法性和公正性，确保监察工作依法依规进行，防止权力滥用和腐败现象的发生；另一方面能够提升监察人员的职业素养，通过接受监督使监察人员不断反思和改进自己的工作方法和作风，提高自身的职业素养和业务能力。此外，自觉接受监督

---

① 《中国共产党第二十届中央纪律检查委员会第四次全体会议公报》，载中国政府网，https：//www.gov.cn/yaowen/liebiao/202501/content_ 6997254.htm，最后访问日期：2025年2月19日。

还有利于提升监察工作公信力和影响力。

【关联规范】

《宪法》第123条;《刑法》第282条、第308条、第398条、第431条;《保守国家秘密法》第2条、第5条、第8条、第13条、第14条;《党政领导干部选拔任用工作条例》第59条;《中国共产党纪律检查机关监督执纪工作规则》第67条;《中国共产党巡视工作条例》第35条。

第六十六条　【办理监察事项及时报告与登记备案】 对于监察人员打听案情、过问案件、说情干预的,办理监察事项的监察人员应当及时报告。有关情况应当登记备案。

发现办理监察事项的监察人员未经批准接触被调查人、涉案人员及其特定关系人,或者存在交往情形的,知情人应当及时报告。有关情况应当登记备案。

【法条主旨】

本条是关于办理监察事项报告备案的规定。

【修改提示】

本条内容未作修改。

【法条解读】

建立办理监察事项报告备案制度,目的是加强监察机关自我监督、强化自我约束,坚决防止"灯下黑"、知法犯法和执纪违纪,把监察执纪权力关进制度的笼子，不断强化纪检监察机关过程性监管责任。

纪检监察机关行使的监督权力是党和国家、人民赋予的，不能以权谋私，在接受外部监督的同时必须强化自身监督。建立打听案情、过问案件、说情干预情况报告备案制度，是一项重要的内部监督制度，以处处留痕迹的模式来避免监察人员徇私舞弊，确保监察办案过程的公正性，也体现了对监察人员的严管厚爱。通过这一制度，强化监察机关自身建设，严格落实权力运行内控和监督制约机制，打造忠诚干净担当、敢于善于斗争的纪检监察铁军。本条分为两款，应从以下四个方面来进行解读和适用：

第一，第一款规定的是对监察人员干预案件的处理。对监察人员在线索处置、日常监督、调查、审理和处置等各环节有打听案情、过问案件、说情干预等行为的，办理监察事项的监察人员应当按照有关规定及时向组织反映。本款适用对象为监察人员。根据本条的规定，并结合《监察官法》第四十六条的规定，打听案情、过问案件、说情干预情况报告备案制度的适用对象应当合理划定为监察人员。报告的主体是办理监察事项的监察人员。非办理监察事项的监察人员"打听案情、过问案件、说情干预"，其背后通常存在以案谋私、执纪违纪、执法违法等情形，造成了严重后果和恶劣影响。本款规定办理监察事项的监察人员"应当"报告、"应当"登记备案，说明报告是一种职责和义务，以防范少数纪检监察干部跑风漏气、通风报信、说情打招呼、过问干预案件等问题。

第二，本条第二款规定的是对监察人员违反规定接触有关人员的处理。"办理监察事项的监察人员未经批准接触被调查人、涉案人员及其特定关系人，或者存在交往情形"，这里的"监察人员"是指办理监察事项的所有监察人员，而报告主体则扩大为知情人。这里的"知情人"既包括共同办理该监察事项的其他监察人员，也包括被调查人、涉案人员及其特定关系人或者其他人员。这里的"交往"需要进行实质性判断，即对监察工作公正开展有着实质性影响的交往。本条规定并不是"多管闲事""不近人情"，而是真正对组织负责、对他人负责、对自己负责。[①] 需要指出的是，以上两种情形均可能

[①] 中共中央纪律检查委员会 中华人民共和国国家监察委员会法规室编写：《〈中国共产党纪律检查机关监督执纪工作规则〉释义》，中国方正出版社2019年版，第204页。

第六十六条 【办理监察事项及时报告与登记备案】 | 245

发生在线索处置、日常监督、调查、审理、处置等各个环节，监察机关应当全面、如实记录，做到全程留痕、有据可查。

第三，本条并没有明确规定向谁进行报告。本条未对"监察机关及其工作人员利用职权或职务上的影响力，在线索处置、日常监督、调查、审理、处置等各个环节，打听、过问以及干预案件等情况"应向谁进行报告明确规定，但是，结合《监察法实施条例》第二百六十二条和《中国共产党纪律检查机关监督执纪工作规则》第六十四条的规定，则进一步明确是向"上级负责人"进行报告。具体来说，在《监察法》第六十六条第一款的情形中，"上级负责人"应当解释表述为"审查调查组组长和监督检查、审查调查部门主要负责人"；在《监察法》第六十六条第二款的情形中，"上级负责人"则应当解释表述为"审查调查组组长和监督检查、审查调查部门主要负责人直至纪检监察机关主要负责人"。

第四，报告的后果是要追究相关监察人员的责任。对于上述违法干预案件、接触相关人员的监察人员，应当依法给予政务处分；是党员的，要依照《中国共产党纪律处分条例》追究党纪责任。构成犯罪的，还应当依法追究刑事责任。按照纪检监察合署办公和党纪国法相衔接的原则要求，对具有党员身份的监察人员，往往既追究法律责任，又追究党纪责任。以追究党纪责任为例，结合《中国共产党纪律处分条例》第一百四十二条和第一百四十三条的规定，可将责任追究区分为：一是向有关地方或者部门打听案情、打招呼、说情，或者以其他方式对执纪执法活动施加影响的，情节较轻的，给予严重警告处分；情节较重的，给予撤销党内职务或者留党察看处分；情节严重的，给予开除党籍处分。二是按照有关规定对干预和插手行为负有报告和登记义务的受请托人，不按照规定报告或者登记的，情节较重的，给予警告或者严重警告处分；情节严重的，给予撤销党内职务处分。

【关联规范】

《监察官法》第46条；《监察法实施条例》第262条；《中国共产党纪律检查机关监督执纪工作规则》第64条；《中国共产党纪律处分条例》第143条。

第六十七条 【回避情形】办理监察事项的监察人员有下列情形之一的，应当自行回避，监察对象、检举人及其他有关人员也有权要求其回避：

（一）是监察对象或者检举人的近亲属的；

（二）担任过本案的证人的；

（三）本人或者其近亲属与办理的监察事项有利害关系的；

（四）有可能影响监察事项公正处理的其他情形的。

【法条主旨】

本条是关于办理监察事项的监察人员自行回避或依要求回避的具体规定。

【修改提示】

本条内容未作修改。

【法条解读】

办理监察事项的监察人员既要监督别人，也要接受别人监督；既要确保监察对象秉公用权、公正用权，也要保证自己在行使职权过程中做到秉公用权、公正用权。回避制度是保证监察人员秉公用权、公正用权的一项重要制度设计，旨在保障监察工作公正、客观、合法地开展，保障监察对象权益、提升监察工作质量以及增强监察工作公信力。本条明确规定建立健全监察工作回避制度，通过排除人情、利益等影响监察执纪工作合法性和公正性的因素，确保规范和正确行使监察权，让被调查人员切实感受到调查人员与自己不存在任何利益关联，调查过程严格遵循法律规定、精准认定事实，确保监察程序符合法定要求，从而树立监察机关依规依纪依法履职的良好形象。监察回避对于保障监察工作的公正性和独立性、防范和化解利益冲突、维护法治权威和社会正义而言，具有重要意义。理解和适用本条的规定，需要注意以下两个方面：

一、自行回避和申请回避

本条规定了自行回避和申请回避两种情形。自行回避是指办理监察事项的监察人员发现自己具有法定应当回避情形的，主动向所在监察机关提出回避的申请。"自行回避"也属于法定回避，"应当"依法进行回避。根据《监察法实施条例》第二百六十三条的规定，对于没有自行提出回避的，监察机关应当依法决定其回避。

申请回避则是指办理监察事项的监察人员在明知自己应当回避的情况下，却不自行回避；或者由于不知道、不认为自己存在应当回避的情形，而没有自行回避。此时，监察对象、检举人及其他有关人员有权要求他们回避。其中，对于监察人员应当回避而拒不回避的，监察机关要对其进行提醒教育，情节严重的，要依照法律法规处理。需要指出的是，申请回避是监察对象、检举人及其他有关人员的法定权利，监察机关应当依法在办理监察事项过程中积极采取多种措施保障此项权利的行使。

根据《监察法实施条例》第二百六十四条的规定，无论是自行回避还是申请回避，都应当采取书面或者口头的形式提出。但是，对于口头提出的，监察机关应当形成记录。此外，回避对象的职位差异亦导致决定程序存在区别，有关监察机关主要负责人的回避，应当由上级监察机关主要负责人决定；有关其他监察人员的回避，则应当由本级监察机关主要负责人决定。

二、回避的法定情形

根据本条的规定，在办理监察事项的过程中，存在四种应当自行回避或者依要求回避的法定情形。

第一种情形是"监察对象或者检举人的近亲属"。对于如何认定近亲属的范围，《刑事诉讼法》第一百零八条第六项规定，"近亲属"是指夫、妻、父、母、子、女、同胞兄弟姊妹。考虑到监察公正性和权威性的需要，应当遵循民事法律对亲属范围的划定思路，以此适当扩大应当回避的监察人员范围，贯彻落实更为严格的监察回避制度，避免因偏私而导致对监察对象形成不利、不公正的判断。

第二种情形是"担任过本案的证人"。担任过本案证人的监察人员，由于存在先入为主、主观臆断的情况，有可能对案件的正确处理产生影响。为保证案件的客观性和公正性，其既不能在当下参与案件调查处置环节，也不能在后续的调查处置过程中参与，避免因自身因素导致不公正办案的情形发生。

第三种情形是"本人或者其近亲属与办理的监察事项有利害关系"。"利害关系"是指监察人员或其近亲属虽并非案件相关人，但案件的处理涉及他们的重大利益，或者存在其他足以可能影响案件公正处理的关系。在此情形下，监察人员可能从自身利益出发或者顾及情感等因素影响案件的公正处理。

第四种情形是"有可能影响监察事项公正处理的其他情形"。在监察工作中，当监察人员与监察对象、检举人及其他有关人员存在朋友、亲戚关系，或与监察对象有过恩怨、存在借贷关系等情况时，只有在可能影响案件公正处理的前提下才适用回避。例如，若监察人员是监察对象的近亲属，应无条件回避；若监察人员与监察对象是远亲关系，需视其是否可能影响案件公正处理来决定是否回避。

在本条规定的基础上，结合《公务员法》《公务员回避规定》的相关规定，应当对监察回避制度进行更为全面的理解，即其涵盖了任职回避和公务回避。进言之，监察任职回避指的是针对具有法定亲情关系的监察人员，在其担任某些关系紧密职务时所作出的限制。鉴于亲情具有高度人身依附性，这就使得亲情与监察工作所要求的严肃、认真、公正、依法等基本要素存在一定冲突。监察任职回避，旨在将工作关系与亲属关系相分离，从而让监察人员之间构建起相对和谐、单纯的工作关系。对此，《公务员法》第七十四条第一款规定："公务员之间有夫妻关系、直系血亲关系、三代以内旁系血亲关系以及近姻亲关系的，不得在同一机关双方直接隶属于同一领导人员的职位或者有直接上下级领导关系的职位工作，也不得在其中一方担任领导职务的机关从事组织、人事、纪检、监察、审计和财务工作。"《公务员回避规定》第五条第一款规定："公务员凡有下列亲属关系的，不得在同一机关双方直接隶属于同一领导人员的职位或者有直接上下级领导关系的职位工作，也不得在其中一方担任领导职务的机关从事组织、人事、纪检、监察、审计和财务工作：（一）夫妻关系；（二）直系血亲关系，包括祖父母、外祖父母、父母、子女、孙子女、外孙子女；（三）三代以内旁系血亲关系，包括伯叔姑舅姨、兄弟姐妹、堂兄弟姐妹、表兄弟姐妹、侄子女、甥子女；（四）近姻亲关系，包括配偶的父母、配偶的兄弟姐妹及其配偶、子女的配偶及子女配偶的父母、三代以内旁系血亲的配偶。"

对于监察公务回避而言，其规范依据源自本条的规定，即监察人员在办理监察事项时，与监察对象、检举人及其他有关人员等存在亲属或者利害关系的，需要退出工作以避免监察事项丧失客观公正性，维护监察工作的权威性。对此，《监察官法》第四十七条规定："办理监察事项的监察官有下列情形之一的，应当自行回避，监察对象、检举人、控告人及其他有关人员也有权要求其回避；没有主动申请回避的，监察机关应当依法决定其回避：（一）是监察对象或者检举人、控告人的近亲属的；（二）担任过本案的证人的；（三）本人或者其近亲属与办理的监察事项有利害关系的；（四）有可能影响监察事项公正处理的其他情形的。"《中国共产党纪律检查机关监督执纪工作规则》第六十五条规定："严格执行回避制度。审查调查审理人员是被审查调查人或者检举人近亲属、本案证人、利害关系人，或者存在其他可能影响公正审查调查审理情形的，不得参与相关审查调查审理工作，应当主动申请回避，被审查调查人、检举人以及其他有关人员也有权要求其回避。选用借调人员、看护人员、审查场所，应当严格执行回避制度。"

【关联规范】

《监察官法》第47条；《公务员法》第76条至第78条；《监察法实施条例》第263条；《中国共产党纪律检查机关监督执纪工作规则》第65条；《公职人员政务处分法》第47条、第48条；《公务员回避规定》第13条、第14条。

第六十八条　【监察人员脱密管理和从业限制】 监察机关涉密人员离岗离职后，应当遵守脱密期管理规定，严格履行保密义务，不得泄露相关秘密。

监察人员辞职、退休三年内，不得从事与监察和司法工作相关联且可能发生利益冲突的职业。

【法条主旨】

本条是关于监察人员脱密期管理和从业限制的规定。

【修改提示】

本条内容未作修改。

【法条解读】

党的二十大报告提出，必须坚定不移贯彻总体国家安全观，把维护国家安全贯穿党和国家工作各方面全过程，确保国家安全和社会稳定。进入新时代，国际国内形势发生深刻变化，保密工作面临诸多新问题新挑战，其重要性越发凸显，关系到党和国家的安全和利益，是维护国家安全体系的重要组成部分。《监察法》第六十八条对监察机关涉密人员离岗离职后的脱密管理和从业限制作出了系统性规定，旨在加强对监察人员的保密管理，防止发生失泄密问题，避免利益冲突，保障监察权安全、公正运行。随着国家监察体制改革的深入推进，建立健全监察机关离岗离职人员脱密管理与从业限制相关制度，体现出监察工作的严谨性与保密性，对于确保监察权安全、公正运行和维护党和国家利益、防止利益冲突具有重要意义。

本条分为两款，第一款是关于监察人员脱密期管理的规定，第二款是关于监察人员离岗离职后从业限制的规定，在解读和适用时，应当注意以下三点：

第一，适用对象。根据本条之规定，并结合《监察官法》第四十八条与《中国共产党纪律检查机关监督执纪工作规则》第六十八条等相关规定，本条第一款的适用对象为离岗离职的监察机关涉密人员，其中离岗是指离开涉密工作岗位，仍在本机关、本单位工作的情形；离职是指辞职、辞退、解聘、调离、退休等离开本机关、本单位的情形。因此，离岗离职的涉密人员既包括主动辞职或退（离）休的人员，也包括被辞退、被开除而离职的监察机关涉密人员。[①] 本条第二款适用的对象为主动辞职或退（离）休的监察人员，如果监察人员是被辞退、被开除而离职的，不适用本条第二款关于从业限制的规定。这主要是考虑到被动离职人员，已经失去良好的个人信誉，离职后即使从事与监察和司法工作相关联且可能发生利益冲突的职业，也难以在原单位发挥影响力。

第二，脱密期管理。脱密期管理是指在一定期限内对离岗离职涉密人员采取的包括就业、出境等方面的限制性措施。监察工作尤其是对公职人员职务违法、职务犯罪的调查工作中，涉及大量国家秘密和工作机密，要严格防范监察人员工作中接触的秘密因人员流动而流失，造成不利影响，脱密期管理可使保密责任不因监察人员离岗离职而消失。脱密期中的相关人员要严格遵守保密法律和纪律，在脱密期内自觉遵守保密承诺及就业、出境等方面的限制性要求，责任部门和单位也要切实加强对离岗离职后涉密人员的教育、管理和监督。结合《公务员法》《保守国家秘密法》《中国共产党纪律检查机关监督执纪工作规则》等有关规定，首先，脱密期管理的主要内容包括：（1）与原机关、单位签订保密承诺书，作出继续遵守保密义务、不泄露所知悉国家秘密的承诺；（2）及时清退所持有和使用的国家秘密载体和涉密信息设备，并办理移交手续；（3）未经审查批准，不得擅自出境；（4）不得到境外驻华机构、组织或者外资企业工作；（5）不得为境外组织人员或者外资企业提供劳务、咨询或者服务。其次，在脱密期时长上，根据纪检监察工作密级范围相关规定，涉密的"密"一般分为三个等级：绝密级事项、机密级事项和秘密级事项。涉密人员离岗离职时，脱密期时长应根据其接触、知悉国家秘密的密级、数量、时间等情况确定。一般情况下，核心涉密人员为三年至五年，重要涉密人员为二年至三年，一般涉密人员为一年至二年。脱密期自机关、单位批准涉密人员离开涉密岗位之日起计算。此外，对特殊的高知密度人员，可以依法设定超过上述期限的脱密期，甚至在就业、出境等方面予以终身限制。最后，在脱密期管理的负责单位方面，涉密人员离岗的，脱密期管理由本机关、本单位负责；涉密人员离开原涉密单位，调入国家机关和涉密单位

[①] 中共中央纪律检查委员会 中华人民共和国国家监察委员会法规室编写：《〈中国共产党纪律检查机关监督执纪工作规则〉释义》，中国方正出版社2019年版，第258页。

的，脱密期管理由调入单位负责；属于其他情况的，由原涉密单位、保密行政管理部门或者公安机关负责。①

第三，从业限制。根据本条第二款之规定，监察人员辞职、退休三年内不得从事与监察和司法工作相关联且可能发生利益冲突的职业。监察人员掌握监察权，不仅要对监察人员在职期间的行为加以严格约束，而且要对监察人员辞职、退休后的行为作出一定的限制，避免监察人员在职期间利用手中权力为他人利益换取辞职、退休后的回报，或在辞职、退休后利用自己在原单位的影响力为自己谋取不当利益。为增强反腐败合力，国家监察体制改革整合了原有的行政监察及司法工作中职务犯罪侦查等权力，机构和人员也涉及相关整合，因此，对监察人员辞职、退休后从业限制的范围不仅限于监察工作，还包括与司法相关的工作，就是为了对整合前从事司法工作的相关人员也进行从业限制，防止遗漏。故而，监察人员应当履行谨慎注意的义务，在辞职、退休后的规定年限内，如果打算从事的职业与监察和司法工作有关且可能引致他人怀疑与原工作内容产生利益冲突的，应当事先征求原单位意见。② 其中，利益冲突是指政府官员公职上代表的公共利益与其自身具有的私人利益之间的冲突，需要注意的是这里的利益不仅是指经济利益，还包括专业利益、个人声誉等。同时，结合《中国共产党纪律处分条例》第一百零五条等相关规定，对于党员干部违反从业限制应给予相应的党纪处分。

【关联规范】

《公务员法》第86条、第107条；《保守国家秘密法》第46条；《监察官法》第48条、第49条；《监察法实施条例》第268条、第269条；《中国共产党纪律检查机关监督执纪工作规则》第68条；《中国共产党纪律处分条例》第105条、第106条。

---

① 中共中央纪律检查委员会 中华人民共和国国家监察委员会法规室编写：《〈中国共产党纪律检查机关监督执纪工作规则〉释义》，中国方正出版社2019年版，第216页。

② 中共中央纪律检查委员会 中华人民共和国国家监察委员会法规室编写：《〈中华人民共和国监察法〉释义》，中国方正出版社2018年版，第257-258页。

第六十九条　【申诉制度】 监察机关及其工作人员有下列行为之一的，被调查人及其近亲属、利害关系人有权向该机关申诉：

（一）采取强制到案、责令候查、管护、留置或者禁闭措施法定期限届满，不予以解除或者变更的；

（二）查封、扣押、冻结与案件无关或者明显超出涉案范围的财物的；

（三）应当解除查封、扣押、冻结措施而不解除的；

（四）贪污、挪用、私分、调换或者违反规定使用查封、扣押、冻结的财物的；

（五）利用职权非法干扰企业生产经营或者侵害企业经营者人身权利、财产权利和其他合法权益的；

（六）其他违反法律法规、侵害被调查人合法权益的行为。

受理申诉的监察机关应当在受理申诉之日起一个月内作出处理决定。申诉人对处理决定不服的，可以在收到处理决定之日起一个月内向上一级监察机关申请复查，上一级监察机关应当在收到复查申请之日起二个月内作出处理决定，情况属实的，及时予以纠正。

【法条主旨】

本条是关于申诉制度的规定。

【修改提示】

本条内容在2018年《监察法》第六十条的基础上，进行了如下修改：一是增加"利害关系人"为申诉主体；二是增加"强制到案、责令候查、管护措施的不予解除或者变更"为申诉条件。

【法条解读】

随着监察体制改革的不断深化，监察权力的运行受到更多关注，这意味着监察机关在行使监督权力实现监察全覆盖的同时，还应该通过加强自身建设来完善和规范对监察权力的监督，切实保障被调查人员的合法权益不受侵犯。《监察法》第六十九条对健全和完善申诉制度作出了系统性规定，旨在确保监察机关及其工作人员在调查案件时依法依规行事，从而保障被调查人员的合法权益。相应地，《监察法实施条例》第二百七十二条、《中国共产党纪律检查机关监督执纪工作规则》第五十九条都规定了关于申诉制度的内容，同时《监察官法》第五十二条、《中国共产党纪律处分条例》第一百四十九条以及《公职人员政务处分法》第二十三条则是规定了对滥用公权力实施违纪违法行为进行问责的相关内容，为适应新时代党和国家事业发展需要，更好地推动监察工作的高质量发展，共同构筑起系统完善的权力监督与权利救济体系。

申诉是宪法规定的公民基本权利。保障申诉权，既是纪检监察工作贯彻依规治党和依法治国理念结合的体现，也是强化对纪检监察机关及其工作人员进行外部监督的具体体现。本条分两款，第一款规定了被调查人及其近亲属、利害关系人的申诉权，第二款是关于申诉处理程序的规定，在解读和适用时应当注意以下三点。

一、申诉主体

根据本条的规定，监察机关采取相关调查措施过程中，侵害被调查人的人身、财产等合法权益的，被调查人及其近亲属、利害关系人有权向监察机关就该监察机关或监察人员侵犯被调查人合法权益的违法操作提起申诉。其中，被调查人的近亲属包括被调查人的夫、妻、父、母、子、女、同胞兄弟姐妹。对于新增加的利害关系人，应当结合《监察法》第三章、第四章以及《中国共产党党员权利保障条例》的相关规定进行综合判断，可以概括为包括所有合法权益受到监察权行使影响的个人或组织。因此，在对本条的申诉主体进行综合判断后，主要包括但不限于监察对象、被调查对象（包括证人；涉案人员；财产受限制的个人或者单位；被搜查人员；被查封、扣押的财物、文件的权利人；被技术调查人员；被通缉人员；被限制出境人员等）以及其他被侵权人员或者单位。

二、申诉条件

本条第一款以列举的方式规定了六种可以进行申诉的情形：

一是采取强制到案、责令候查、管护、留置或者禁闭措施法定期限届满，不予以解除或者变更的。对于相关监察措施的法定期限，本法第四十六条规定，"强制到案持续的时间不得超过十二小时；需要采取管护或者留置措施的，强制到案持续的时间不得超过二十四小时。不得以连续强制到案的方式变相拘禁被调查人。责令候查最长不得超过十二个月。监察机关采取管护措施的，应当在七日以内依法作出留置或者解除管护的决定，特殊情况下可以延长一日至三日"。第四十八条规定，"留置时间不得超过三个月。在特殊情况下，可以延长一次，延长时间不得超过三个月。省级以下监察机关采取留置措施的，延长留置时间应当报上一级监察机关批准。监察机关发现采取留置措施不当或者不需要继续采取留置措施的，应当及时解除或者变更为责令候查措施，对涉嫌职务犯罪的被调查人可能判处十年有期徒刑以上刑罚，监察机关依照前款规定延长期限届满，仍不能调查终结的，经国家监察委员会批准或者决定，可以再延长二个月"。本法第六十四条规定采取禁闭措施的期限不得超过七日。如果监察机关及其工作人员在上述监察措施期限届满后不予解除或者变更，就属于本条第一款第一项规定的情形。

二是查封、扣押、冻结与案件无关或者明显超出涉案范围的财物的。查封、扣押、冻结是指对涉案人员的财物或场所进行就地封存，以防止案件当事人处分、转移财产而对涉案财产采取的临时性强制措施。但这种临时性强制措施的滥用也会给公民的财产权利行使带来不利影响，因此必须规定严格的适用条件和程序。《监察法》第二十八条规定，"监察机关在调查过程中，可以调取、查封、扣押用以证明被调查人涉嫌违法犯罪的财物、文件和电子数据等信息"。第二十六条规定，"监察机关调查涉嫌贪污贿赂、失职渎职等严重职务违法或者职务犯罪，根据工作需要，可以依照规定查询、冻结涉案单位和个人的存款、汇款、债券、股票、基金份额等财产"。如果超出本法规定的范围，任意查封、扣押、冻结与案件无关的财产，就属于本条第一款第二项规定的情形。

三是应当解除查封、扣押、冻结措施而不解除的。查封、扣押、冻结的对象是被调查人的财产，涉及宪法保障的公民财产权，因属于临时性强制措施，若采取强制措施的理由不存在时应及时解除。《监察法》第二十八条中"查封、扣押的财物、文件经查明与案件无关的，应当在查明后三日内解除查封、扣押，予以退还"和第二十六条中"冻结的财产经查明与案件无关的，应当在查明后三日内解除冻结，予以退还"的规定，结合《中国共产党纪律检查机关监督执纪工作规则》《监察法实施条例》的相关规定，对于应当及时解除查封、扣押、冻结措施而不解除，或者对于经查明确实与案件无关的财物、文件、财产，包括案件处置完毕或者司法程序完结后不需要追缴、没收的财物、财产，不予退还或解冻予以退还的，就属于本条第一款第三项规定的情形。

四是贪污、挪用、私分、调换或者违反规定使用查封、扣押、冻结的财物的。"贪污"一般是指监察机关及其工作人员非法将被查封、扣押、冻结的财物占为己有；"挪用"一般是指将该财物私自挪作他用；"私分"一般是指将该财物以不公开的方式在特定的范围内进行瓜分；"调换"一般是指将该财物以旧换新，或者高档品换成低档品等情形；"违反规定使用"一般是指擅自将财物任意使用，如违规使用被扣押的车辆等。

五是利用职权非法干扰企业生产经营或者侵害企业经营者人身权利、财产权利和其他合法权益的。优化营商环境，保障企业经营者合法权益是推动经济发展和维持社会稳定的重要内容，本项作为新增内容，其目的是适应新时代国家与社会发展面临的新形势、新变化，应当规范和完善监察机关权力运行，依法保护企业产权和自主经营权，严禁利用职权非法干扰企业生产经营。同时，《中国共产党纪律处分条例》第一百二十三条亦规定："干涉生产经营自主权，致使群众财产遭受较大损失的，对直接责任者和领导责任者，给予警告或者严重警告处分；情节严重的，给予撤销党内职务或者留党察看处分。"结合本法与《监察法实施条例》的相关规定，监察机关及其工作人员利用职权实施干扰企业生产经营行为或侵害企业经营者人身权利、财产权利和其他合法权益行为之一即可满足本项规定。

六是其他违反法律法规、侵害被调查人合法权益的行为。本项作为兜底条款，其设置目的在于全面保护被调查人的合法权益。监察机关及其工作人员在实施前五项规定情形之外的其他违法违规行为，侵害被调查人合法权益的，被调查人及其近亲属、利害关系人也可以进行申诉。

三、申诉处理程序

在受理申诉的机关认定方面，本条表述的"该机关"是指作出本条第一款规定之行为的原监察机关，结合《监察法实施条例》第二百七十二条的规定，对于被调查人及其近亲属、利害关系人的申诉，由监察机关案件监督管理部门依法受理。其中，申诉实行两级处理模式：一是由原监察机关处理，即被调查人及其近亲属、利害关系人对于监察机关及其工作人员具有本条第一款规定之情形的，可以向该监察机关提出申诉，且原监察机关处理为前置程序，当事人不能直接向上一级监察机关申请复查。二是由上一级监察机关处理，即申诉人对受理申诉的监察机关作出的处理决定不服的，可以在收到处理决定之日起一个月内向上一级监察机关申请复查，但超过相应期限则失去申请复查的权利。上一级监察机关的复查决定具有最终效力，且监察机关不是行政机关，被调查人及其近亲属对于上一级监察机关复查结果不服的，不能提起行政复议或者行政诉讼。① 在申诉处理的期限方面，原监察机关应当在受理申诉之日起一个月内作出处理决定，上一级监察机关应当在收到复查申请之日起二个月内作出处理决定，情况属实的，予以纠正，并根据具体情况对违法失职的监察机关和监察人员进行处理。

【关联规范】

《公务员法》第95条；《监察官法》第52条；《监察法实施条例》第272条；《中国共产党纪律检查机关监督执纪工作规则》第59条。

第七十条　【案件处置严重违法责任追究的"一案双查"】 对调查工作结束后发现立案依据不充分或者失实，案件处置出现重大

---

① 中共中央纪律检查委员会 中华人民共和国国家监察委员会法规室编写：《〈中华人民共和国监察法〉释义》，中国方正出版社2018年版，第263页。

失误，监察人员严重违法的，应当追究负有责任的领导人员和直接责任人员的责任。

【法条主旨】

本条是关于监察机关违法责任追究和"一案双查"的规定。

【修改提示】

本条内容未作修改。

【法条解读】

有权必有责、有责要担当，用权受监督、失责必追究，党和人民赋予监察机关权力的同时，更是压上了责任。权力有多大，责任就有多大，担当就得有多大。建立健全监察机关违法责任追究制度，本质是坚持刀刃向内、刮骨疗毒，对失职失责行为进行问责，旨在为党中央深入推进党风廉政建设和反腐败斗争，持续深化全面从严治党，强化监察监督提供重要保障。正是基于上述考量，本条规定了监察人员在案件处置过程中违法失职行为的责任追究的方式方法。这就督促监察人员在立案审查前，务必将初步核实等基础工作做实做细，切实做到严谨、全面。在立案审查后，必须严格依照党纪国法的要求，精准、规范地进行处置；一旦出现失职失责行为，就要被问责，向党和人民彰显出监督者时刻都在接受监督这一重要理念。

本条所规定的监察机关违法责任追究制度亦被称为"一案双查"，其核心要点是在查办违法监察执纪案件过程中，既查行为人的违法违纪问题，又查相关领导人的失职问题；既追究直接责任，又严肃追究有关领导人员责任。可见，这一制度举措是以责任追究倒逼管理，保证监察人员严格依规依纪依法办案，在严格自律上为全党全社会树起标杆，是对"两个责任"和《中国共产党问责条例》等的贯彻落实。理解和适用本条的规定，需要注意以下

第七十条 【案件处置严重违法责任追究的"一案双查"】 259

三点：

第一，立案依据不充分或者失实。在监察工作中，初核工作是尤为关键的一环。初核的质量直接关系到后续立案的准确性与公正性，若初核工作不扎实、立案不够精准，那么这将对监察机关的公信力产生不利影响。承办部门应当高度重视初核工作，切实提升初核质量，这就需要对案件事实进行全面、细致的调查，深入剖析案件性质，准确把握责任归属与情节轻重。在对各种关键要素进行深入研究与分析的过程中，将是非轻重等核心问题梳理清晰，为后续立案工作提供坚实可靠的依据。《监察法》第四十二条第一款对监察立案标准和程序作出了明确规定，即监察机关只有在掌握足够确凿的涉嫌职务违法犯罪证据事实，且需要追究法律责任的情形下，才能按照立案程序办理相关手续。这一环节，必然涉及对立案依据充分性、真实性的深度核查。同时，本条第二款明确了监察机关主要负责人的监管责任，即批准立案后，需要主持召开专题会议，研究确定调查方案，决定需要采取的调查措施。这一环节，必然涉及对立案依据的严格复核。因此，当立案依据存在明显错误时，这不仅会干扰案件的正常调查和审理，还可能导致整个监察工作偏离正确轨道，应当依法追究负有责任的领导人员和直接责任人员的责任，这既是对监察工作严肃性、客观性的维护，又是向社会彰显监察机关公正执法、维护法治的决心。通过强化"一案双查"责任追究机制，确保监察工作的每一个环节都能经得起检验，切实保障监察机关的公信力，为监察工作的顺利开展奠定坚实基础。

第二，案件处置出现重大失误。修改后的《监察法》坚持授权与控权相结合，对案件调查处置的程序和权限等方面作出了更为明确且细致的要求，既赋予监察机关必要权限，进一步丰富反腐败工具箱，又强化对监察措施行使的管理监督。这是因为处置环节的各项措施直接涉及监察对象的合法权益，一旦程序不当、权限滥用，就可能导致监察对象权益受损。通过严格规范程序与权限，能确保监察工作公正、合法，保障监察对象的权益，让监察权力在法治轨道上运行。例如，当案件处置过程中违法采取留置措施，这不仅侵犯了监察对象的人身权益，还破坏了监察监督的公信力。若发生办案安全事故，出现证据丢失、人员伤亡等情况，可能会导致案件无法顺利推进，这将对整个监察工作造成负面影响。因此，一旦出现违法采取留置措施、办案安全事故等重大失误情况，必须依法追究负有责任的领导人员和直接责任人员的责任。这一"双保险"问责机制，确保党和人民赋予的监察权力不被滥用、惩恶扬善的利剑永不蒙尘，通过明确责任、强化监督，让每一位监察人员都清楚认识到自身肩负的使命，并督促相关责任主体切实做到用好权、履好职、尽好责，时刻以高标准严格要求自己。一旦出现权力滥用、失职渎职等情况，终身问责的"利剑"随时可能落下，让滥用权力者付出沉重代价，必将受到严厉问责。

第三，监察人员严重违法。在监察案件处置过程中，监察人员肩负着维护公平正义、彰显法治权威的重任。一旦相关人员出现违法执纪、失职失责的行为，这极易引发一连串的负面效应。从办案效果来看，一系列违法行为将会导致关键证据遗漏、案件走向偏差，那么案件的证据逻辑链条会出现残缺不全，也会错误地定性、错误地判断案件调查方向。而对于监察机关的形象而言，这更是一记重创。监察人员的违法违规违纪操作，必然会对监察机关的公信力和权威性产生损害。一旦出现严重违法情形，相关监察人员本身应当要受到严肃处理。在追究直接责任者的同时，也不能忽视领导责任。领导在监察案件处置中扮演着重要角色，各级领导管理严格，从严要求，才能领好班子、带好队伍、促进工作。如果疏于管理，失职失责，就要受到严肃问责，以起到警示和震慑作用。

《监察法》第七十四条进一步细化了十种具体"需要对负有责任的领导人员和直接责任人员依法给予处理"的违法情形，即：（1）监察人员未经批准、授权处置问题线索，发现重大案情隐瞒不报，或者私自留存、处理涉案材料的；（2）监察人员利用职权或者职务上的影响干预调查工作、以案谋私的；（3）监察人员违法窃取、泄露调查工作信息，或者泄露举报事项、举报受理情况以及举报人信息的；（4）监察人员对被调查人或者涉案人员逼供、诱供，或者侮辱、打骂、虐待、体罚或者变相体罚的；（5）监察人员违反规定处置查封、扣押、冻结的财物的；（6）监察人员违反规定发生办案安全事故，或者发生安全事故后隐瞒不报、报告失实、处置不当的；（7）监察人员违反规定采取强制到案、责令候查、管护、留置或者禁闭措施，或者法定期限届满，不予以解除或者变更的；（8）监察人员违反规定采取技术调查、限制出境措施，或者不按规定解除技术调查、限制出境措施的；（9）监察人员利用职权非法干扰企业生产经营或者侵害企业经营者人身权利、财产权利和其他合法权益的;(10)监察人员存在其他滥用职权、玩忽职守、徇私舞弊的行为。

需要注意的是,本条规定的责任承担主体是负有责任的领导人员和直接责任人员,可以参考《中国共产党纪律处分条例》第三十九条的规定进行区分界定。具体来说,"直接责任人员"是指在其职责范围内,不履行或者不正确履行从事监察工作的相关职责,对监察工作造成不良影响这一后果起决定性作用的监察工作人员。"负有责任的领导人员"分为主要领导责任者和重要领导责任者,即在其职责范围内,不履行或者不正确履行职责,对监察工作造成不良影响这一后果,负直接领导责任和次要领导责任的党员领导干部。

【关联规范】

《监察官法》第54条;《监察法实施条例》第273条;《中国共产党问责条例》第4条、第6条;《中国共产党纪律处分条例》第137条;《中国共产党纪律检查机关监督执纪工作规则》第71条至第73条。

第八章　法律责任

第七十一条　【拒不执行或无正当理由拒不采纳监察建议的法律责任】 有关单位拒不执行监察机关作出的处理决定，或者无正当理由拒不采纳监察建议的，由其主管部门、上级机关责令改正，对单位给予通报批评；对负有责任的领导人员和直接责任人员依法给予处理。

【法条主旨】

本条是关于对拒不执行处理决定或者无正当理由拒不采纳监察建议的行为予以处理的规定。

【修改提示】

本条内容未作修改。

【法条解读】

本条旨在保障监察机关专责监督职责及监察工作的权威性，提升监察工作的效率与质量，维护法律的权威与尊严。依照本条规定，对于以下两类有关单位不予配合监察机关工作的行为，应进行责任追究：

一、拒不执行监察机关作出的处理决定的行为

"监察机关作出的处理决定"，指《监察法》第五十二条规定的监察机关根据监督、调查结果作出的处置方式。按照处置的轻重顺序，可分为以下几

第七十一条 【拒不执行或无正当理由拒不采纳监察建议的法律责任】 | 263

种类型：其一，谈话提醒、批评教育、责令检查，或者予以诫勉；其二，警告、记过、记大过降级、撤职、开除等政务处分决定；其三，问责决定，或者向有权作出问责决定的机关提出问责建议；其四，移送人民检察院依法审查、提起公诉。监察机关的处理决定一经作出即产生法律效力，具有强制性，监察对象及有关单位必须执行，并且要将执行的情况通报监察机关。

"拒不执行处理决定"指有关单位在明知监察机关的处理决定内容，并且该决定已经产生法律效力的情况下，拒绝按照处理决定的要求采取行动的行为。"拒不执行处理决定"应满足如下条件：第一，有关单位应为负有执行义务的单位，即有职务违法行为但情节较轻的公职人员、违法的公职人员、不履行或者不正确履行职责负有责任的领导人员和涉嫌职务犯罪的人员所在的单位及其他相关部门。第二，有关单位在明知监察机关的处理决定内容的情况下，仍然故意不执行或拖延执行。第三，有关单位有能力执行而拒不执行监察机关作出的处理决定。按照拒绝的体现形式，可以将"拒不执行"的表现形式归为以下四类：（1）直接拒绝，即监察对象及有关单位直接表明不接受、不执行监察机关的处理决定；（2）拖延执行，即虽然未明确表示拒绝，但故意拖延执行时间，使处理决定无法及时得到落实；（3）变相执行，即表面上执行了处理决定，但实际上采取的是与决定要求不符的行为，以达到规避执行的目的；（4）附加条件执行，即在执行处理决定时附加额外条件。

二、无正当理由拒不采纳监察建议的行为

"监察建议"即《监察法》第五十二条规定的，对监察对象所在单位廉政建设和履行职责存在的问题等提出的建议。《公职人员政务处分法》第三条第三款规定："监察机关发现公职人员任免机关、单位应当给予处分而未给予，或者给予的处分违法、不当的，应当及时提出监察建议。"根据《公职人员政务处分暂行规定》第九条的规定，对基层群众性自治组织、国有企业等单位中从事管理的人员，或者未列入国家机关人员编制的受国家机关依法委托管理公共事务的组织中从事公务的人员、其他依法履行公职的人员，监察机关可以依法向有关机关、单位提出下列监察建议：取消当选资格或者担任相应职务资格；调离岗位、降职、免职、罢免。监察建议系《监察法》赋予监察机关的权力，通过向被监察单位提出建议，促使其自行纠正存在的问题或改进工作。监察建议应包含对廉政建设和履行职责相关问题的分析、产生的原因以及改进的建议等内容，旨在帮助被监察单位认识问题、解决问题，并防止类似问题再次发生。

"正当理由"通常是指一种合法、合理且充分的解释或依据，用以说明某一行为、决定或请求的正当性、合理性及必要性。"正当理由"包括以下情形：其一，监察建议的内容超出监察机关法定职责范围，或者在不适当的情况下行使职权。其二，监察建议没有法律依据或所依据的违纪违法事实证据不足。其三，监察建议严重违反了法定的程序或在形式上存在重大明显缺陷，如未进行必要的调查、听证，未加盖公章、格式不规范等。对于监察机关提出的监察建议，相关单位如无正当理由，应当采纳，并且将采纳监察建议的情况通报给监察机关。相关单位未按照法定程序向监察机关提出异议，又拒不采纳监察建议的，应当追究其所在单位及人员的法律责任。

此外，本条规定了责任追究的双重处罚方式。当有关单位拒不执行监察机关作出的处理决定，或者无正当理由拒不采纳监察建议时，对单位应责令改正、通报批评，对负有责任的领导人员和直接责任人员应依法给予处理。追究责任的主体为拒不执行处理决定，或者无正当理由拒不采纳监察建议单位的主管部门、上级机关。

"责令改正"是指监察机关依法对违法行为人发出的，要求其停止和纠正违法行为，以恢复原状，维持法定秩序或状态为目标的一种具体行政行为。这种行为具有事后救济性，旨在纠正已经发生的违法行为，并防止其持续或再次发生。责令改正的法律依据广泛存在于各项法律法规中，如《行政处罚法》第二十八条明确规定，行政机关实施行政处罚时，应当责令当事人改正或者限期改正违法行为。监察执法中的责令改正体现了"惩戒与教育相结合，宽严相济"的要求。在监察执法中，对违法行为人给予处罚的目的在于维护监察管理秩序，但单纯的处罚并不能从根本上解决问题。因此，在对违法行为人进行处理时，监察机关不仅要依法给予处罚，还要同时责令其改正违法行为。这样既能达到制裁违法的目的，又能通过教育和引导，促使违法行为人自觉遵守法律法规，实现法律效果和社会效果的统一。

"通报批评"是指有关单位的主管部门、上级机关将单位的相关缺点和错误在一定范围内予以公布，以警示有关单位或其他人，并促使其从中吸取教训、引以为戒的一种措施。通报批评的公布不仅限于内部，还可能涉及更广泛的公众范围，如通过媒体、网络平台等渠道进行传播。通过通报批评，国家机关在制裁和教育违法者的同时，广泛教育社会公众，提高公众的法律意识和道德水平。此时，通报批评作为一种行政处罚手段，具有更强的惩戒性和教育性。此外，在国家机关内部存在作为行政处分手段的通报批评，旨在维护国家机关内部的纪律和秩序，确保公职人员依法履行职责。

【关联规范】

《公职人员政务处分法》第 3 条；《行政处罚法》第 28 条。

第七十二条 【违法阻碍、干扰监察工作的法律责任】有关人员违反本法规定，有下列行为之一的，由其所在单位、主管部门、上级机关或者监察机关责令改正，依法给予处理：

（一）不按要求提供有关材料，拒绝、阻碍调查措施实施等拒不配合监察机关调查的；

（二）提供虚假情况，掩盖事实真相的；

（三）串供或者伪造、隐匿、毁灭证据的；

（四）阻止他人揭发检举、提供证据的；

（五）其他违反本法规定的行为，情节严重的。

【法条主旨】

本条是关于对阻碍、干扰监察工作的行为予以处理的规定。

【修改提示】

本条内容未作修改。

【法条解读】

本条旨在克服和排除对监察机关依法行使权力的各种阻力和干扰，保证监察机关依法履职行为的顺利进行。依照本条规定，对于以下有关人员阻碍、干扰监察工作的行为，应进行责任追究：

一、不按要求提供有关材料，拒绝、阻碍调查措施实施等拒不配合监察机关调查的行为

本项规定主要是指监察对象及相关人员有义务提供与监察事项有关的文件、资料、财务账目及其他材料和必要情况；不得故意拖延履行或者拒绝履行，也不得拒绝、阻碍搜查、留置等调查措施实施。若有上述拒不配合监察机关调查的行为，则违反了本法规定的法定配合义务，应承担相应的法律责任。

"有关材料"主要是指与监察事项有关的文件、资料、财务账目及其他有关材料和其他必要情况。[①] 监察机关的调查措施，包括谈话、讯问、询问、查询、冻结、调取、查封、扣押、搜查、勘验检查、鉴定、留置、强制到案、责令候查、管护。每一项措施的实施都应当得到强有力的法律保障和人员支持。任何人不得故意违反，不得直接对抗、阻碍或者以其他方法违反本法的相关规定。

二、提供虚假情况，掩盖事实真相的行为

本项规定主要是指在监察机关及其工作人员要求个人提供与违法犯罪行为有关的真实情况和违法犯罪事实时，有关人员故意提供虚假情况，或提供虚假证明，掩盖违法犯罪事实，意图阻碍监察机关调查，逃避法律追究的情形。提供虚假情况、掩盖事实真相的行为违反了《监察法》规定的法定配合义务，应承担相应的法律责任。

《中国共产党纪律处分条例》第六十三条将"串供或者伪造、销毁、转移、隐匿证据；阻止他人揭发检举、提供证据材料；包庇同案人员；向组织

[①] 中共中央纪律检查委员会 中华人民共和国国家监察委员会法规室编写：《〈中华人民共和国监察法〉释义》，中国方正出版社2018年版，第269页。

提供虚假情况，掩盖事实"等五类对抗组织审查的行为，定性为违反政治纪律的行为。① 相关人员即使没有其他需要追究纪律责任的违纪违法行为，也应当追究其对抗组织审查行为的纪律责任。从逻辑上讲，党员如果没有违纪违法行为，即使面临组织审查，也应当是积极配合调查清楚事实真相，还自身清白，不会有对抗组织审查的行为，也确实无从谈起追究其对抗组织审查的纪律责任。但是，在执纪监督工作中往往存在例外。比如，在组织审查他人违纪问题期间，党员主动阻止他人揭发检举、提供证据材料，帮助被审查人串供，故意向组织提供虚假情况、掩盖事实真相等。又如，在组织审查多人共同违纪案中，党员本身虽有违纪事实但情节轻微不需要追究纪律责任的，为掩盖共同违纪事实，也有可能存在对抗组织审查的行为。本项规定科学地凸显了纪律挺在前面、党纪严于国法，以及党纪国法相辅相成、相互促进、相互保障的关系。本项也规定了不属于监察对象但与监察活动相关的其他人员不履行配合调查义务、不真实陈述事实的法律后果，从而使认定、打击和制裁此类行为做到有章可循、有法可依。

三、串供或者伪造、隐匿、毁灭证据的行为

在本项规定中，"串供"包括监察对象之间、监察对象与其他非监察对象之间相互串通，捏造虚假口供，以逃避处罚的行为。"伪造、隐匿、毁灭证据"包括有关人员编造虚假证据，提供虚假的事实证明，或者将能够证明案件真实情况的书证、物证或其他证据予以毁灭或者隐藏起来，使其不能证明案件真实情况的行为。"伪造"证据包括伪造、变造和篡改证据等。串供或者伪造、隐匿、毁灭证据的行为违反了《监察法》规定的法定配合义务，有关人员应承担相应的法律责任。

具体而言，"串供"是指违法违纪行为人之间，以及违法违纪行为人与案件其他有关人员之间，为了达到使违法违纪行为人逃避法律责任、纪律责任追究目的，而统一口径，建立"攻守同盟"关系的行为。"伪造证据"是指故意制造虚假的证据材料，包括模仿真实证据而制造假证据，或者凭空捏造虚假的证据，以及对真实证据加以变更改造，使其丧失或减弱证明作用。"隐

---

① 章志远、张晓瑜主编：《〈中国共产党纪律处分条例〉理解与适用》，中国人民大学出版社2024年版，第147-148页。

匿、毁灭证据"是指故意将能证明事实情况的证据材料销毁、转移、藏匿到监察机关不便或者不能收集的地方。

监察机关是我国反腐败专门机关，调查职务违法和职务犯罪、开展廉政建设和反腐败工作是其法定职权。无论是对职务违法还是职务犯罪的调查，都是以证据为基础，因而证据收集对案件办理具有重要的基础性价值。因此，任何妨碍监察机关及时、顺利、全面且客观地收集案件证据的行为，必然会对个案的公正处理造成严重影响。对于这类行为，必须坚决予以禁止，并应对需承担责任的主体进行严肃追责。

四、阻止他人揭发检举、提供证据的行为

本项规定主要是指有关人员通过各种方式，为他人揭发检举或提供证据材料的行为设置障碍。此类行为违反了《监察法》所规定的法定配合义务，因而应予以纠正，并依法追究相关人员的法律责任。具体而言，本项规定指的是行为人通过暴力、威胁、贿买等方法，阻止他人揭发检举、提供证据的行为。检举人向监察机关及其工作人员揭发检举公职人员，是监督国家公职人员清正廉洁的重要方式，是监察机关受理线索、收集证据的重要途径，也是监察机关行使监察职能、开展监察活动的重要信息来源之一。包括监察机关在内的任何单位和个人不得采用任何形式的手段阻止他人揭发检举，更不能阻止他人向监察机关提供书证、物证和视听资料等证据。公民依法实施揭发检举或者提供相关证据材料，必然牵涉其他国家机关及其工作人员，可能带来打击报复或者社会生活中的其他不便，这一规定有助于保障公民监督权的正当履行。无论任何单位和个人采用何种方式，只要实施了阻止他人揭发检举、阻止他人提供证据的行为，都应当被依法追究相应的法律责任。

五、其他违反本法规定，情节严重的行为

本项规定是为了保障监察工作顺利开展而设置的兜底条款。由于监察工作所涉及的事项纷繁复杂，阻碍、干扰监察工作的行为在立法上不可能穷尽，因此在立法上留有余地。除了前四项规定的情形，如果有阻碍、干扰监察机关行使职权的其他行为，情节严重的，也要予以处理，如为同案人员通风报信，为同案人员窝藏、转移赃款、赃物等。

监察工作涉及面广、专业性强，监察工作的开展涉及所有行使公权力的单位和个人。监察机关不仅在受理举报、处理线索、调查案件等监察事项中会遇到某些妨碍监察机关行使职权的违法行为，在处理案件以至移送案件中也可能发生某些阻碍监察机关正常履行职责的行为。对于这些行为，本条虽未能穷尽列举，但已设定义务性规范和强制性规范，以规制其他违反国家监察法规定且达到"情节严重"程度的行为。同时，本项也属于指引性规范，"情节严重"具体应当如何界定、违法行为适用哪些法律罪名，需待有权部门进一步厘定。

需要注意的是，根据本条规定，有关人员违反《监察法》规定，有上述五项违法行为之一的，应由其所在单位、主管部门、上级机关或者监察机关"责令改正，依法给予处理"。具体而言，"责令改正，依法给予处理"是指监察机关根据监督、调查结果，依法作出相应的处置决定，处置方式包括但不限于：一是对有职务违法行为但情节较轻的公职人员，按照管理权限，直接或者委托有关机关、人员，进行谈话提醒、批评教育、责令检查，或者予以诫勉；二是对违法的公职人员依照法定程序作出警告、记过、记大过、降级、撤职、开除等政务处分决定；三是对不履行或者不正确履行职责负有责任的领导人员，按照管理权限对其直接作出问责决定，或者向有权作出问责决定的机关提出问责建议；四是对涉嫌职务犯罪的，监察机关经调查认为犯罪事实清楚，证据确实、充分的，制作起诉意见书，连同案卷材料、证据一并移送人民检察院依法审查、提起公诉；五是对监察对象所在单位廉政建设和履行职责存在的问题等提出监察建议。此外，监察机关经调查，对没有证据证明被调查人存在违法犯罪行为的，应当撤销案件，并通知被调查人所在单位。

【关联规范】

《刑法》第305条至第307条；《刑事诉讼法》第54条、第62条；《监察法》第18条至第20条、第28条、第36条、第52条；《监察法实施条例》第89条；《人民检察院刑事诉讼规则》第60条、第206条、第207条。

第七十三条 【报复陷害和诬告陷害的法律责任】 监察对象对控告人、检举人、证人或者监察人员进行报复陷害的；控告人、检举人、证人捏造事实诬告陷害监察对象的，依法给予处理。

【法条主旨】

本条是关于对报复陷害和诬告陷害行为予以处理的规定。

【修改提示】

本条内容未作修改。

【法条解读】

控告权、检举权是公民的基本权利。我国《宪法》第四十一条第一款明确规定，公民对于任何国家机关和国家工作人员的违法失职行为，有向有关国家机关提出申诉、控告或者检举的权利，但是不得捏造或者歪曲事实进行诬告陷害。公民的申诉、控告和检举权，是公民行使宪法基本权利的重要体现，受到国家法律的严格保护，任何人不得压制和打击报复。监察对象对控告人、检举人、证人或者监察人员进行报复陷害的，应当承担法律责任。同时，公民权利的行使不得妨碍其他公民的权利和自由，即公民提出申诉、控告或者检举，不得捏造事实，诬告、陷害他人。控告人、检举人、证人捏造事实诬告陷害监察对象的，也要承担相应的法律责任。本条对处理报复陷害和诬告陷害行为作出明确规定，为公民行使控告权、检举权和监察人员行使职权时不受非法侵害提供了重要保障。

依照本条规定，对于以下报复陷害和诬告陷害行为，应进行责任追究：

一、监察对象报复陷害检举人、证人或者监察人员的行为

所谓"报复陷害"，指公职人员滥用职权、假公济私，对控告人、检举人、证人或者监察人员实行报复陷害的行为。该条特指监察对象（行使公权

力的公职人员）滥用职权、假公济私，对控告人、检举人、证人或者监察人员进行报复陷害的行为。其侵犯的是公民的民主权利和国家监察机关、监察工作人员依法履行国家监察职责的权力。报复陷害在客观方面表现为滥用职权、假公济私，对控告人、举报人实行打击报复陷害的行为。实施报复陷害的行为人主观上可能是出于逃避制裁心理，一些监察对象试图通过打击报复对监察工作进行抵抗；也可能是出于受到制裁后滋生的怨恨，一些监察对象在受到惩罚后对监察人员实施报复陷害。

报复陷害的手段往往以打击、压制为主。所谓"打击"，是指监察对象出于报复陷害的目的，利用职权直接损害控告人、申诉人、批评人、检举人、证人和监察人员合法权益的行为，如无理由地调动工作、克扣工资、阻碍提职晋级和评定职称。所谓"压制"，是指监察对象出于报复陷害的目的，利用职权间接损害控告人、申诉人、批评人、检举人、证人和监察人员合法权益的行为，如在工作中进行各种形式的刁难、迫害或者搁置等压制行为。

对控告人、检举人、证人或者监察人员进行报复陷害，是严重的违法犯罪行为，要追究其相应的法律责任。《监察法实施条例》第二百七十五条规定："监察对象对控告人、申诉人、批评人、检举人、证人、监察人员进行打击、压制等报复陷害的，监察机关应当依法给予政务处分。构成犯罪的，依法追究刑事责任。"

监察对象有报复陷害行为的，应承担相应的法律责任，如受到政务处分；构成犯罪的，应承担刑事责任。在政务处分上，根据《公职人员政务处分法》第三十二条的规定，对依法行使批评、申诉、控告、检举等权利的行为进行压制或者打击报复的，予以警告、记过或者记大过；情节较重的，予以降级或者撤职；情节严重的，予以开除。在刑事责任上，《刑法》第二百五十四条规定："国家机关工作人员滥用职权、假公济私，对控告人、申诉人、批评人、举报人实行报复陷害的，处二年以下有期徒刑或者拘役；情节严重的，处二年以上七年以下有期徒刑。"

需要注意的是，报复陷害必须是滥用职权、假公济私的行为。滥用职权，指公职人员在自己职权范围内非法行使权力，以及超越自己的职务权限的越权行为。假公济私，即假借国家机关的名义或权力来实施，以合法形式掩盖其非法目的。报复行为是与滥用职权、假公济私不可分离的。通常而言，报复陷害行为表现为捏造理由或借口，非法克扣工资、奖金，或开除公职、党籍，或降职、降薪，或压制学术、技术职称的评定等。但如果行为人采取的报复陷害行为与其职权没有任何关系，则不构成报复陷害，譬如行为人对控告人进行身体伤害的行为，就不是滥用职权，不构成报复陷害。此外，根据《刑法》第十三条"但书"的规定，监察对象滥用职权实行打击报复，但情节显著轻微，危害不大的，不以犯罪论处，可予以相应的政务处分。

二、控告人、检举人、证人捏造事实诬告陷害监察对象的行为

"诬告陷害"是指控告人、检举人、证人捏造监察对象的违法犯罪事实，进行虚假告发，意图使监察对象受到不当监察责任追究的行为。其中"捏造"是指无中生有，虚构违法犯罪事实，意图使监察对象受到错误调查和监察机关的各种处理活动等。"虚假告发"是指行为人将捏造的事实向监察机关进行告发。诬告陷害的主观方面表现为故意，必须具有陷害他人，意图使他人受到监察调查的目的。诬告陷害行为不仅侵犯了公民的合法权利，同时妨碍了监察机关和司法机关的正常活动。

诬告陷害监察对象的行为须满足以下构成要件：首先，必须捏造监察对象的违法犯罪事实，即无中生有、虚构事实，把杜撰的或他人的违法犯罪事实强加于被害人。所捏造的事实，并不要求捏造详细情节与证据。其次，必须向监察机关或有关单位告发，或者采取其他方法足以引起监察机关的追究活动。如果只捏造事实，既不告发，也不采取其他方法引起监察机关追究的，不构成诬告陷害。最后，必须有特定的诬告对象。特定的对象并不要求明确指出被诬告者的姓名，只要从诬告的内容中能推断出是谁，即为特定对象。如果没有特定对象，就不可能导致监察机关追究责任，因而不会侵犯他人的人身权利，影响监察机关、司法机关的正常活动。

对于控告人、检举人、证人对监察对象所进行的诬告陷害行为，控告人、检举人、证人应承担相应的法律责任。《监察法实施条例》第二百七十六条规定："控告人、检举人、证人采取捏造事实、伪造材料等方式诬告陷害的，监察机关应当依法给予政务处分，或者移送有关机关处理。构成犯罪的，依法追究刑事责任。监察人员因依法履行职责遭受不实举报、诬告陷害、侮辱诽谤，致使名誉受到损害的，监察机关应当会同有关部门及时澄清事实，消除不良影响，并依法追究相关单位或者个人的责任。"

考虑到监察活动中的控告人、检举人、证人并不一定具有公职人员的身份，因而，如果实施诬告陷害的行为人是公职人员，应由监察机关依法给予政务处分，如果实施诬告陷害的行为人不是公职人员，则依法移送行为人所在单位或其他有关机关处理。根据《公职人员政务处分法》第三十二条的规定，诬告陷害，意图使他人受到名誉损害或者责任追究等不良影响的，予以警告、记过或者记大过；情节较重的，予以降级或者撤职；情节严重的，予以开除。对于控告人、检举人、证人的诬告陷害行为，构成犯罪的，应当依法追究刑事责任。《刑法》第二百四十三条第一款规定："捏造事实诬告陷害他人，意图使他人受刑事追究，情节严重的，处三年以下有期徒刑、拘役或者管制；造成严重后果的，处三年以上十年以下有期徒刑。"

监察人员依法行使职权受法律严格保护，及时为遭受诬告陷害的监察人员澄清正名，为敢于担当者提供支持，是监察机关的重要职责。监察工作中，监察人员可能会面临来自利益触动者的不实举报、诬告陷害、侮辱诽谤，导致监察人员名誉受到损害。为充分保证监察人员依法行使职权不受非法侵害，应当及时查处针对监察人员的不实举报、诬告陷害、侮辱诽谤行为，一经查实，监察机关应当会同有关部门及时澄清事实，积极消除不良影响，相关单位或者个人应当承担相应的法律责任。

需要注意的是，实践中应当正确区分诬告陷害和错告、检举失实行为，以及诬告陷害和报复陷害行为。诬告陷害行为和错告、检举失实行为的界限在于，后者主观上不具有陷害他人的目的，客观上不具有捏造违法犯罪事实的行为。诬告陷害行为和报复陷害行为主观上虽同为故意，但客观上诬告陷害行为主要表现为通过捏造虚构事实、伪造虚假材料等方式，使监察对象受到名誉损害或者党纪国法等责任追究，而报复陷害行为在客观上主要表现为通过滥用职权来以权谋私。此外，在责任追究方面，还应当注意刑事责任与政务责任的衔接。

【关联规范】

《宪法》第 41 条；《监察官法》第 57 条、第 58 条；《刑法》第 243 条、第 254 条；《公务员法》第 99 条；《治安管理处罚法》第 42 条；《公职人员政务处分法》第53条、第62条；《监察法实施条例》第275条、第276条；《纪检监察机关处理检举控告工作规则》第29条、第39条至第45条；《中国共产党纪律处分条例》第88条。

第七十四条　【违法行使监察职权的法律责任】 监察机关及其工作人员有下列行为之一的，对负有责任的领导人员和直接责任人员依法给予处理：

（一）未经批准、授权处置问题线索，发现重大案情隐瞒不报，或者私自留存、处理涉案材料的；

（二）利用职权或者职务上的影响干预调查工作、以案谋私的；

（三）违法窃取、泄露调查工作信息，或者泄露举报事项、举报受理情况以及举报人信息的；

（四）对被调查人或者涉案人员逼供、诱供，或者侮辱、打骂、虐待、体罚或者变相体罚的；

（五）违反规定处置查封、扣押、冻结的财物的；

（六）违反规定发生办案安全事故，或者发生安全事故后隐瞒不报、报告失实、处置不当的；

（七）违反规定采取强制到案、责令候查、管护、留置或者禁闭措施，或者法定期限届满，不予以解除或者变更的；

（八）违反规定采取技术调查、限制出境措施，或者不按规定解除技术调查、限制出境措施的；

（九）利用职权非法干扰企业生产经营或者侵害企业经营者人身权利、财产权利和其他合法权益的；

（十）其他滥用职权、玩忽职守、徇私舞弊的行为。

【法条主旨】

本条是关于对监察机关及其工作人员违法行使职权行为予以处理的规定。

【修改提示】

本条内容在 2018 年《监察法》第六十五条第七项的基础上，对监察机关及其工作人员违反规定采取新增强制措施以及违反相关期限的行为进行了完善规定；在 2018 年《监察法》第六十五条第八项的基础上，完善了对违规采取技术调查措施和限制出境措施的规定；新增了第九项，对利用职权非法侵害企业产权和自主经营权的行为进行了规定。

【法条解读】

《监察法》第五条规定："国家监察工作严格遵照宪法和法律，以事实为根据，以法律为准绳；权责对等，严格监督；遵守法定程序，公正履行职责；尊重和保障人权，在适用法律上一律平等，保障监察对象及相关人员的合法权益；惩戒与教育相结合，宽严相济。"该条体现了党和国家对加强监察机关自身建设的高度重视和不懈追求。为确保监察权的实践运行与前述监察工作总体要求相契合，本条明确规定了监察机关及其工作人员违法行使职权的处理方式及具体行为表现，为监察工作的履职边界提供了重要遵循。

依照本条规定，对于以下监察机关及其工作人员违法行使职权的行为，应进行责任追究：

一、未经批准、授权处置问题线索，发现重大案情隐瞒不报或者私自留存、处理涉案材料的行为

问题线索、重大案情、涉案材料是监察机关办案的重要依据，其管理和处置的规范性直接影响监察调查的有序开展。首先，"问题线索"是监察机关开展一切工作的源头，其"一般是指监察机关在查办案件中，有关涉案人交代、检举、揭发的被调查人以外的其他监察对象违法犯罪问题线索，以及被调查人交代、检举、揭发的其他监察对象不涉及本案的违法犯罪问题线索等"①。对于监察对象问题线索的处置程序,《监察法》第四十条明确要求监察机关应当履行审批手续,进行分类办理,因而不能超越权限自行处置。其次,重大案情若未按规定及时上报,易造成对监察对象行为定性及责任追究的偏差,因而对隐瞒不报的行为必须严肃处理。最后,涉案材料同样需严格管理,根据《监察法实施条例》第二百六十七条第一款的规定,不得私自留存、隐匿、查阅、摘抄、复制、携带涉案资料,私自将涉案材料留存、处理将被依法追究责任。

二、利用职权或者职务上的影响干预调查工作、以案谋私的行为

本项具体包括两种情形:其一,非办案监察人员凭借职权或职务影响力,对办案人员的调查工作进行干预;其二,办案人员或相关人员利用职权或职务影响力,为自身或特定关系人谋取经济利益、政治利益等私利。针对第一种情形,《宪法》第一百二十七条第一款明确规定:"监察委员会依照法律规定独立行使监察权,不受行政机关、社会团体和个人的干涉。"《监察法》第四条第一款亦重申了监察机关依法独立行使监察权这一重要原则。对此,不仅要确保监察权不受监察系统外部其他组织和人员的干涉,更要严格防范监察系统内部人员,对非其负责办理、无关事项的干预。《监察法》第六十六条第一款中的"打听案情""过问案件""说情干预"即干预调查工作的具体表现形式,这些行为均违背了监察调查工作的独立性要求。第二种情形则属于办案人员面临的廉洁风险。《监察法》第六十七条、第六十八条规定了监察人员工作回避与离任回避制度,这在很大程度上正是为了预防办案人员利用案件办理过程中的职权之便或职务影响力,进行以案谋私的行为,进而强化监察工作的客观性与公正性。

三、违法窃取、泄露调查工作信息,或者泄露举报事项、举报受理情况以及举报人信息的行为

就违法窃取、泄露调查工作信息而言,《监察法》第十八条第二款明确提出了监察工作的保密要求。在监察机关开展监督、调查工作过程中,所接触到的国家秘密、工作秘密、商业秘密、个人隐私及个人信息,监察机关及其

---

① 中共中央纪律检查委员会 中华人民共和国国家监察委员会法规室编写:《〈中华人民共和国监察法〉释义》,中国方正出版社 2018 年版,第 275 页。

工作人员均负有保密义务。调查工作信息一旦泄露，极有可能对监察调查活动的顺利推进造成阻碍。例如，可能引发办案安全事故，干扰涉案财物处置工作的正常开展等。因此，无论是违法窃取本不应知晓的调查工作信息，还是将自己在工作中已掌握的调查信息故意或过失地泄露给其他人员的行为，均应当追究相应责任。

检举控告是问题线索的重要来源，因而《监察法实施条例》第二百六十七条第二款特别强调："监察机关应当建立健全检举控告保密制度，对检举控告人的姓名（单位名称）、工作单位、住址、电话和邮箱等有关情况以及检举控告内容必须严格保密。"监察机关及其工作人员若向被举报人或相关人员泄露举报事项、举报受理情况以及举报人信息，举报人就极有可能面临人身安全危险，并且影响社会监督的积极性。因此，必须对这类行为予以严厉禁止。

四、对被调查人或者涉案人员逼供、诱供，或者侮辱、打骂、虐待、体罚或者变相体罚的行为

依据《监察法》第四十三条第二款的规定，调查人员应当依法文明规范开展调查工作，禁止通过暴力、威胁、欺骗在内的非法方式收集证据。《监察法实施条例》第六十五条第二款进一步明确了"暴力"和"威胁"的具体内涵。监察机关及其工作人员对被调查人或者涉案人员实施逼供、诱供，或者侮辱、打骂、虐待、体罚或者变相体罚的行为，一方面会使相对方遭受身心伤害，违背法治反腐的要求；另一方面容易导致其作出不符合实际情况的供述，进而导致冤假错案的发生。

五、违反规定处置查封、扣押、冻结的财物的行为

《监察法》第二十六条第二款和第二十八条规定了监察机关及其工作人员处置查封、扣押、冻结财物的程序性要求。针对调取、查封、扣押的财物、文件，监察机关应当设立专用账户、专门场所，确定专门人员妥善保管，严格履行交接、调取手续，定期对账核实，不得毁损或者用于其他目的。对价值不明物品应当及时鉴定，专门封存保管。查封、扣押、冻结的财产经查明与案件无关的，应当在查明后三日内解除查封、扣押、冻结，予以退还。如果监察机关及其工作人员未按照上述规定对涉案财物依法处置，擅自使用、毁损，或者未及时解除措施和退还等，则应当依法承担法律责任。

六、违反规定发生办案安全事故，或者发生安全事故后隐瞒不报、报告失实、处置不当的行为

《监察法》第五十条第三款规定，监察机关应当保障被强制到案人员、被管护人员以及被留置人员的饮食、休息和安全，提供医疗服务。《监察法实施条例》第二百七十七条要求建立健全办案安全责任制，对于办案安全责任制落实情况要进行检查、抽查，并上报问题和督促整改。该法第一百零三条第二款规定："留置期间发生被留置人员死亡、伤残、脱逃等办案安全事故、事件的，应当及时做好处置工作。相关情况应当立即报告监察机关主要负责人，并在二十四小时以内逐级上报至国家监察委员会。"在实际办案过程中，若监察机关及其工作人员未能切实履行上述安全保障义务，从而导致被调查人出现死亡、伤残、逃跑等安全事故；或者在安全事故已然发生的情况下，违反及时报告与妥善处置的规定，存在隐瞒不报、报告内容失实、处置措施不当等情形，均应严格落实责任追究机制。

七、违反规定采取强制到案、责令候查、管护、留置或者禁闭措施，或者法定期限届满，不予以解除或者变更的行为

2018年《监察法》仅针对"违反规定采取留置措施的"作出规定，修改后的《监察法》在原来的基础上，从两个方面予以补充完善：一方面，在原留置措施基础上，拓展至对违反规定采取强制到案、责令候查、管护、禁闭这四项监察措施的责任追究。《监察法》第二十一条、第二十三条、第二十五条、第四十六条以及第六十四条等，对这四项新增措施的适用情形、审批程序，以及变更强制措施等适用规则，均作出了详尽规定。违反前述规定的监察执法行为，即属于本项所规定的行为类型。另一方面，在原规定仅着眼于作为形式的违法采取监察措施的基础上，本项新增了"法定期限届满，不予以解除或者变更"这一不作为违法情形，从而进一步拓展了不当适用监察措施责任追究的覆盖范围。修改后的《监察法》第四十六条和第六十四条分别规定了强制到案、责令候查、管护措施和禁闭措施适用的法定期限，第四十八条在原有常规的留置期限及延长规则基础上，新增了留置措施期限"再延长"和"重新计算"的规定。若监察机关及其工作人员在上述规定的期限届满后，未能及时解除或变更相关措施，则应追究相关人员的法律责任。

八、违反规定采取技术调查、限制出境措施，或者不按规定解除技术调查、限制出境措施的行为

2018年《监察法》仅针对"违反规定限制他人出境，或者不按规定解除出境限制的"作出规定，修改后的《监察法》在此基础上增加了违反规定适用技术调查措施的责任追究规定。技术调查具有侵犯公民隐私的潜在风险，因而《监察法》第三十一条明确规定了技术调查措施的适用条件，即"监察机关调查涉嫌重大贪污贿赂等职务犯罪，根据需要，经过严格的批准手续，可以采取技术调查措施，按照规定交有关机关执行。批准决定应当明确采取技术调查措施的种类和适用对象，自签发之日起三个月以内有效；对于复杂、疑难案件，期限届满仍有必要继续采取技术调查措施的，经过批准，有效期可以延长，每次不得超过三个月。对于不需要继续采取技术调查措施的，应当及时解除"。

关于限制出境措施，《监察法》第三十三条规定："监察机关为防止被调查人及相关人员逃匿境外，经省级以上监察机关批准，可以对被调查人及相关人员采取限制出境措施，由公安机关依法执行。对于不需要继续采取限制出境措施的，应当及时解除。"监察机关及其工作人员不能违反前述技术调查与限制出境措施在适用范围、审批程序、适用期限等方面的规定，或者在应当解除技术调查、限制出境措施的情形下继续采用，否则相关责任主体应承担法律后果。

九、利用职权非法干扰企业生产经营或者侵害企业经营者人身权利、财产权利和其他合法权益的行为

本项作为《监察法》本次修改的新增内容，与本法第四十三条新增的第三款关于保护企业产权和自主经营权的规定相承接。关于保护企业产权和正常生产经营的具体表现，《监察法实施条例》第二百七十一条第二款已有部分规定，即"查封企业厂房、机器设备等生产资料，企业继续使用对该财产价值无重大影响的，可以允许其使用。对于正在运营或者正在用于科技创新、产品研发的设备和技术资料等，一般不予查封、扣押，确需调取违法犯罪证据的，可以采取拍照、复制等方式"。换言之，监察机关及其工作人员在办理涉及企业的案件时，须对企业财产慎重采取查封、扣押、冻结措施，以免影响企业生产经营活动的正常开展。对应当由市场主体自主决策的各类事项，

监察机关及其工作人员不得非法干预。此外，在需要企业经营者协助调查时，应禁止侵害其人身、财产等合法权益，并且合理规划调查时间、方式与强度等事项，尽可能降低对企业正常生产经营活动的干扰。为切实保障企业保护在监察工作中得以有效执行，进一步优化营商环境，本项作出了相关责任追究的配套规定。

十、其他滥用职权、玩忽职守、徇私舞弊的行为

本项作为兜底条款，修改后的《监察法》中内容维持不变，仅条文序号从第九项顺延为第十项。前述九项违法履职行为，本质上皆可归为滥用职权、玩忽职守、徇私舞弊中的一种或多种类型，已涵盖监察工作中常见的违法行使职权的情形。然而，单纯的列举方式无法囊括一切现实生活中的职务违法行为，设置本项旨在将其他未被提及但属于滥用职权、玩忽职守、徇私舞弊的情形，均纳入责任追究范围。具体而言，"滥用职权"是指监察机关及其工作人员逾越法定权限，擅自处理无权处理的事务，或者不按照法定程序和要求行使监察权。"玩忽职守"体现为监察机关及其工作人员以严重不负责任的态度，对法定职责消极不履行或者不正确履行，最终致使国家利益、公共利益或公民生命财产利益遭受损失。"徇私舞弊"则是监察机关及其工作人员出于谋取私利、偏袒私情的目的，利用职务之便，通过虚构事实、隐瞒真相等欺骗手段或其他不正当手段，影响监察工作正常开展的行为。

此外，责任主体方面，本条规定了监察机关及其工作人员发生违法行使职权的行为后，直接责任人员与负有责任的领导人员同步追究责任的"一案双查"模式。其中，直接责任人员对其实施的违法履职行为负有直接责任，自然应当承担法律责任；领导人员（可能涉及多个级别、多个部门的领导人员）对违法履职的行为存在决策、指挥不力等原因时，也应承担合比例性的领导责任。如此规定，在某种程度上有利于营造相互监督的监察工作氛围，促进监察人员履职尽责。责任方式方面，本条中的"依法给予处理"是指，依据《监察法》《公职人员政务处分法》《公务员法》《刑法》及其他法律法规规定，根据违法情节轻重，对相关人员采取不同处理措施。具体包括谈话、政务处分、行政处分、问责等，若行为构成犯罪，则还应依法追究其刑事责任。

【关联规范】

《监察法》第 21 条、第 23 条至第 26 条、第 31 条、第 33 条、第 40 条、第 43 条、第 46 条、第 64 条、第 66 条；《监察官法》第 52 条、第 53 条；《公职人员政务处分法》第 63 条；《公务员法》第 59 条；《监察法实施条例》第 65 条、第 267 条、第 271 条、第 277 条、第 278 条。

第七十五条　【刑事责任】 违反本法规定，构成犯罪的，依法追究刑事责任。

【法条主旨】

本条是关于违反本法规定构成犯罪应承担刑事责任的规定。

【修改提示】

本条内容未作修改。

【法条解读】

本条旨在打击严重破坏监察工作秩序的犯罪，保障《监察法》各项制度的顺利实施，维护《监察法》的权威性。违反本法规定，可能构成犯罪应依法追究刑事责任的，以犯罪主体为标准，主要包括以下四类情形：

第一类是以与监察对象有关的人员构成犯罪的情形。有关人员违反本法第七十二条规定，构成犯罪的，依法追究刑事责任。比如，提供虚假情况，掩盖事实真相的，情节严重可能构成伪证罪，根据《刑法》第三百零五条"故意作虚假证明、鉴定、记录、翻译，意图陷害他人或者隐匿罪证的，处三年以下有期徒刑或者拘役；情节严重的，处三年以上七年以下有期徒刑"的规定进行处罚。串供或者伪造、隐匿、毁灭证据的，情节严重可能构成帮助毁灭、伪造证据罪，根据《刑法》第三百零七条第二款"帮助当事人毁灭、伪造证据，情节严重的，处三年以下有期徒刑或者拘役"的规定进行处罚。阻止他人揭发检举、提供证据的，情节严重可能构成妨碍作证罪，根据《刑法》第三百零七条第一款"以暴力、威胁、贿买等方法阻止证人作证或者指使他人作伪证的，处三年以下有期徒刑或者拘役；情节严重的，处三年以上七年以下有期徒刑"的规定进行处罚。

第二类是以监察对象构成犯罪的情形。监察对象违反本法第七十三条规定，构成犯罪的，依法追究刑事责任。监察对象对控告人、检举人、证人或者监察人员进行报复陷害的，情节严重可能构成报复陷害罪。《刑法》第二百五十四条规定："国家机关工作人员滥用职权、假公济私，对控告人、申诉人、批评人、举报人实行报复陷害的，处二年以下有期徒刑或者拘役；情节严重的，处二年以上七年以下有期徒刑。"据此，当身为国家机关工作人员的监察对象存在滥用职权、假公济私，对相关人员进行报复陷害的行为，致使相关人员或其近亲属重伤、死亡、精神失常或其他合法权利受到严重损害的，应当以报复陷害罪论处。

第三类是以控告人、检举人、证人构成犯罪的情形。控告人、检举人、证人违反本法第七十三条规定，构成犯罪的，依法追究刑事责任。控告人、检举人、证人捏造事实诬告陷害监察对象的，情节严重可能构成诬告陷害罪。《刑法》第二百四十三条第一款规定："捏造事实诬告陷害他人，意图使他人受刑事追究，情节严重的，处三年以下有期徒刑、拘役或者管制；造成严重后果的，处三年以上十年以下有期徒刑。"诬告陷害是指向公安、监察、司法机关或有关国家机关告发捏造的（虚构的）犯罪事实，足以引起司法机关的追究活动。捏造犯罪事实既包括凭空捏造犯罪事实，也包括在发生了犯罪事实的情况下捏造"犯罪人"，还包括将不构成犯罪的事实夸大为犯罪事实，以及将轻罪事实捏造为重罪事实予以告发，其共同点是违背客观真实捏造虚假犯罪事实。[1] 本罪的主观要素除故意外，还需要特定目的。具体而言，行为人

---

[1] 张明楷：《刑法学》，法律出版社2021年版，第1176页。

明知自己所告发的是虚假的犯罪事实，明知诬告陷害行为会发生侵犯他人人身权利的结果，仍希望或放任这种结果的发生。同时，必须具有使他人受到刑事追究的目的，只要行为人意识到自己的诬告行为可能使他人受刑事追究，就足以认定行为人具有本罪的目的。

第四类是以监察机关及其工作人员构成犯罪的情形。监察机关及其工作人员违反本法第七十四条规定，构成犯罪的，依法追究刑事责任。具体包括以下几种罪名：

一是滥用职权罪。监察机关及其工作人员利用职权或者职务上的影响干预调查工作、以案谋私的，违反规定处置查封、扣押、冻结的财物的，违反规定采取留置措施的以及违反规定限制他人出境或者不按规定解除出境限制的，均可能涉嫌违反《刑法》第三百九十七条规定的滥用职权罪。根据我国司法实践，滥用职权的主要表现为：（1）超越职权，擅自决定或处理没有具体决定、处理权限的事项；（2）玩弄职权，随心所欲地对事项作出决定或处理；（3）故意不履行应当履行的职责，或者任意放弃职责；（4）以权谋私、假公济私，不正确地履行职责。本罪为结果犯，以造成重大损失为构罪要件。所谓重大损失是指造成人员伤亡、造成重大经济损失、严重损害国家声誉、造成恶劣社会影响等情况。

二是故意或者过失泄露国家秘密罪。监察机关及其工作人员违法窃取、泄露调查工作信息，或者泄露举报事项、举报受理情况以及举报人信息的，可能涉嫌违反《刑法》第三百九十八条规定的故意或者过失泄露国家秘密罪。国家秘密是指关于国家安全和利益，依照法定程序确定，在一定时间内只限一定范围的人员知悉的事项。泄露，是指违反保守国家秘密法的规定，使国家秘密被不应当知悉者知悉，以及使国家秘密超出了限定的接触范围，而不能证明未被不应知悉者知悉。

三是故意伤害罪。监察机关及其工作人员对被调查人或者涉案人员逼供、诱供，或者侮辱、打骂、虐待、体罚或者变相体罚的，情节严重可能构成故意伤害罪。《刑法》第二百四十七条规定的刑讯逼供罪的犯罪主体为司法人员，目前对于监察机关及其工作人员的逼供、辱骂等行为不能以刑讯逼供罪进行定性处罚，但如果在逼供、诱供或者侮辱、打骂、虐待、体罚的过程中，造成被调查人或者涉案人员的身体健康损害达到轻伤及以上的，可按照《刑法》第二百三十四条规定的故意伤害罪进行论处，如果损害程度为轻微伤，则属于治安管理处罚案件，不构成刑事犯罪。

四是玩忽职守罪。监察机关及其工作人员严重不负责任，不履行或者不认真履行职责，情节严重的可能构成玩忽职守罪。不履行是指行为人应当履行且有条件、有能力履行职责，但违背职责没有履行，其中包括擅离职守的行为；不正确履行是指在履行职责的过程中，违反职责规定，马虎草率，导致职责没有得到正确履行。玩忽职守行为致使公共财产、国家和人民利益遭受重大损失的，才成立本罪。根据《关于办理渎职刑事案件适用法律若干问题的解释（一）》，国家机关工作人员玩忽职守，具有下列情形之一的，应当认定为"致使公共财产、国家和人民利益遭受重大损失"：（1）造成死亡1人以上，或者重伤3人以上，或者轻伤9人以上，或者重伤2人、轻伤3人以上，或者重伤1人、轻伤6人以上的；（2）造成经济损失30万元以上的；（3）造成恶劣社会影响的；（4）其他致使公共财产、国家和人民利益遭受重大损失的情形。

五是徇私舞弊类犯罪。监察机关及其工作人员在履行职务过程中，为了个人私利或其他不正当目的，违反法律、法规或规章制度，实施舞弊行为，损害国家、集体或他人利益，情节严重的可能构成徇私舞弊类犯罪。监察机关及其工作人员未经批准、授权处置问题线索，发现重大案情隐瞒不报，或者私自留存、处理涉案材料的，情节严重可能构成《刑法》第四百零二条规定的徇私舞弊不移交刑事案件罪。该罪的客观行为内容为对应移交司法机关追究刑事责任的案件不移交。成立本罪需要情节严重，根据立案标准，具有下列情形之一的，属于"情节严重"：（1）对依法可能判处3年以上有期徒刑、无期徒刑、死刑的犯罪案件不移交的；（2）3次以上不移交犯罪案件，或者一次不移交犯罪案件涉及3名以上犯罪嫌疑人的；（3）司法机关发现并提出意见后，无正当理由仍然不予移交的；（4）以罚代刑，放纵犯罪嫌疑人，致使犯罪嫌疑人继续进行违法犯罪活动的；（5）行政执法部门主管领导阻止移交的；（6）隐瞒、毁灭证据，伪造材料，改变刑事案件性质的；（7）直接负责的主管人员和其他直接责任人员为牟取本单位私利而不移交刑事案件，情节严重的；（8）其他情节严重的情形。

【关联规范】

《刑法》第 234 条、第 243 条、第 254 条、第 305 条、第 307 条、第 397 条、第 398 条、第 402 条。

第七十六条　【国家赔偿】 监察机关及其工作人员行使职权，侵犯公民、法人和其他组织的合法权益造成损害的，依法给予国家赔偿。

【法条主旨】

本条是关于监察机关及其工作人员的国家赔偿责任的规定。

【修改提示】

本条内容未作修改。

【法条解读】

本条旨在督促监察机关依法开展各项工作，救济和保护公民、法人和其他组织的合法权益。

国家赔偿是指国家机关及其工作人员行使职权对公民、法人或者其他组织的合法权益造成损害，依法应给予的赔偿。监察机关及其工作人员在开展纪检监察工作的过程中对公民、法人或者其他组织的合法权益造成损害是由于其存在违法行使职权的行为，故监察机关及其工作人员因其不当履职行为对公民、法人或其他组织构成侵权的，应承担国家赔偿责任。

监察机关及其工作人员因其履行职责构成侵权，应承担赔偿责任时，一般要具备以下四个条件：一是公民、法人或者其他组织受到的损害必须是监察机关或者监察人员违法行使职权所造成的。所谓"行使职权"，一般是指监察机关及其工作人员依据职责和权限所进行的活动。监察人员在从事与行使职权无关的个人活动给公民、法人或者其他组织造成损害的，监察机关不承担国家赔偿责任。二是损害事实与违法行使职权的行为之间存在因果关系。违法行使职权的行为既包括侵犯公民、法人或者其他组织财产权的行为，如违法提请人民法院冻结案件涉嫌人员的存款等，也包括侵犯人身权的行为，如采取留置措施时超过法定期限等。三是损害必须是现实已经产生或者必然产生的，不是想象的、虚拟的，是直接的，不是间接的。四是国家赔偿责任是一种法律责任，只有当法律规定的各项条件具备后，国家才予以赔偿。受损害人提出国家赔偿请求，应当在法定范围和期限内依照法定程序提出。对于不符合法定条件，或者不属于法定赔偿范围的，国家不负赔偿责任。

根据《监察法实施条例》第二百八十条的规定，监察机关及其工作人员在行使职权时，有下列情形之一的，受害人可以申请国家赔偿：（1）采取留置措施后，决定撤销案件的。留置是监察机关针对涉嫌严重职务违法或职务犯罪的被调查人所采取的调查措施，如果采取留置措施后的调查结果表明没有证据证明被调查人存在违法犯罪行为，监察机关应当及时撤销案件，纠正错误，并通知被调查人所在单位恢复其名誉。对此，受害人可以依照法定程序提出国家赔偿申请。（2）违法没收、追缴或者违法查封、扣押、冻结财物造成损害的。监察机关对于调取、查封、扣押的财物具有妥善保管的义务，不得毁损或用于其他目的。违法没收、追缴或者违法查封、扣押、冻结财物造成损害的，属于违反规定处置查封、扣押、冻结财物的行为，受害人亦可以依照法定程序提出国家赔偿。（3）违法行使职权，造成被调查人、涉案人员或者证人身体伤害或者死亡的。监察机关及其工作人员在开展监察调查工作的过程中，应严格依法依规依纪办事，保障办案安全，一旦使用违法违规手段对相关人员造成身体伤害，除依法追究有关责任人员的法律责任外，受害人可以依照法定程序提出国家赔偿，若被调查人、涉案人员或者证人死亡的，其继承人和其他有抚养关系的亲属可以提出国家赔偿。（4）非法剥夺他人人身自由的。人身自由是宪法赋予每个公民的基本权利，任何组织或者个人不得非法剥夺。国家监察机关及其工作人员在履职过程中必须严格依规依纪依法,不得随意剥夺相关人员的人身自由。对于监察机关及其工作人员非法剥夺他人人身自由的行为,应当依法追究其法律责任,受害人可以依照法定程序提出国家赔偿请求。(5)其他侵犯公民、法人和其他组织合法权益造成损害的。此项规定是关于监察机关及其工作人员行使职权对公民、法人或其他组织合法权益造成损害,受害人可以申请国家赔偿的兜底性规定,除了前四项规定的情形,对于监察机关及其工作人员在开展监察工作中的其他侵权行为,受害人亦可以依照法定程序提出国家赔偿请求。

国家赔偿制度作为权力救济中位阶最高的坚实防线,是对国家公权力致害行为责任的承担,也是对人权保障的终极体现。《监察法》出台后,《国家赔偿法》将作相应修改,对监察机关的国家赔偿责任相关内容作出规定,将监察机关列为国家赔偿义务机关。后期通过修改《国家赔偿法》,对监察制度与赔偿制度之间的衔接与协调以及赔偿归责原则等方面进行系统性完善,以更好地保障公民、法人和其他组织的合法权益。公民、法人和其他组织请求监察机关给予国家赔偿的具体程序,按照修改完善后的《国家赔偿法》的有关规定执行。

【关联规范】

《国家赔偿法》;《监察法实施条例》第280条、第281条。

第九章　附　则

第七十七条　【军事监察立法规定】中国人民解放军和中国人民武装警察部队开展监察工作，由中央军事委员会根据本法制定具体规定。

【法条主旨】

本条是关于中国人民解放军和中国人民武装警察部队开展监察工作的特殊规定。

【修改提示】

本条内容未作修改。

【法条解读】

本条旨在对中国人民解放军和中国人民武装警察部队制定军事监察工作的具体规定进行立法授权。

授权立法，是指根据宪法规定被赋予立法权的国家机关，即全国人大及其常委会，将其享有的部分立法权通过授权决定授予授权对象，授权对象需严格按照授权，就特定事项制定法律，或暂停、调整法律适用。授权立法是立法权的部分转移或者暂时转移，是为适应改革开放实践需要而采取的一种特殊措施，是一种特殊的立法形态。授权立法能够缓解改革的变革性与法律的稳定性之间的紧张关系，是完备社会主义法制建设的重要手段，实现对社会关系的最佳法律调整之目的。授权的内容一般体现在授权决定中，其中包含授权主体、对象、目的、区域以及期限等。不同的授权决定基于不同的改革试验事项作出的授权内容各不相同，涉及行政管理、司法改革、国家机构、国家体制以及国防军队等。

【关联规范】

《立法法》第 10 条、第 11 条、第 12 条；《军队监察工作条例（试行）》；《军队纪检监察机关监督执纪执法工作规定》。

第七十八条　【施行日期】 本法自公布之日起施行。《中华人民共和国行政监察法》同时废止。

【法条主旨】

本条是关于《监察法》施行日期和《行政监察法》废止日期的规定。

【修改提示】

本条内容未作修改。

【法条解读】

本条旨在确保实现两部法律在时间效力上的无缝衔接，避免出现法律适用上的真空或者冲突。

十三届全国人大一次会议于 2018 年 3 月 20 日审议通过了《监察法》。制定《监察法》是贯彻落实党中央关于深化国家监察体制改革决策部署的重大举措，是坚持和加强党对反腐败工作的领导，构建集中统一、权威高效的国家监察体系的必然要求，是总结党的十八大以来反腐败实践经验，为新形势下反腐败斗争提供坚强法治保障的现实需要，是坚持党内监督与国家监察有机统一，坚持走中国特色监察道路的创制之举，是加强宪法实施，丰富和发展人民代表大会制度，推进国家治理体系和治理能力现代化的战略举措。①《监察法》的实施，对加强党对反腐败工作的集中统一领导，构建集中统一、权威高效的中国特色国家监察体制，实现对公职人员的监察全覆盖发挥了重要作用。与此同时，以习近平同志为核心的党中央从推进党的自我革命、健全党和国家监督体系的高度，对持续深化国家监察体制改革作出重要部署，反腐败斗争面临新的形势和任务，全面建设社会主义现代化国家对纪检监察工作高质量发展提出新的要求，迫切需要与时俱进地对《监察法》作出修改完善。修改《监察法》是深入贯彻党的二十大和二十届三中全会决策部署的必然要求、巩固拓展国家监察体制改革成果的重要举措、解决新形势下监察工作中突出问题的现实需要和加强监察工作规范化、法治化、正规化的有力保证。

2024年12月25日，十四届全国人大常委会第十三次会议审议通过《关于修改〈中华人民共和国监察法〉的决定》，这只是通过和公布日期，还不是施行日期，施行日期为2025年6月1日。法律的施行日期不同于法律的通过日期和公布日期，它是法律正式生效的唯一标志。在立法实践中，我国法律施行日期的确定往往是根据该法律的具体性质和实际需要决定的，主要有三种表示方式：一是法律公布后，并不立即生效，经过一定时期后才开始施行，目的是为实施该法律和制定该法律的配套法规提供充足的时间准备；二是法律自公布的当日起生效，即我们通常所说的"自公布之日起施行"；三是法律公布后到达一定期限开始生效。这种表示方式极为罕见，目前只有《企业破产法（试行）》第四十三条规定："本法自全民所有制工业企业法实施满三个月之日起试行，试行的具体部署和步骤由国务院规定。"此次修改后的《监察法》的施行日期采取的是第一种方式，从公布到施行留出了近半年的时间，以便各级政府、监察机关、司法机关以及

---

① 《关于〈中华人民共和国监察法（草案）〉的说明——2018年3月13日在第十三届全国人民代表大会第一次会议上》，载中国人大网，http://www.npc.gov.cn/zgrdw/npc/xinwen/2018-03/21/content_2052363.htm，最后访问日期：2025年1月10日。

社会各界做好充分的准备，完成新旧法条之间的顺利交接，确保修改后的《监察法》的有效实施。

根据本条规定，《监察法》生效时，《行政监察法》同时废止。《行政监察法》于1997年5月9日正式发布实施，2010年6月25日修改，明确规定了我国监察机关的性质、工作原则、领导体制、管辖、职责、权限、监察程序和法律责任等内容。《监察法》通过后，监察机关性质、职能、监察对象、监察权限和程序等均发生重大调整。因此，在本法生效的同时，原《行政监察法》已不具有实际作用，也就丧失了其法的效力，有必要宣布对其予以废止。《行政监察法》的废止，标志着我国反腐败工作进入了新的历史阶段，《监察法》的实施将为反腐败工作提供更加有力的法律保障和制度支撑。

附 录

全国人民代表大会常务委员会
关于修改《中华人民共和国
监察法》的决定

（2024年12月25日第十四届全国人民代表大会常务委员会第十三次会议通过）

第十四届全国人民代表大会常务委员会第十三次会议决定对《中华人民共和国监察法》作如下修改：

一、将第一条修改为："为了深入开展廉政建设和反腐败工作，加强对所有行使公权力的公职人员的监督，实现国家监察全面覆盖，持续深化国家监察体制改革，推进国家治理体系和治理能力现代化，根据宪法，制定本法。"

二、将第五条修改为："国家监察工作严格遵照宪法和法律，以事实为根据，以法律为准绳；权责对等，严格监督；遵守法定程序，公正履行职责；尊重和保障人权，在适用法律上一律平等，保障监察对象及相关人员的合法权益；惩戒与教育相结合，宽严相济。"

三、将第十二条第一款修改为："各级监察委员会可以向本级中国共产党机关、国家机关、中国人民政治协商会议委员会机关、法律法规授权或者委托管理公共事务的组织和单位以及辖区内特定区域、国有企业、事业单位等派驻或者派出监察机构、监察专员。"

增加两款，作为第二款、第三款："经国家监察委员会批准，国家监察委员会派驻本级实行垂直管理或者双重领导并以上级单位领导为主的单位、国有企业的监察机构、监察专员，可以向驻在单位的下一级单位再派出。

"经国家监察委员会批准，国家监察委员会派驻监察机构、监察专员，可以向驻在单位管理领导班子的普通高等学校再派出；国家监察委员会派驻国务院国有资产监督管理机构的监察机构，可以向驻在单位管理领导班子的国有企业再派出。"

将第二款改为第四款，修改为："监察机构、监察专员对派驻或者派出它的监察委员会或者监察机构、监察专员负责。"

四、将第十八条第二款修改为："监察机关及其工作人员对监督、调查过程中知悉的国家秘密、工作秘密、商业秘密、个人隐私和个人信息，应当保密。"

五、将第十九条修改为："对可能发生职务违法的监察对象，监察机关按照管理权限，可以直接或者委托有关机关、人员进行谈话，或者进行函询，要求说明情况。"

六、将第二十条第一款修改为："在调查过程中，对涉嫌职务违法的被调查人，监察机关可以进行谈话，要求其就涉嫌违法行为作出陈述，必要时向被调查人出具书面通知。"

七、增加一条，作为第二十一条："监察机关根据案件情况，经依法审批，可以强制涉嫌严重职务违法或者职务犯罪的被调查人到案接受调查。"

八、增加一条，作为第二十三条："被调查人涉嫌严重职务违法或者职务犯罪，并有下列情形之一的，经监察机关依法审批，可以对其采取责令候查措施：

"（一）不具有本法第二十四条第一款所列情形的；

"（二）符合留置条件，但患有严重疾病、生活不能自理的，系怀孕或者正在哺乳自己婴儿的妇女，或者生活不能自理的人的唯一扶养人；

"（三）案件尚未办结，但留置期限届满或者对被留置人员不需要继续采取留置措施的；

"（四）符合留置条件，但因为案件的特殊情况或者办理案件的需要，采取责令候查措施更为适宜的。

"被责令候查人员应当遵守以下规定：

"（一）未经监察机关批准不得离开所居住的直辖市、设区的市的城市市区或者不设区的市、县的辖区；

"（二）住址、工作单位和联系方式发生变动的，在二十四小时以内向监察机关报告；

"（三）在接到通知的时候及时到案接受调查；

"（四）不得以任何形式干扰证人作证；

"（五）不得串供或者伪造、隐匿、毁灭证据。

"被责令候查人员违反前款规定，情节严重的，可以依法予以留置。"

九、增加一条，作为第二十五条："对于未被留置的下列人员，监察机关发现存在逃跑、自杀等重大安全风险的，经依法审批，可以进行管护：

"（一）涉嫌严重职务违法或者职务犯罪的自动投案人员；

"（二）在接受谈话、函询、询问过程中，交代涉嫌严重职务违法或者职务犯罪问题的人员；

"（三）在接受讯问过程中，主动交代涉嫌重大职务犯罪问题的人员。

"采取管护措施后，应当立即将被管护人员送留置场所，至迟不得超过二十四小时。"

十、将第二十六条改为第二十九条第一款，修改为："监察机关在调查过程中，可以直接或者指派、聘请具有专门知识的人在调查人员主持下进行勘验检查。勘验检查情况应当制作笔录，由参加勘验检查的人员和见证人签名或者盖章。"

增加一款，作为第二款："必要时，监察机关可以进行调查实验。调查实验情况应当制作笔录，由参加实验的人员签名或者盖章。"

十一、将第四十条改为第四十三条，第二款修改为："调查人员应当依法文明规范开展调查工作。严禁以暴力、威胁、引诱、欺骗及其他非法方式收集证据，严禁侮辱、打骂、虐待、体罚或者变相体罚被调查人和涉案人员。"

增加一款，作为第三款："监察机关及其工作人员在履行职责过程中应当依法保护企业产权和自主经营权，严禁利用职权非法干扰企业生产经营。需要企业经营者协助调查的，应当保障其人身权利、财产权利和其他合法权益，避免或者尽量减少对企业正常生产经营活动的影响。"

十二、将第四十一条改为第四十四条，第一款修改为："调查人员采取讯问、询问、强制到案、责令候查、管护、留置、搜查、调取、查封、扣押、勘验检查等调查措施，均应当依照规定出示证件，出具书面通知，由二人以上进行，形成笔录、报告等书面材料，并由相关人员签名、盖章。"

十三、增加一条，作为第四十六条："采取强制到案、责令候查或者管护措施，应当按照规定的权限和程序，经监察机关主要负责人批准。

"强制到案持续的时间不得超过十二小时；需要采取管护或者留置措施的，强制到案持续的时间不得超过二十四小时。不得以连续强制到案的方式变相拘禁被调查人。

"责令候查最长不得超过十二个月。

"监察机关采取管护措施的，应当在七日以内依法作出留置或者解除管护的决定，特殊情况下可以延长一日至三日。"

十四、将第四十三条第一款改为第四十七条。

十五、将第四十三条第二款改为第四十八条第一款，修改为："留置时间不得超过三个月。在特殊情况下，可以延长一次，延长时间不得超过三个月。省级以下监察机关采取留置措施的，延长留置时间应当报上一级监察机关批准。监察机关发现采取留置措施不当或者不需要继续采取留置措施的，应当及时解除或者变更为责令候查措施。"

增加两款，作为第二款、第三款："对涉嫌职务犯罪的被调查人可能判处十年有期徒刑以上刑罚，监察机关依照前款规定延长期限届满，仍不能调查终结的，经国家监察委员会批准或者决定，可以再延长二个月。

"省级以上监察机关在调查期间，发现涉嫌职务犯罪的被调查人另有与留置时的罪行不同种的重大职务犯罪或者同种的影响罪名认定、量刑档次的重大职务犯罪，经国家监察委员会批准或者决定，自发现之日起依照本条第一款的规定重新计算留置时间。留置时间重新计算以一次为限。"

十六、将第四十三条第三款改为第四十九条第一款，修改为："监察机关采取强制到案、责令候查、管护、留置措施，可以根据工作需要提请公安机关配合。公安机关应当依法予以协助。"

增加一款，作为第二款："省级以下监察机关留置场所的看护勤务由公安机关负责，国家监察委员会留置场所的看护勤务由国家另行规定。留置看护队伍的管理依照国家有关规定执行。"

十七、将第四十四条改为第五十条，第一款修改为："采取管护或者留置措施后，应当在二十四小时以内，通知被管护人员、被留置人员所在单位和家属，但有可能伪造、隐匿、毁灭证据，干扰证人作证或者串供等有碍调查情形的除外。有碍调查的情形消失后，应当立即通知被管护人员、被留置人员所在单位和家属。解除管护或者留置的，应当及时通知被管护人员、被留置人员所在单位和家属。"

增加一款，作为第二款："被管护人员、被留置人员及其近亲属有权申请变更管护、留置措施。监察机关收到申请后，应当在三日以内作出决定；不同意变更措施的，应当告知申请人，并说明不同意的理由。"

将第二款改为第三款，修改为："监察机关应当保障被强制到案人员、被管护人员以及被留置人员的饮食、休息和安全，提供医疗服务。对其谈话、讯问的，应当合理安排时间和时长，谈话笔录、讯问笔录由被谈话人、被讯问人阅看后签名。"

将第三款改为第四款，修改为："被管护人员、被留置人员涉嫌犯罪移送司法机关后，被依法判处管制、拘役或者有期徒刑的，管护、留置一日折抵管制二日，折抵拘役、有期徒刑一日。"

十八、增加一条，作为第五十一条："监察机关在调查工作结束后，应当依法对案件事实和证据、性质认定、程序手续、涉案财物等进行全面审理，形成审理报告，提请集体审议。"

十九、将第四十八条改为第五十五条，修改为："监察机关在调查贪污贿赂、失职渎职等职务犯罪案件过程中，被调查人逃匿或者死亡，有必要继续调查，应当继续调查并作出结论。被调查人逃匿，在通缉一年后不能到案，或者死亡的，由监察机关提请人民检察院依照法定程序，向人民法院提出没收违法所得的申请。"

二十、将第五十一条改为第五十八条，修改为："国家监察委员会会同有关单位加强与有关国家、地区、国际组织在反腐败方面开展引渡、移管被判刑人、遣返、联合调查、调查取证、资产追缴和信息交流等执法司法合作和司法协助。"

二十一、增加一条，作为第六十二条："监察机关根据工作需要，可以从各方面代表中聘请特约监察员。特约监察员按照规定对监察机关及其工作人员履行职责情况实行监督。"

二十二、增加一条，作为第六十四条："监察人员涉嫌严重职务违法或者职务犯罪，为防止造成更为严重的后果或者恶劣影响，监察机关经依法审批，可以对其采取禁闭措施。禁闭的期限不得超过七日。"

"被禁闭人员应当配合监察机关调查。监察机关经调查发现被禁闭人员符合管护或者留置条件的，可以对其采取管护或者留置措施。

"本法第五十条的规定，适用于禁闭措施。"

二十三、将第六十条改为第六十九条，第一款修改为："监察机关及其工作人员有下列行为之一的，被调查人及其近亲属、利害关系人有权向该机关申诉：

"（一）采取强制到案、责令候查、管护、留置或者禁闭措施法定期限届满，不予以解除或者变更的；

"（二）查封、扣押、冻结与案件无关或者明显超出涉案范围的财物的；

"（三）应当解除查封、扣押、冻结措施而不解除的；

"（四）贪污、挪用、私分、调换或者违反规定使用查封、扣押、冻结的财物的；

"（五）利用职权非法干扰企业生产经营或者侵害企业经营者人身权利、财产权利和其他合法权益的；

"（六）其他违反法律法规、侵害被调查人合法权益的行为。"

二十四、将第六十五条改为第七十四条，第七项修改为："（七）违反规定采取强制到案、责令候查、管护、留置或者禁闭措施，或者法定期限届满，不予以解除或者变更的"。

将第八项修改为："（八）违反规定采取技术调查、限制出境措施，或者不按规定解除技术调查、限制出境措施的"。

增加一项，作为第九项："（九）利用职权非法干扰企业生产经营或者侵害企业经营者人身权利、财产权利和其他合法权益的"。

本决定自 2025 年 6 月 1 日起施行。

《中华人民共和国监察法》根据本决定作相应修改并对条文顺序作相应调整，重新公布。

中华人民共和国监察法

(2018年3月20日第十三届全国人民代表大会第一次会议通过 根据2024年12月25日第十四届全国人民代表大会常务委员会第十三次会议《关于修改〈中华人民共和国监察法〉的决定》修正)

目 录

第一章 总 则
第二章 监察机关及其职责
第三章 监察范围和管辖
第四章 监察权限
第五章 监察程序
第六章 反腐败国际合作
第七章 对监察机关和监察人员的监督
第八章 法律责任
第九章 附 则

第一章 总 则

第一条 为了深入开展廉政建设和反腐败工作,加强对所有行使公权力的公职人员的监督,实现国家监察全面覆盖,持续深化国家监察体制改革,推进国家治理体系和治理能力现代化,根据宪法,制定本法。

第二条 坚持中国共产党对国家监察工作的领导,以马克思列宁主义、毛泽东思想、邓小平理论、"三个代表"重要思想、科学发展观、习近平新时代中国特色社会主义思想为指导,构建集中统一、权威高效的中国特色国家监察体制。

第三条 各级监察委员会是行使国家监察职能的专责机关，依照本法对所有行使公权力的公职人员（以下称公职人员）进行监察，调查职务违法和职务犯罪，开展廉政建设和反腐败工作，维护宪法和法律的尊严。

第四条 监察委员会依照法律规定独立行使监察权，不受行政机关、社会团体和个人的干涉。

监察机关办理职务违法和职务犯罪案件，应当与审判机关、检察机关、执法部门互相配合，互相制约。

监察机关在工作中需要协助的，有关机关和单位应当根据监察机关的要求依法予以协助。

第五条 国家监察工作严格遵照宪法和法律，以事实为根据，以法律为准绳；权责对等，严格监督；遵守法定程序，公正履行职责；尊重和保障人权，在适用法律上一律平等，保障监察对象及相关人员的合法权益；惩戒与教育相结合，宽严相济。

第六条 国家监察工作坚持标本兼治、综合治理，强化监督问责，严厉惩治腐败；深化改革、健全法治，有效制约和监督权力；加强法治教育和道德教育，弘扬中华优秀传统文化，构建不敢腐、不能腐、不想腐的长效机制。

第二章　监察机关及其职责

第七条 中华人民共和国国家监察委员会是最高监察机关。

省、自治区、直辖市、自治州、县、自治县、市、市辖区设立监察委员会。

第八条 国家监察委员会由全国人民代表大会产生，负责全国监察工作。

国家监察委员会由主任、副主任若干人、委员若干人组成，主任由全国人民代表大会选举，副主任、委员由国家监察委员会主任提请全国人民代表大会常务委员会任免。

国家监察委员会主任每届任期同全国人民代表大会每届任期相同，连续任职不得超过两届。

国家监察委员会对全国人民代表大会及其常务委员会负责，并接受其监督。

第九条 地方各级监察委员会由本级人民代表大会产生，负责本行政区域内的监察工作。

地方各级监察委员会由主任、副主任若干人、委员若干人组成，主任由本级人民代表大会选举，副主任、委员由监察委员会主任提请本级人民代表大会常务委员会任免。

地方各级监察委员会主任每届任期同本级人民代表大会每届任期相同。

地方各级监察委员会对本级人民代表大会及其常务委员会和上一级监察委员会负责，并接受其监督。

第十条 国家监察委员会领导地方各级监察委员会的工作，上级监察委员会领导下级监察委员会的工作。

第十一条 监察委员会依照本法和有关法律规定履行监督、调查、处置职责：

（一）对公职人员开展廉政教育，对其依法履职、秉公用权、廉洁从政从业以及道德操守情况进行监督检查；

（二）对涉嫌贪污贿赂、滥用职权、玩忽职守、权力寻租、利益输送、徇私舞弊以及浪费国家资财等职务违法和职务犯罪进行调查；

（三）对违法的公职人员依法作出政务处分决定；对履行职责不力、失职失责的领导人员进行问责；对涉嫌职务犯罪的，将调查结果移送人民检察院依法审查、提起公诉；向监察对象所在单位提出监察建议。

第十二条 各级监察委员会可以向本级中国共产党机关、国家机关、中国人民政治协商会议委员会机关、法律法规授权或者委托管理公共事务的组织和单位以及辖区内特定区域、国有企业、事业单位等派驻或者派出监察机构、监察专员。

经国家监察委员会批准，国家监察委员会派驻本级实行垂直管理或者双重领导并以上级单位领导为主的单位、国有企业的监察机构、监察专员，可以向驻在单位的下一级单位再派出。

经国家监察委员会批准，国家监察委员会派驻监察机构、监察专员，可以向驻在单位管理领导班子的普通高等学校再派出；国家监察委员会派驻国务院国有资产监督管理机构的监察机构，可以向驻在单位管理领导班子的国有企业再派出。

监察机构、监察专员对派驻或者派出它的监察委员会或者监察机构、监察专员负责。

第十三条　派驻或者派出的监察机构、监察专员根据授权，按照管理权限依法对公职人员进行监督，提出监察建议，依法对公职人员进行调查、处置。

第十四条　国家实行监察官制度，依法确定监察官的等级设置、任免、考评和晋升等制度。

第三章　监察范围和管辖

第十五条　监察机关对下列公职人员和有关人员进行监察：

（一）中国共产党机关、人民代表大会及其常务委员会机关、人民政府、监察委员会、人民法院、人民检察院、中国人民政治协商会议各级委员会机关、民主党派机关和工商业联合会机关的公务员，以及参照《中华人民共和国公务员法》管理的人员；

（二）法律、法规授权或者受国家机关依法委托管理公共事务的组织中从事公务的人员；

（三）国有企业管理人员；

（四）公办的教育、科研、文化、医疗卫生、体育等单位中从事管理的人员；

（五）基层群众性自治组织中从事管理的人员；

（六）其他依法履行公职的人员。

第十六条　各级监察机关按照管理权限管辖本辖区内本法第十五条规定的人员所涉监察事项。

上级监察机关可以办理下一级监察机关管辖范围内的监察事项，必要时也可以办理所辖各级监察机关管辖范围内的监察事项。

监察机关之间对监察事项的管辖有争议的，由其共同的上级监察机关确定。

第十七条　上级监察机关可以将其所管辖的监察事项指定下级监察机关管辖，也可以将下级监察机关有管辖权的监察事项指定给其他监察机关管辖。

监察机关认为所管辖的监察事项重大、复杂，需要由上级监察机关管辖的，可以报请上级监察机关管辖。

第四章　监察权限

第十八条　监察机关行使监督、调查职权，有权依法向有关单位和个人了解情况，收集、调取证据。有关单位和个人应当如实提供。

监察机关及其工作人员对监督、调查过程中知悉的国家秘密、工作秘密、商业秘密、个人隐私和个人信息，应当保密。

任何单位和个人不得伪造、隐匿或者毁灭证据。

第十九条　对可能发生职务违法的监察对象，监察机关按照管理权限，可以直接或者委托有关机关、人员进行谈话，或者进行函询，要求说明情况。

第二十条　在调查过程中，对涉嫌职务违法的被调查人，监察机关可以进行谈话，要求其就涉嫌违法行为作出陈述，必要时向被调查人出具书面通知。

对涉嫌贪污贿赂、失职渎职等职务犯罪的被调查人，监察机关可以进行讯问，要求其如实供述涉嫌犯罪的情况。

第二十一条　监察机关根据案件情况，经依法审批，可以强制涉嫌严重职务违法或者职务犯罪的被调查人到案接受调查。

第二十二条　在调查过程中，监察机关可以询问证人等人员。

第二十三条　被调查人涉嫌严重职务违法或者职务犯罪，并有下列情形之一的，经监察机关依法审批，可以对其采取责令候查措施：

（一）不具有本法第二十四条第一款所列情形的；

（二）符合留置条件，但患有严重疾病、生活不能自理的，系怀孕或者正在哺乳自己婴儿的妇女，或者生活不能自理的人的唯一扶养人；

（三）案件尚未办结，但留置期限届满或者对被留置人员不需要继续采取留置措施的；

（四）符合留置条件，但因为案件的特殊情况或者办理案件的需要，采取责令候查措施更为适宜的。

被责令候查人员应当遵守以下规定：

（一）未经监察机关批准不得离开所居住的直辖市、设区的市的城市市区或者不设区的市、县的辖区；

（二）住址、工作单位和联系方式发生变动的，在二十四小时以内向监察机关报告；

（三）在接到通知的时候及时到案接受调查；

（四）不得以任何形式干扰证人作证；

（五）不得串供或者伪造、隐匿、毁灭证据。

被责令候查人员违反前款规定，情节严重的，可以依法予以留置。

第二十四条 被调查人涉嫌贪污贿赂、失职渎职等严重职务违法或者职务犯罪，监察机关已经掌握其部分违法犯罪事实及证据，仍有重要问题需要进一步调查，并有下列情形之一的，经监察机关依法审批，可以将其留置在特定场所：

（一）涉及案情重大、复杂的；

（二）可能逃跑、自杀的；

（三）可能串供或者伪造、隐匿、毁灭证据的；

（四）可能有其他妨碍调查行为的。

对涉嫌行贿犯罪或者共同职务犯罪的涉案人员，监察机关可以依照前款规定采取留置措施。

留置场所的设置、管理和监督依照国家有关规定执行。

第二十五条 对于未被留置的下列人员，监察机关发现存在逃跑、自杀等重大安全风险的，经依法审批，可以进行管护：

（一）涉嫌严重职务违法或者职务犯罪的自动投案人员；

（二）在接受谈话、函询、询问过程中，交代涉嫌严重职务违法或者职务犯罪问题的人员；

（三）在接受讯问过程中，主动交代涉嫌重大职务犯罪问题的人员。

采取管护措施后，应当立即将被管护人员送留置场所，至迟不得超过二十四小时。

第二十六条 监察机关调查涉嫌贪污贿赂、失职渎职等严重职务违法或者职务犯罪，根据工作需要，可以依照规定查询、冻结涉案单位和个人的存款、汇款、债券、股票、基金份额等财产。有关单位和个人应当配合。

冻结的财产经查明与案件无关的，应当在查明后三日内解除冻结，予以退还。

第二十七条 监察机关可以对涉嫌职务犯罪的被调查人以及可能隐藏被调查人或者犯罪证据的人的身体、物品、住处和其他有关地方进行搜查。在搜查时，应当出示搜查证，并有被搜查人或者其家属等见证人在场。

搜查女性身体，应当由女性工作人员进行。

监察机关进行搜查时，可以根据工作需要提请公安机关配合。公安机关应当依法予以协助。

第二十八条 监察机关在调查过程中，可以调取、查封、扣押用以证明被调查人涉嫌违法犯罪的财物、文件和电子数据等信息。采取调取、查封、扣押措施，应当收集原物原件，会同持有人或者保管人、见证人，当面逐一拍照、登记、编号，开列清单，由在场人员当场核对、签名，并将清单副本交财物、文件的持有人或者保管人。

对调取、查封、扣押的财物、文件，监察机关应当设立专用账户、专门场所，确定专门人员妥善保管，严格履行交接、调取手续，定期对账核实，不得毁损或者用于其他目的。对价值不明物品应当及时鉴定，专门封存保管。

查封、扣押的财物、文件经查明与案件无关的，应当在查明后三日内解除查封、扣押，予以退还。

第二十九条 监察机关在调查过程中，可以直接或者指派、聘请具有专门知识的人在调查人员主持下进行勘验检查。勘验检查情况应当制作笔录，由参加勘验检查的人员和见证人签名或者盖章。

必要时，监察机关可以进行调查实验。调查实验情况应当制作笔录，由参加实验的人员签名或者盖章。

第三十条 监察机关在调查过程中，对于案件中的专门性问题，可以指派、聘请有专门知识的人进行鉴定。鉴定人进行鉴定后，应当出具鉴定意见，并且签名。

第三十一条 监察机关调查涉嫌重大贪污贿赂等职务犯罪，根据需要，经过严格的批准手续，可以采取技术调查措施，按照规定交有关机关执行。

批准决定应当明确采取技术调查措施的种类和适用对象，自签发之日起三个月以内有效；对于复杂、疑难案件，期限届满仍有必要继续采取技术调查措施的，经过批准，有效期可以延长，每次不得超过三个月。对于不需要继续采取技术调查措施的，应当及时解除。

第三十二条 依法应当留置的被调查人如果在逃，监察机关可以决定在本行政区域内通缉，由公安机关发布通缉令，追捕归案。通缉范围超出本行政区域的，应当报请有权决定的上级监察机关决定。

第三十三条 监察机关为防止被调查人及相关人员逃匿境外，经省级以上监察机关批准，可以对被调查人及相关人员采取限制出境措施，由公安机关依法执行。对于不需要继续采取限制出境措施的，应当及时解除。

第三十四条 涉嫌职务犯罪的被调查人主动认罪认罚，有下列情形之一的，监察机关经领导人员集体研究，并报上一级监察机关批准，可以在移送人民检察院时提出从宽处罚的建议：

（一）自动投案，真诚悔罪悔过的；

（二）积极配合调查工作，如实供述监察机关还未掌握的违法犯罪行为的；

（三）积极退赃，减少损失的；

（四）具有重大立功表现或者案件涉及国家重大利益等情形的。

第三十五条 职务违法犯罪的涉案人员揭发有关被调查人职务违法犯罪行为，查证属实的，或者提供重要线索，有助于调查其他案件的，监察机关经领导人员集体研究，并报上一级监察机关批准，可以在移送人民检察院时提出从宽处罚的建议。

第三十六条 监察机关依照本法规定收集的物证、书证、证人证言、被调查人供述和辩解、视听资料、电子数据等证据材料，在刑事诉讼中可以作为证据使用。

监察机关在收集、固定、审查、运用证据时，应当与刑事审判关于证据的要求和标准相一致。

以非法方法收集的证据应当依法予以排除，不得作为案件处置的依据。

第三十七条 人民法院、人民检察院、公安机关、审计机关等国家机关在工作中发现公职人员涉嫌贪污贿赂、失职渎职等职务违法或者职务犯罪的问题线索，应当移送监察机关，由监察机关依法调查处置。

被调查人既涉嫌严重职务违法或者职务犯罪，又涉嫌其他违法犯罪的，一般应当由监察机关为主调查，其他机关予以协助。

第五章 监察程序

第三十八条 监察机关对于报案或者举报，应当接受并按照有关规定处理。对于不属于本机关管辖的，应当移送主管机关处理。

第三十九条 监察机关应当严格按照程序开展工作，建立问题线索处置、调查、审理各部门相互协调、相互制约的工作机制。

监察机关应当加强对调查、处置工作全过程的监督管理，设立相应的工作部门履行线索管理、监督检查、督促办理、统计分析等管理协调职能。

第四十条 监察机关对监察对象的问题线索，应当按照有关规定提出处置意见，履行审批手续，进行分类办理。线索处置情况应当定期汇总、通报，定期检查、抽查。

第四十一条 需要采取初步核实方式处置问题线索的，监察机关应当依法履行审批程序，成立核查组。初步核实工作结束后，核查组应当撰写初步核实情况报告，提出处理建议。承办部门应当提出分类处理意见。初步核实情况报告和分类处理意见报监察机关主要负责人审批。

第四十二条 经过初步核实，对监察对象涉嫌职务违法犯罪，需要追究法律责任的，监察机关应当按照规定的权限和程序办理立案手续。

监察机关主要负责人依法批准立案后，应当主持召开专题会议，研究确定调查方案，决定需要采取的调查措施。

立案调查决定应当向被调查人宣布，并通报相关组织。涉嫌严重职务违法或者职务犯罪的，应当通知被调查人家属，并向社会公开发布。

第四十三条 监察机关对职务违法和职务犯罪案件，应当进行调查，收集被调查人有无违法犯罪以及情节轻重的证据，查明违法犯罪事实，形成相互印证、完整稳定的证据链。

调查人员应当依法文明规范开展调查工作。严禁以暴力、威胁、引诱、欺骗及其他非法方式收集证据，严禁侮辱、打骂、虐待、体罚或者变相体罚被调查人和涉案人员。

监察机关及其工作人员在履行职责过程中应当依法保护企业产权和自主经营权，严禁利用职权非法干扰企业生产经营。需要企业经营者协助调查的，应当保障其人身权利、财产权利和其他合法权益，避免或者尽量减少对企业正常生产经营活动的影响。

第四十四条 调查人员采取讯问、询问、强制到案、责令候查、管护、留置、搜查、调取、查封、扣押、勘验检查等调查措施，均应当依照规定出示证件，出具书面通知，由二人以上进行，形成笔录、报告等书面材料，并由相关人员签名、盖章。

调查人员进行讯问以及搜查、查封、扣押等重要取证工作，应当对全过程进行录音录像，留存备查。

第四十五条 调查人员应当严格执行调查方案，不得随意扩大调查范围、变更调查对象和事项。

对调查过程中的重要事项，应当集体研究后按程序请示报告。

第四十六条 采取强制到案、责令候查或者管护措施，应当按照规定的权限和程序，经监察机关主要负责人批准。

强制到案持续的时间不得超过十二小时；需要采取管护或者留置措施的，强制到案持续的时间不得超过二十四小时。不得以连续强制到案的方式变相拘禁被调查人。

责令候查最长不得超过十二个月。

监察机关采取管护措施的，应当在七日以内依法作出留置或者解除管护的决定，特殊情况下可以延长一日至三日。

第四十七条 监察机关采取留置措施，应当由监察机关领导人员集体研究决定。设区的市级以下监察机关采取留置措施，应当报上一级监察机关批准。省级监察机关采取留置措施，应当报国家监察委员会备案。

第四十八条 留置时间不得超过三个月。在特殊情况下，可以延长一次，延长时间不得超过三个月。省级以下监察机关采取留置措施的，延长留置时间应当报上一级监察机关批准。监察机关发现采取留置措施不当或者不需要继续采取留置措施的，应当及时解除或者变更为责令候查措施。

对涉嫌职务犯罪的被调查人可能判处十年有期徒刑以上刑罚，监察机关依照前款规定延长期限届满，仍不能调查终结的，经国家监察委员会批准或者决定，可以再延长二个月。

省级以上监察机关在调查期间，发现涉嫌职务犯罪的被调查人另有与留置时的罪行不同种的重大职务犯罪或者同种的影响罪名认定、量刑档次的重大职务犯罪，经国家监察委员会批准或者决定，自发现之日起依照本条第一款的规定重新计算留置时间。留置时间重新计算以一次为限。

第四十九条 监察机关采取强制到案、责令候查、管护、留置措施，可以根据工作需要提请公安机关配合。公安机关应当依法予以协助。

省级以下监察机关留置场所的看护勤务由公安机关负责，国家监察委员会留置场所的看护勤务由国家另行规定。留置看护队伍的管理依照国家有关规定执行。

第五十条 采取管护或者留置措施后，应当在二十四小时以内，通知被管护人员、被留置人员所在单位和家属，但有可能伪造、隐匿、毁灭证据，干扰证人作证或者串供等有碍调查情形的除外。有碍调查的情形消失后，应当立即通知被管护人员、被留置人员所在单位和家属。解除管护或者留置的，应当及时通知被管护人员、被留置人员所在单位和家属。

被管护人员、被留置人员及其近亲属有权申请变更管护、留置措施。监察机关收到申请后，应当在三日以内作出决定；不同意变更措施的，应当告知申请人，并说明不同意的理由。

监察机关应当保障被强制到案人员、被管护人员以及被留置人员的饮食、休息和安全，提供医疗服务。对其谈话、讯问的，应当合理安排时间和时长，谈话笔录、讯问笔录由被谈话人、被讯问人阅看后签名。

被管护人员、被留置人员涉嫌犯罪移送司法机关后，被依法判处管制、拘役或者有期徒刑的，管护、留置一日折抵管制二日，折抵拘役、有期徒刑一日。

第五十一条 监察机关在调查工作结束后，应当依法对案件事实和证据、性质认定、程序手续、涉案财物等进行全面审理，形成审理报告，提请集体审议。

第五十二条 监察机关根据监督、调查结果，依法作出如下处置：

（一）对有职务违法行为但情节较轻的公职人员，按照管理权限，直接或者委托有关机关、人员，进行谈话提醒、批评教育、责令检查，或者予以诫勉；

（二）对违法的公职人员依照法定程序作出警告、记过、记大过、降级、撤职、开除等政务处分决定；

（三）对不履行或者不正确履行职责负有责任的领导人员，按照管理权限对其直接作出问责决定，或者向有权作出问责决定的机关提出问责建议；

（四）对涉嫌职务犯罪的，监察机关经调查认为犯罪事实清楚，证据确实、充分的，制作起诉意见书，连同案卷材料、证据一并移送人民检察院依法审查、提起公诉；

（五）对监察对象所在单位廉政建设和履行职责存在的问题等提出监察建议。

监察机关经调查，对没有证据证明被调查人存在违法犯罪行为的，应当撤销案件，并通知被调查人所在单位。

第五十三条 监察机关经调查，对违法取得的财物，依法予以没收、追缴或者责令退赔；对涉嫌犯罪取得的财物，应当随案移送人民检察院。

第五十四条 对监察机关移送的案件，人民检察院依照《中华人民共和国刑事诉讼法》对被调查人采取强制措施。

人民检察院经审查，认为犯罪事实已经查清，证据确实、充分，依法应当追究刑事责任的，应当作出起诉决定。

人民检察院经审查，认为需要补充核实的，应当退回监察机关补充调查，必要时可以自行补充侦查。对于补充调查的案件，应当在一个月内补充调查完毕。补充调查以二次为限。

人民检察院对于有《中华人民共和国刑事诉讼法》规定的不起诉的情形的，经上一级人民检察院批准，依法作出不起诉的决定。监察机关认为不起诉的决定有错误的，可以向上一级人民检察院提请复议。

第五十五条 监察机关在调查贪污贿赂、失职渎职等职务犯罪案件过程中，被调查人逃匿或者死亡，有必要继续调查的，应当继续调查并作出结论。被调查人逃匿，在通缉一年后不能到案，或者死亡的，由监察机关提请人民检察院依照法定程序，向人民法院提出没收违法所得的申请。

第五十六条 监察对象对监察机关作出的涉及本人的处理决定不服的，可以在收到处理决定之日起一个月内，向作出决定的监察机关申请复审，复审机关应当在一个月内作出复审决定；监察对象对复审决定仍不服的，可以在收到复审决定之日起一个月内，向上一级监察机关申请复核，复核机关应当在二个月内作出复核决定。复审、复核期间，不停止原处理决定的执行。复核机关经审查，认定处理决定有错误的，原处理机关应当及时予以纠正。

第六章 反腐败国际合作

第五十七条 国家监察委员会统筹协调与其他国家、地区、国际组织开展的反腐败国际交流、合作，组织反腐败国际条约实施工作。

第五十八条 国家监察委员会会同有关单位加强与有关国家、地区、国际组织在反腐败方面开展引渡、移管被判刑人、遣返、联合调查、调查取证、资产追缴和信息交流等执法司法合作和司法协助。

第五十九条 国家监察委员会加强对反腐败国际追逃追赃和防逃工作的组织协调，督促有关单位做好相关工作：

（一）对于重大贪污贿赂、失职渎职等职务犯罪案件，被调查人逃匿到国（境）外，掌握证据比较确凿的，通过开展境外追逃合作，追捕归案；

（二）向赃款赃物所在国请求查询、冻结、扣押、没收、追缴、返还涉案资产；

（三）查询、监控涉嫌职务犯罪的公职人员及其相关人员进出国（境）和跨境资金流动情况，在调查案件过程中设置防逃程序。

第七章 对监察机关和监察人员的监督

第六十条 各级监察委员会应当接受本级人民代表大会及其常务委员会的监督。

各级人民代表大会常务委员会听取和审议本级监察委员会的专项工作报告，组织执法检查。

县级以上各级人民代表大会及其常务委员会举行会议时，人民代表大会代表或者常务委员会组成人员可以依照法律规定的程序，就监察工作中的有关问题提出询问或者质询。

第六十一条 监察机关应当依法公开监察工作信息，接受民主监督、社会监督、舆论监督。

第六十二条 监察机关根据工作需要，可以从各方面代表中聘请特约监察员。特约监察员按照规定对监察机关及其工作人员履行职责情况实行监督。

第六十三条 监察机关通过设立内部专门的监督机构等方式，加强对监察人员执行职务和遵守法律情况的监督，建设忠诚、干净、担当的监察队伍。

第六十四条 监察人员涉嫌严重职务违法或者职务犯罪，为防止造成更为严重的后果或者恶劣影响，监察机关经依法审批，可以对其采取禁闭措施。禁闭的期限不得超过七日。

被禁闭人员应当配合监察机关调查。监察机关经调查发现被禁闭人员符合管护或者留置条件的，可以对其采取管护或者留置措施。

本法第五十条的规定，适用于禁闭措施。

第六十五条 监察人员必须模范遵守宪法和法律，忠于职守、秉公执法，清正廉洁、保守秘密；必须具有良好的政治素质，熟悉监察业务，具备运用法律、法规、政策和调查取证等能力，自觉接受监督。

第六十六条 对于监察人员打听案情、过问案件、说情干预的，办理监察事项的监察人员应当及时报告。有关情况应当登记备案。

发现办理监察事项的监察人员未经批准接触被调查人、涉案人员及其特定关系人，或者存在交往情形的，知情人应当及时报告。有关情况应当登记备案。

第六十七条 办理监察事项的监察人员有下列情形之一的，应当自行回避，监察对象、检举人及其他有关人员也有权要求其回避：

（一）是监察对象或者检举人的近亲属的；

（二）担任过本案的证人的；

（三）本人或者其近亲属与办理的监察事项有利害关系的；

（四）有可能影响监察事项公正处理的其他情形的。

第六十八条 监察机关涉密人员离岗离职后，应当遵守脱密期管理规定，严格履行保密义务，不得泄露相关秘密。

监察人员辞职、退休三年内，不得从事与监察和司法工作相关联且可能发生利益冲突的职业。

第六十九条 监察机关及其工作人员有下列行为之一的，被调查人及其近亲属、利害关系人有权向该机关申诉：

（一）采取强制到案、责令候查、管护、留置或者禁闭措施法定期限届满，不予以解除或者变更的；

（二）查封、扣押、冻结与案件无关或者明显超出涉案范围的财物的；

（三）应当解除查封、扣押、冻结措施而不解除的；

（四）贪污、挪用、私分、调换或者违反规定使用查封、扣押、冻结的财物的；

（五）利用职权非法干扰企业生产经营或者侵害企业经营者人身权利、财产权利和其他合法权益的；

（六）其他违反法律法规、侵害被调查人合法权益的行为。

受理申诉的监察机关应当在受理申诉之日起一个月内作出处理决定。申诉人对处理决定不服的，可以在收到处理决定之日起一个月内向上一级监察机关申请复查，上一级监察机关应当在收到复查申请之日起二个月内作出处理决定，情况属实的，及时予以纠正。

第七十条 对调查工作结束后发现立案依据不充分或者失实，案件处置出现重大失误，监察人员严重违法的，应当追究负有责任的领导人员和直接责任人员的责任。

第八章 法律责任

第七十一条 有关单位拒不执行监察机关作出的处理决定，或者无正当理由拒不采纳监察建议的，由其主管部门、上级机关责令改正，对单位给予通报批评；对负有责任的领导人员和直接责任人员依法给予处理。

第七十二条 有关人员违反本法规定，有下列行为之一的，由其所在单位、主管部门、上级机关或者监察机关责令改正，依法给予处理：

（一）不按要求提供有关材料，拒绝、阻碍调查措施实施等拒不配合监察机关调查的；

（二）提供虚假情况，掩盖事实真相的；

（三）串供或者伪造、隐匿、毁灭证据的；

（四）阻止他人揭发检举、提供证据的；

（五）其他违反本法规定的行为，情节严重的。

第七十三条 监察对象对控告人、检举人、证人或者监察人员进行报复陷害的；控告人、检举人、证人捏造事实诬告陷害监察对象的，依法给予处理。

第七十四条　监察机关及其工作人员有下列行为之一的，对负有责任的领导人员和直接责任人员依法给予处理：

（一）未经批准、授权处置问题线索，发现重大案情隐瞒不报，或者私自留存、处理涉案材料的；

（二）利用职权或者职务上的影响干预调查工作、以案谋私的；

（三）违法窃取、泄露调查工作信息，或者泄露举报事项、举报受理情况以及举报人信息的；

（四）对被调查人或者涉案人员逼供、诱供，或者侮辱、打骂、虐待、体罚或者变相体罚的；

（五）违反规定处置查封、扣押、冻结的财物的；

（六）违反规定发生办案安全事故，或者发生安全事故后隐瞒不报、报告失实、处置不当的；

（七）违反规定采取强制到案、责令候查、管护、留置或者禁闭措施，或者法定期限届满，不予以解除或者变更的；

（八）违反规定采取技术调查、限制出境措施，或者不按规定解除技术调查、限制出境措施的；

（九）利用职权非法干扰企业生产经营或者侵害企业经营者人身权利、财产权利和其他合法权益的；

（十）其他滥用职权、玩忽职守、徇私舞弊的行为。

第七十五条　违反本法规定，构成犯罪的，依法追究刑事责任。

第七十六条　监察机关及其工作人员行使职权，侵犯公民、法人和其他组织的合法权益造成损害的，依法给予国家赔偿。

第九章　附　　则

第七十七条　中国人民解放军和中国人民武装警察部队开展监察工作，由中央军事委员会根据本法制定具体规定。

第七十八条　本法自公布之日起施行。《中华人民共和国行政监察法》同时废止。

关于《中华人民共和国监察法（修正草案）》的说明

——2024年9月10日在第十四届全国人民代表大会常务委员会第十一次会议上

国家监察委员会主任　刘金国

全国人民代表大会常务委员会：

我代表国家监察委员会，作关于《中华人民共和国监察法（修正草案）》的说明。

一、修改监察法的必要性

十三届全国人大一次会议于2018年3月20日审议通过的《中华人民共和国监察法》，是深化国家监察体制改革的重大制度成果。监察法的实施，对加强党对反腐败工作的集中统一领导，构建集中统一、权威高效的中国特色国家监察体制，实现对公职人员的监察全覆盖发挥了重要作用。与此同时，以习近平同志为核心的党中央从推进党的自我革命、健全党和国家监督体系的高度，对持续深化国家监察体制改革作出重要部署，反腐败斗争面临新的形势和任务，全面建设社会主义现代化国家对纪检监察工作高质量发展提出新的要求，迫切需要与时俱进地对监察法作出修改完善。

一是深入贯彻党的二十大和二十届三中全会决策部署的必然要求。党的二十大和二十届三中全会对推进反腐败国家立法作出明确部署。监察法作为对国家监察工作起统领性和基础性作用的反腐败国家立法，是党和国家监督制度的重要内容，是党的自我革命制度规范体系的重要组成部分。贯彻党的二十大和二十届三中全会精神，及时修改监察法，坚持和强化党对监察工作的领导，坚持和完善党中央集中统一领导下的反腐败工作体制机制，完善监察机关派驻制度，深化反腐败国际合作，增强监察全覆盖的有效性，有利于健全党和国家监督体系，增强治理腐败效能，提升党的自我净化、自我完善、自我革新、自我提高能力，更好实现新时代新征程党的使命任务。

二是巩固拓展国家监察体制改革成果的重要举措。习近平总书记强调，"要实现立法和改革决策相衔接，做到重大改革于法有据、立法主动适应改革发展需要"。监察法实施以来，在党中央坚强领导下，国家监察体制改革持续深化，改革举措不断出台，改革成效不断显现。修改监察法，及时把在党中央领导下持续深化国家监察体制改革积累的宝贵经验制度化，将实践成果上升为法律规定，能够为持续深化国家监察体制改革提供长久法治动力，有利于形成立法保障改革、改革推动制度创新的良性循环。

三是解决新形势下监察工作中突出问题的现实需要。当前，反腐败斗争取得压倒性胜利并全面巩固，但形势依然严峻复杂，铲除腐败滋生土壤和条件的任务依然艰巨。同时，监察法实施中出现了一些新情况新问题，如有些案件留置期限紧张影响办案质量和效果，监察机关强制措施单一等。修改监察法，根据反腐败斗争的新形势新任务，进一步授予监察权限，优化留置期限，打通理顺制度堵点难点，有利于依法解决实践中反映出来的突出问题，进一步提高监督执法工作的精准性、实效性，为以零容忍态度反腐惩恶，坚决打赢反腐败斗争攻坚战持久战，一体推进不敢腐、不能腐、不想腐提供法制保障。

四是推进监察工作规范化、法治化、正规化的有力保证。习近平总书记多次强调，纪检监察机关要增强法治意识、程序意识、证据意识，不断提高纪检监察工作规范化、法治化、正规化水平。监察法集组织法、程序法、实体法于一体，对保障各级监察机关正确行使职权，以法治思维和法治方式反对腐败发挥了积极作用。随着监察实践的不断丰富发展，修改监察法，进一步完善监察程序、严格批准权限，健全监察机关内控机制，严格对监察人员违法行为的责任追究，有利于指导各级监察机关加强规范化、专业化建设，健全自身权力运行机制和管理监督体系，确保监察执法权受监督、有约束，推动监察权在法治轨道上运行，推进新时代监察工作高质量发展。

二、修改监察法的指导思想、工作原则和工作过程

监察法修改工作坚持以习近平新时代中国特色社会主义思想为指导，深入贯彻习近平法治思想，深刻领悟"两个确立"的决定性意义，增强"四个意识"、坚定"四个自信"、做到"两个维护"，主要把握以下原则：一是坚持正确政治方向。坚决贯彻落实党中央决策部署，使党的主张通过法定程序转化为国家意志，自觉在党中央的领导下开展修法工作。二是坚持问题导向。聚焦实践反映的突出问题，对法律制度堵点实施"定点爆破"，力争以小切口解决大问题。三是坚持系统观念。与近年来新制定或者修改的纪检党内法规和监察法律法规相衔接，保证制度之间协调联动。四是坚持科学修法。保持监察法总体稳定，根据党中央部署和形势发展要求作必要修改，保持基本监察制度顶层设计的连续性。

国家监委于2023年启动监察法修改工作，主要开展了以下工作：一是深入学习领会习近平总书记重要论述。认真学习习近平法治思想和习近平总书记关于党的自我革命的重要思想，全面梳理学习习近平总书记关于完善党和国家监督体系、持续深化国家监察体制改革、深入开展党风廉政建设和反腐败斗争等重要论述。二是深入调查研究。梳理近年来全国人大代表和政协委员提出的有关议案、建议和提案，就修法重点难点问题开展专题研究，召开专家学者座谈会，并赴部分省份开展实地调研。三是广泛征求意见。《草案》起草过程中，征求了中央和国家机关有关部门、省级监察机关和部分市、县监察机关等单位的意见。在此基础上，经反复研究、修改完善，形成了目前的《草案》。《草案》已经国家监察委员会全体会议审议同意。

三、修改的主要内容

《草案》共二十三条，对现行监察法主要作了五个方面修改，内容如下：

（一）完善总则和有关监察派驻的规定。一是为体现与时俱进修法的精神，对立法目的表述进行调整，将"深入开展反腐败工作"作为首要立法目的。二是将"遵守法定程序，公正履行职责"、"尊重和保障人权"写入监察工作原则，并在监察程序中对监察机关依法文明规范开展调查工作、保护企业产权和自主经营权等作出规定。三是规定国家监委派驻本级实行垂直管理或者双重领导并以上级单位领导为主的单位、国有企业的监察机构、监察专员，可以向驻在单位的下一级单位再派出；国家监委派驻国务院国资委等有关单位的监察机构、监察专员可以向驻在单位管理领导班子的国有企业、普通高等学校再派出。这能够为实现监察有效覆盖提供法律依据。

（二）授予必要的监察措施。根据反腐败工作需要和监察工作特点，构建轻重结合、配套衔接的监察强制措施体系。一是增加强制到案措施，规定监察机关根据案件情况，可以强制涉嫌严重职务违法或者职务犯罪的被调查人到案接受调查，解决监察实践中存在的部分被调查人经通知不到案的问题，增强监察执法权威性。二是增加责令候查措施，解决未被采取留置措施的被调查人缺乏相应监督管理措施的问题，同时减少留置措施适用，彰显本法总则关于尊重和保障人权、维护监察对象和相关人员合法权益的基本原则。三是增加管护措施，规定监察机关在特定情形下，对存在逃跑、自杀等重大安全风险的涉嫌严重职务违法或者职务犯罪人员，可以进行管护，避免有关人员自动投案或者交代有关问题后因情绪波动等原因发生安全事件。

（三）完善监察程序。一是在现行留置期限规定的基础上，增加规定经国家监委批准或决定，对可能判处十年有期徒刑以上刑罚的案件可以再延长二个月留置期限，省级以上监察机关发现另有重要罪行可以重新计算一次留置期限，以适应监察办案实际，解决重大复杂案件留置期限紧张的问题。二是明确公安机关负责省级以下监察机关留置场所的看护勤务，对留置看护队伍的组建作出原则规定。三是配套完善新增三项监察强制措施的时限和工作要求，赋予有关人员申请变更监察强制措施的权利，后续还将在相关配套制度中进一步细化采取监察强制措施的内部审批手续和工作流程，确保相关措施严格规范行使。四是规定审理程序和审理工作要求，突出审理的审核把关和监督制约作用。

（四）充实反腐败国际合作相关规定。与国际刑事司法协助法等法律相衔接，充实完善国家监委反腐败国际合作职责。

（五）强化监察机关自身建设。一是增加特约监察员监督相关内容。二是巩固深化全国纪检监察干部队伍教育整顿成果，增加规定监察人员涉嫌严重职务违法或者职务犯罪，为防止造成更为严重的后果或者恶劣影响，监察机关可以对其采取禁闭措施，体现对监察人员从严监督和约束。三是结合新增监察措施，相应完善对监察机关及其人员违法办案的申诉制度和责任追究规定。

《草案》和以上说明是否妥当，请审议。

图书在版编目（CIP）数据

中华人民共和国监察法条文解读与法律适用 / 喻少如主编. -- 北京：中国法治出版社，2025. 3. -- ISBN 978-7-5216-5065-5

Ⅰ. D922.114.5

中国国家版本馆 CIP 数据核字第 2025J89U94 号

责任编辑　侯　鹏　　　　　　　　　　　　　　　　封面设计　李　宁

中华人民共和国监察法条文解读与法律适用
ZHONGHUA RENMIN GONGHEGUO JIANCHAFA TIAOWEN JIEDU YU FALÜ SHIYONG

主编/喻少如
经销/新华书店
印刷/三河市紫恒印装有限公司
开本/710 毫米×1000 毫米　16 开　　　　　　　印张 / 21　字数 / 328 千
版次/2025 年 3 月第 1 版　　　　　　　　　　　2025 年 3 月第 1 次印刷

中国法治出版社出版
书号 ISBN 978-7-5216-5065-5　　　　　　　　　　　　　　　定价：79.00 元

北京市西城区西便门西里甲 16 号西便门办公区
邮政编码：100053　　　　　　　　　　　　　　传真：010-63141600
网址：http://www.zgfzs.com　　　　　　　　　编辑部电话：010-63141828
市场营销部电话：010-63141612　　　　　　　　印务部电话：010-63141606

（如有印装质量问题，请与本社印务部联系。）